Systematische Zusammenstellung

des

gesammten geltenden Reichsrechtes.

Ein Handbuch

für den Gebrauch des

Bundes- und Reichsgesetzblattes sowie des Centralblattes für das Deutsche Reich.

Mit einem alphabetischen Register.

Von

Dr. A. Glock,

Amtsrichter.

Berlin SW. 48.

J. Guttentag, Verlagsbuchhandlung.

1894.

Vorwort.

Das ständige Anwachsen unserer Reichsgesetzgebung und die Häufigkeit der Veränderungen, welchen dieselbe unterworfen ist, haben einen von Jahr zu Jahr stärker hervortretenden Mißstand im Gefolge, nämlich die Schwierigkeit, um nicht zu sagen Unmöglichkeit, den gesammten, z. Zt. in 28 Jahrgängen des Bundes- und Reichsgesetzblattes und in 22 Jahrgängen des Centralblattes für das Deutsche Reich angehäuften Stoff an Gesetzen, Verordnungen 2c. zu überblicken und die in Kraft befindlichen von den bereits veralteten Vorschriften zu unterscheiden.

Man kann wohl sagen, daß bei dem heutigen Stande der Gesetzgebung ein leichtes und sicheres Zurechtfinden in dem kunstvollen, aber vielgegliederten Labyrinth unseres Rechtsgebäudes nur dem Fachmanne für das Gebiet seiner eigentlichen Berufsthätigkeit auf Grund der erworbenen besonderen Kenntnisse und mit Hülfe besonderer Handbücher möglich ist. Die Orientirung in den Rechtsgebieten, welche außerhalb seines gewöhnlichen Wirkungskreises liegen, ist dagegen auch für den Fachmann häufig außerordentlich schwierig und erfordert zeitraubende, die ruhige Arbeit störende Untersuchungen; so z. B., wenn einem Richter, dem keine größere Bibliothek zur Verfügung steht, Detailfragen aus dem Zoll- oder Steuerrecht zur Entscheidung vorliegen, oder wenn ein Rechtsanwalt um Rath in Fragen angegangen wird, die sich nicht auf dem Gebiete des Civil- oder Strafrechts oder den häufiger betretenen Pfaden des Verwaltungsrechts bewegen.

In derartigen Lagen lassen die bisher allein üblichen alphabetischen Register zu den Gesetzblättern, so sorgfältig sie auch bearbeitet sind, nur allzu häufig im Stich, da sie mit einigem Erfolge nur von Jenen benützt werden können, welchen die technischen Ausdrücke, die Stichworte der Gesetzgebung, bereits geläufig sind, da sie ferner zwischen giltigen und veralteten Gesetzesbestimmungen nicht unterscheiden und endlich, weil die Verweisung auf eine einzelne, aus dem Rechtssystem herausgerissene Vorschrift eine nur sehr unsichere Grundlage für die Gesetzesanwendung bildet.

Diese Erwägungen und das Zureden einiger befreundeter Kollegen veranlaßten mich, in Nachstehendem einen Theil* einer Arbeit zu veröffentlichen, welche in ihrer ursprünglichen, wesentlich gedrängteren Gestalt lediglich dazu bestimmt war, mir selbst als Hülfsmittel in der Praxis zu dienen, eine Bestimmung, welche sie seit längerer Zeit auch erfüllt.

Die praktischen Bedenken, welche bisher von manchen Seiten gegenüber systematischen Gesetzeszusammenstellungen geltend gemacht worden sind, waren mir nicht unbekannt; ich hoffte jedoch dieselben zu beseitigen, theils, indem ich auf eine übersichtliche, durch die Verschiedenartigkeit des Drucks unterstützte Gruppirung des Stoffs besondere Sorgfalt verwendete, theils durch Beifügung einer eingehenden Inhaltsübersicht sowie eines ausführlichen Sachregisters, welches dem Buche zugleich die Vortheile der alphabetischen Gesetzesregister zu wahren sucht. Uebrigens konnte ich die erwähnten Bedenken schon aus dem Grunde nicht für ausschlaggebend halten, weil ich überzeugt bin, daß nur auf dem eingeschlagenen Wege das von mir erstrebte Ziel, die Ermöglichung eines raschen und leichten Ueberblicks über die geltenden Gesetzesvorschriften, sich erreichen lassen wird.

Aufgenommen wurde der gesammte noch in Kraft befindliche Inhalt des Bundes- und Reichsgesetzblattes und des Centralblattes für das Deutsche Reich nach dem Stande vom 28. August l. J.;

---

*) Die eventuelle Herausgabe des Ganzen, einer systematischen Zusammenstellung des im Großherzogthum Baden geltenden Reichs- und Landesrechts, bleibt einer späteren Zeit vorbehalten.

ausgeschlossen dagegen die bereits veralteten Bestimmungen und solche von nur vorübergehender Bedeutung, wie Etatsgesetze, Vorschriften über Aufnahme von Anlehen, Ausgabe von Schatzanweisungen u. s. w., sowie alles nur Personelle; auch die Veränderungen im Stand und in den Befugnissen der Zoll- und Steuerstellen sowie der Konsulate haben, da hierüber besondere Verzeichnisse bestehen, keine Aufnahme gefunden.

Bei der Anordnung des Stoffes wurden die Systeme der neueren Staats- und Verwaltungsrechtslehrer insoweit berücksichtigt, als sich mit dem praktischen Zwecke des Buches und dem Bestreben nach Allgemeinverständlichkeit vertrug; wie es denn überhaupt mein Bemühen war, in allen Punkten auch dem nicht juristisch gebildeten Publikum verständlich zu bleiben, und zwar insbesondere aus Rücksicht auf die Beamten der kleineren Gemeinden, da diese z. Zt. wohl am meisten unter der Fülle der Gesetzesbestimmungen und der Schwierigkeit, dieselben zu überblicken, leiden. Es würde mir eine lebhafte Befriedigung gewähren, wenn meine Arbeit auch ihnen eine Erleichterung verschaffen sollte.

Adelsheim (Baden), im September 1894.

Der Verfasser.

Abkürzungen.

Bdsrthsbeschl. = Bundesrathsbeschluß.
Bek. = Bekanntmachung.
BGB. = Bundesgesetzblatt.
CB. = Centralblatt für das Deutsche Reich.
Erl. = Erlaß. Allerh. Erl. = Allerhöchster Erlaß.
Ges. = Gesetz.
gl. Betr. = gleichen Betreffs.
Prot. = Protokoll.
RGB. = Reichsgesetzblatt.
Verf. des Reichsk. = Verfügung des Reichskanzlers.
Vertr. = Vertrag.
VO. = Verordnung.

Die bei den Gesetzblättern angegebenen Seitenzahlen beziehen sich, soweit nichts Anderes bemerkt ist, jeweils auf denjenigen Jahrgang des Bundes- oder Reichsgesetzblattes bezw. des Centralblattes, von welchem die betreffende Vorschrift datirt ist.

Die Nummernverweisungen im Texte des Buches sowie die Zahlen im alphabetischen Register beziehen sich auf die durchlaufenden Randnummern.

Beim Aufsuchen einzelner Vorschriften empfiehlt es sich, stets entweder die folgende Inhaltsübersicht oder das am Schlusse des Buches befindliche alphabetische Register zu Hilfe zu nehmen.

Erster Theil.

Staatsrecht.

1. Kap. Das Staatsrecht des Reichs im allgemeinen.

Seite

I. Die Verfassungsurkunde 1
Ausdrückliche u. stillschweig. Aenderungen S. 1. Geltungsgebiet S. 2.

II. Die Bündnisverträge mit den süddeutschen Staaten . . . 2
Baden u. Hessen S. 2. Bayern, Württemberg S. 3.

III. Sonstige staatsrechtliche Bestimmungen allgemeinen Inhalts 3
Gesetzblätter; Reichshaushalt-Etat S. 3. Verfassungsstreitigkeiten in Hamburg; Reichsflagge; Rechtsverhältnisse an Dienstgegenständen S. 4.

2. Kap. Das Reichsgebiet.

§ 1. **Die Reichsgrenze** 5
Grenzregulirung bei Konstanz (Vertrag) S. 5.

§ 2. **Die Reichslande Elsaß-Lothringen** 5
Vereinigung mit dem Reich; Landesgesetzgebung; Verfassung u. Verwaltung; Verhandlungen des Landesausschusses S. 5. Bezüge des Statthalters; Aenderung von Landesgesetzen; Vorbereitung des Kriegszustandes S. 6.

§ 3. **Helgoland** 6
Gesetz über die Einverleibung; Ausführungsbestimmungen S. 6.

§ 4. **Die Schutzgebiete** des Reichs.

A. Gemeinsame Bestimmungen für die Schutzgebiete . 6
Ges. über die Rechtsverhältnisse der Schutzgebiete S. 6. Etat; Rechtsverhältnisse der Kaiserlichen Beamten daselbst; vorläufige Verwaltungseinrichtungen 2c. in künftigen Schutzgebieten S. 7.

B. Besondere Bestimmungen 7
für: I. Deutsch-Ostafrika S. 7; II. Das südwestafrikanische Schutzgebiet S. 8; III. Kamerun u. Togo S. 8;

Seite

IV. Die Marschall-, Brown- u. Providence-Inseln S. 9; V. Das Schutzgebiet der Neu-Guinea-Kompagnie S. 9.

3. Kap. Die Organe des Reichs.

§ 1. **Der Kaiser** 10

Bezeichnung der Behörden u. Beamten; Wappen u. Standarte; Adler S. 10.

§ 2. **Der Bundesrath** 11

§ 3. **Der Reichstag** 11

Wahlgesetz für denselben; Wahlreglement S. 11.

§ 4. **Der Reichskanzler** 12

Stellvertretung des Reichskanzlers S. 12.

§ 5. **Die Behörden des Reichs** 12

Auswärt. Amt (mit Kolonialrath); Reichsamt d. Innern S. 12. Reichspostamt (u. Reichsdruckerei); Reichseisenbahnamt; Reichsamt für Verwaltung der Reichseisenbahnen S. 13. Reichs-Marine-Amt; Reichsschatzamt; Rechnungshof S. 14.

§ 6. **Die Beamten des Reichs.**

I. Das Reichsbeamtengesetz 15

II. Ausführungsbestimmungen hierzu 15

Eidliche Verpflichtung; Zeit der Gehaltszahlung; Gnadenquartal der Hinterbliebenen; Urlaub u. Stellvertretung S. 15. Rang, Titel u. Uniform; einstweil. Versetzung in den Ruhestand; doppelte Anrechnung der Dienstzeit bei Pensionirung; Disziplinarverfahren; Zuständigkeit der Behörden u. Anstellung der Beamten S. 16.

III. Die Tagegelder, Fuhr- u. Umzugskosten 17

IV. Die Wohnungsgeldzuschüsse 18

V. Sonstige Fürsorge für die Beamten u. deren Hinterbliebene 18

Bei Betriebsunfällen; Kaiser-Wilhelm-Stiftung für Post- u. Telegraphenbeamte S. 18. Pensionen der Wittwen u. Waisen; Zurückbeförderung Hinterbliebener in die Heimat S. 19.

VI. Die Kautionen der Beamten 19

4. Kap. Die Staatsbürger.

I. **Das Staatsbürgerrecht** (Erwerb u. Verlust) 21

II. **Verfassungsmäßige Rechte** der Staatsbürger 22

Gesetze über Freizügigkeit u. Paßwesen S. 22, über Gleichberechtigung der Konfessionen, über Aufhebung v. polizeilichen Ehebeschränkungen S. 23.

Seite

Zweiter Theil.

Justizwesen.

1. Kap. Civilrecht.

§ 1. **Allgemeines Civilrecht** 24

Alter der Großjährigkeit; Beschränkungen des Grundeigenthums bei Festungen; vertragsmäßige Zinsen; Wucher S. 24. Anfechtung von Rechtshandlungen; Inhaberpapiere mit Prämien; Haftpflichtgesetz; Abzahlungsgeschäfte S. 25.

§ 2. **Schutz des geistigen Eigenthums insbesondere.**

I. Schutz v. Werken der Litteratur u. Kunst sowie v. Photographien 26

Gesetze v. 11. Juni 1870 u. v. 9. u. 10. Januar 1876 nebst Ausführungsbestimmungen S. 26 f. Internationaler Verband zum Schutz v. Werken der Litteratur u. Kunst; Verträge mit einzelnen Staaten S. 27.

II. Schutz v. Mustern u. Modellen 28

Ges. v. 11. Januar 1876; Verträge S. 28.

III. Schutz der Waarenbezeichnungen 28

Gesetze v. 30. November 1874 u. 12. Mai 1894 S. 28. Verträge S. 29.

IV. Patent- u. Gebrauchsmusterschutz 30

Patentgesetz; Ges. über Gebrauchsmusterschutz; Verträge S. 30.

§ 3. **Handelsrecht.**

I. Das Handelsgesetzbuch mit Einführungsgesetz . . 30

II. Sonstige handelsrechtliche Vorschriften 31

Erwerbs- u. Wirthschaftsgenossenschaften S. 31. Gesellschaften mit beschränkter Haftung; Löschungen im Handelsregister; Vereinbarungen über Aktiengesellschaften 2c. S. 32.

§ 4. **Wechselrecht** 32

Wechselordnung nebst Einführungsgesetz S. 32.

2. Kap. Strafrecht.

I. **Das Reichs-Strafgesetzbuch** 33

Einführungsgesetz; Reichsstrafgesetzbuch S. 33.

II. **Militärstrafrecht** 34

Militärstrafgesetzbuch nebst Einführungsgesetz S. 34.

III. **Sonstige Strafgesetze** 34

Sprengstoffgesetz S. 34. Schutz des Papiergeldes; Schonzeit für Robben; Schutz v. Vögeln; Verrath militär. Geheimnisse; Ausschluß der Oeffentlichkeit bei Gerichtsverhandlungen S. 35.

Seite

3. Kap. Gerichtsverfassung.

I. **Das Gerichtsverfassungsgesetz** nebst Einführungsgesetz u. Vollzugsvorschriften 36

II. **Sonstige Bestimmungen** über Verfassung der Gerichte . 37
Gewerbegerichte S. 37. Prisengerichte; Gerichtssprache in Elsaß-Lothringen; Rechtsanwaltsordnung; ausländische Gerichtsverfassungen S. 38.

III. **Rechtshülfe** 38
Ges. v. 21. Juni 69 S. 38.
Rechtshülfe- (insbesondere Auslieferungs-) Verträge S. 39.

4. Kap. Gerichtsverfahren.

§ 1. **Strafverfahren.**

I. Die Strafprozeßordnung nebst Einführungsgesetz 41

II. Vollzugsbestimmungen u. sonstige Vorschriften über Strafprozeß u. Strafvollzug 41
Begriff „Militärbehörde"; Strafregister S. 41. Vollzug der Ausweisung; Grundsätze über Vollstreckung v. Gesammtstrafen S. 42.

III. Militärstrafverfahren 42

§ 2. **Civilprozeß.**

I. Die Civilprozeßordnung nebst Einführungsgesetz u. Vollzugsvorschriften 43

II. Sonstige civilprozessuale Vorschriften 44
Beschlagnahme des Arbeits- u. Dienstlohnes; Pfändung v. Eisenbahnfahrbetriebsmitteln ꝛc.; Aufgebotsverfahren; Aufhebung der Schuldhaft S. 44.

§ 3. **Nichtstreitige Gerichtsbarkeit.**

I. Beurkundung des Personenstandes u. Eheschließung 45
Gesetze v. 6. Febr. 75 u. v. 4. Mai 70 nebst Ausführungsbestimmungen S. 45. Verzicht auf Trauerlaubnißscheine S. 46.

II. Beglaubigung öffentlicher Urkunden 46
Ges. v. 1. Mai 78; Vertrag mit Oesterreich-Ungarn S. 46.

III. Konkursverfahren 46
Konkursordnung S. 46. Einführungsgesetz S. 47.

§ 4. **Kostenwesen** 47
Gerichtskostengesetz mit Vollzugsbestimmungen S. 47. Verträge über Zulassung zum Armenrecht; Gebührenordnungen für Zeugen u. Sachverständige, für Rechtsanwälte, für Gerichtsvollzieher S. 48.

Seite

Dritter Theil.

Innere Verwaltung.

Vorbemerkung: Einführung einer einheitl. Zeitbestimmung 49

1. Kap. Fürsorge für die geistige Wohlfahrt.

I. Kirchenwesen 49
Jesuitengesetz S. 49.

II. Sittlichkeit 49
Unterdrückung der Spielbanken u. der Kuppelei S. 49, des Branntweinhandels auf der Nordsee S. 50.

III. Die Presse 50
Preßgesetz; Stimmzettel keine Drucksachen S. 50.

IV. Künste u. Wissenschaften 50
Ausgrabungen in Olympia; Seminar für oriental. Sprachen; Charlottenstiftung für Philologie; Archäologisches Institut S. 50.

2. Kap. Fürsorge für die körperliche Wohlfahrt.

§ 1. Gesundheitswesen.

I. Das Heilpersonal u. die Heilmittel 51
Prüfungen der Aerzte u. Zahnärzte; Prüfungen der Apotheker S. 51. Zulassung ausländischer Medizinalpersonen in Grenzbezirken; Arzneimittel u. Apotheken S. 52.

II. Vorschriften über den Verkehr mit Nahrungsmitteln u. s. w. 52
Verkehr mit Nahrungsmitteln, Genußmitteln u. Gebrauchsgegenständen S. 52. Verkehr mit blei- u. zinkhaltigen Gegenständen; Verwendung gesundheitsschädlicher Farben; Verkehr mit Ersatzmitteln für Butter, mit Wein u. dergl. S. 53.

III. Schutz gegen übertragbare Krankheiten 53
Impfgesetz S. 53. Schutz gegen die russische Pest; Schutz gegen Trichinen u. dergl.; internat. Maßregeln gegen die Cholera S. 54.

§ 2. Sicherheitspolizei 54
Prüfung der Handfeuerwaffen S. 54.

§ 3. Unterstützungs- u. Armenwesen 55
Unterstützungswohnsitzgesetz; Verträge über Unterstützung u. Uebernahme Hilfsbedürftiger S. 55.

Seite

3. Kap. Fürsorge für die wirthschaftliche Wohlfahrt.

§ 1. **Geldwesen.**

I. Metallgeld 56

Ges. über Ausprägung v. Reichsgoldmünzen nebst ergänzenden Vorschriften; Münzgesetz mit Vollzugs- u. Ergänzungsvorschriften S. 56.

II. Papiergeld 58

Ges. über Ausgabe von Reichskassenscheinen mit Vollzugs- u. Ergänzungsvorschriften; frühere Regelung des Papiergeldwesens S. 58.

§ 2. **Die Notenbanken** 59

Bankgesetz nebst Vollzugs- u. Ergänzungsvorschriften (Aufruf u. Einziehung der Banknoten S. 59. Jahresbilanzen; die Reichsbank u. die Rechtsverhältnisse der Reichsbankbeamten u. s. w. S. 60). Die frühere Notenbankgesetzgebung S. 61.

§ 3. **Maaß- u. Gewichtswesen u. dergl.**

I. Das Maaß- u. Gewichtswesen im Allgemeinen . 61

Maaß- u. Gewichtsordnung nebst Vollzugsbestimmungen S. 61. Internationale Meterkonvention; Bezeichnung des Raumgehaltes der Schankgefäße S. 62.

II. Das Aichungswesen insbesondere 62

Aichordnung S. 62. Aichgebührentaxe; die Aichordnung u. die Taxe ergänzende Vorschriften S. 63.

III. Bezeichnung des Feingehalts der Gold- u. Silberwaaren 64

IV. Beglaubigung von technischen Geräthen u. dergl. durch die Physikalisch-technische Reichsanstalt 64

Metall-Legirungen für Dampfkessel-Sicherheitsapparate; Thermometer; Stimmgabeln; elektr. Meßgeräthe; Hefnerlampen; Schrauben S. 64.

§ 4. **Eisenbahnwesen.**

I. Bahntechnische Vorschriften 64

Betriebsordnung für Hauptbahnen; Bahnordnung für Nebenbahnen S. 64. Befähigungsvorschriften für Eisenbahnbetriebsbeamte; Signalordnung; Normen für Bau und Ausrüstung der Hauptbahnen S. 65.

II. Die Regelung des Personen- u. Güterverkehrs . 65

Verkehrsordnung nebst Ausführungsbestimmungen; Viehbeförderung (Desinfektion, Verladung lebender Thiere) S. 65. Eisenbahnpostgesetz nebst Ausführungsbestimmungen S. 66.

III. Bau einzelner deutscher Bahnlinien 66

IV. Verträge 67

Internat. Uebereink. über den Eisenbahnfrachtverkehr; Bestimmungen über technische Einheit im Eisenbahnwesen S. 67. Internat. Vereinbarung über zollsichere Einrichtung der Eisenbahnwagen; Verträge über Bau bezw. Betrieb einzelner Bahnlinien S. 68.

Seite

§ 5. **Postwesen.**

I. Inländische Gesetzgebung 69

Ges. über das Postwesen; Postordnung; Ges. über das Posttaxwesen S. 69. Ges. über Portofreiheiten; Behandlung der portopflichtigen Correspondenz zwischen Behörden S. 70.

II. Verträge 70

Weltpostvertrag u. Nebenübereinkommen S. 70. Sonstige Postverträge S. 71.

§ 6. **Telegraphenwesen** 73

Einführung v. Telegraphen-Freimarken; gebührenfreie Beförderung v. Telegrammen; Ges. über das Telegraphenwesen; Vorschriften über Benützung der Telegraphen; internat. Vertrag zum Schutz der Kabel S. 73.

§ 7. **Seeschiffahrt.**

A. Die Förderung der Seeschiffahrt im Allgemeinen 74

Deutsche Seewarte; Postdampfschiffverbindungen mit Ostasien, Australien u. Ostafrika S. 74.

B. Die Schiffe.

I. Flagge, Bezeichnung u. Registrirung der Seeschiffe . 74

II. Schiffsvermessung 75

C. Das Schiffspersonal.

I. Dessen Rechtsverhältnisse, Rechte u. Pflichten . . . 76

Seemannsordnung nebst Ausführungsvorschriften S. 76.

II. Der Befähigungsnachweis der Seeschiffer, Seesteuerleute u. Maschinisten 77

III. Fürsorge für die Seeleute 78

Mitnahme hülfsbedürftiger Seeleute; Uebereink. wegen Unterstützung der Seeleute u. wegen Auslieferung v. Heuerguthaben 2c. S. 78.

D. Die Schiffahrtsvorschriften.

I. Allgemeines 78

Gesetze über Schiffsmeldungen bei den Konsulaten u. über die Küstenfrachtfahrt S. 78; über die Reichskriegshäfen S. 79.

II. Vorschriften zur Verhütung von Seeunfällen u. über das Verfahren nach denselben 79

Bezeichnung der Fahrwasser 2c.; Verhütung von Zusammenstößen; Verhalten nach denselben; Noth- u. Lootsen-Signalordnung; Strandungsordnung; Ges. über Untersuchung v. Seeunfällen S. 79.

E. Schiffahrtsabgaben 80

F. Schiffahrtsverträge 80

§ 8. **Flußschiffahrt u. Flößerei. Kanäle** 81

Ges. über Flößereiabgaben; Abgaben auf Elbe u. Weser; Donauschiffahrt S. 81. Kanäle S. 82.

Seite

§ 9. **Die Landeskultur.**

A. Die Landwirthschaft.

I. Maßregeln gegen die Reblaus 82

II. Sonstige Förderung der Landwirthschaft 84
Schutz gegen den Kartoffelkäfer S. 84.

B. Veterinärwesen 84
Die Thierärzte S. 84. Maßregeln gegen die Rinderpest; Maßregeln gegen sonst. Viehseuchen S. 85.

C. Jagd u. Fischerei 86
Robbenfang; Fischerei in der Nordsee; Lachsfischerei im Rhein S. 86.

§ 10. **Handel u. Gewerbe.**

I. Die Gewerbeordnung nebst Ausführungsbestimmungen 87

II. Handelsverträge 90

III. Statistik des Waarenverkehrs 90
Waarenverkehr mit dem Auslande; auf den Wasserstraßen S. 90.

§ 11. **Arbeiterversicherung.**

I. Eingeschriebene Hülfskassen 91

II. Obligatorische Krankenversicherung 91
Krankenversicherungsgesetz S. 91. Versicherung land- u. forstwirthschaftlicher Arbeiter S. 92.

III. Unfallversicherung 92
Unfallversicherungsgesetz S. 92. Ausdehnungsgesetz v. 28. Mai 85 S. 93. Land- u. forstwirthschaftliche Unfallversicherung S. 94. Bauunfallversicherung S. 95. Seeunfallversicherung S. 96.

IV. Invaliditäts- u. Altersversicherung 97

Vierter Theil.

Aeußere Verwaltung.

§ 1. **Konsulats- u. Gesandtschaftswesen.**

I. Allgemeine Bestimmungen 99
Organisation der Konsulate, Amtsrechte u. Pflichten der Konsuln; Gebühren u. Kosten bei den Konsulaten; Ges. über die Konsulargerichtsbarkeit S. 99.

II. Bestimmungen bezügl. einzelner Staaten, insbesondere Konsularverträge 100

Seite

§ 2. **Verträge vermischten Inhalts.**

I. Internationale Verträge 103

Handel u. Schiffahrt im Suluarchipel; Regelung der orientalischen Fragen u. der Verhältnisse in Afrika S. 103.

II. Verträge mit einzelnen Staaten 103

Fünfter Theil.

Militärwesen.

I. **Organisation u. Wehrpflicht** 109

Ges., betr. die Verpflichtung zum Kriegsdienst; Reichsmilitärgesetz S. 109. Kontrole, Uebungen u. Bestrafungen der Beurlaubten; Ges. über Aenderungen der Wehrpflicht; Wehrpflicht der Geistlichen; Friedenspräsenzstärke des Heeres; deutsche Wehrordnung S. 110.

II. **Naturalleistungen für die bewaffnete Macht** 111

Quartierleistung im Frieden S. 111. Naturalleistungen im Frieden S. 112. Kriegsleistungen S. 113.

III. **Die Rechtsverhältnisse der Militärpersonen im allgem., insbesondere deren Dienstbezüge** 114

Tagegelder u. Reisekosten; Umzugskosten S. 114.

IV. **Versorgung der Militärpersonen u. ihrer Angehörigen** . . 114

Pensionen ꝛc. der Angehörigen der Armeen vor 1870 S. 114. Militärpensionsgesetz S. 115. Militär-Hinterbliebenen-Gesetz; Unterstützung v. Familien eingezogener Mannschaften; Civilversorgung der Militärpersonen S. 116.

V. **Vermischtes** 117

Kriegsdenkmünze für 1870/71 S. 117. Ehrenzulage an Inhaber des Eisernen Kreuzes; Generalstabsstiftung; Brieftaubenverkehr S. 118.

Sechster Theil.

Finanzverwaltung.

1. Kap. Allgemeine Bestimmungen.

I. **Die Schulden des Reichs** 119

Ges. über das Reichsschuldbuch; Bürgschaften des Reichs; Reichsschulden-Verwaltung S. 119.

II. **Das Vermögen des Reichs** 120

Reichshauptkasse; Reichskriegsschatz; Reichs-Invalidenfonds S. 120. Reichs-Festungsbaufonds; Reichstagsgebäudefonds S. 121.

Seite

2. Kap. Steuerwesen.

§ 1. **Allgemeine Bestimmungen** 121
Beseitigung der Doppelbesteuerung; Besteuerung der Dienstwohnungen; Kommunalsteuerpflicht der Militärpersonen S. 121. Behandlung der Steuerkredite S. 122.

§ 2. **Die einzelnen Steuern** 122
I. Stempelabgabe für Werthpapiere, Kaufgeschäfte ꝛc. u. Lotterieloose S. 122. II. Wechselstempelsteuer S. 123. III. Spielkartenstempel S. 124. IV. Salzsteuer S. 125. V. Brausteuer S. 126. VI. Tabacksteuer S. 126. VII. Zuckersteuer S. 127. VIII. Branntweinsteuer S. 128.

3. Kap. Zollwesen.

I. **Der Zollvereinigungsvertrag** v. 8. Juli 1867 132
Text; Aenderungen; Ausführungs- u. Ergänzungsvorschriften (Aenderungen der Zollgrenze, Zollanschluß v. Hamburg u. Bremen, Sicherung der Zollgrenze daselbst) S. 132.

II. **Das Vereinszollgesetz** v. 1. Juli 1869 133
Text; Ausführungsbestimmungen S. 133.

III. **Das Zolltarifgesetz** 138
Text; Ausführungsbestimmungen zum Gesetz S. 138, zum Tarif S. 140.

IV. **Ausführungsvorschriften zu den Zoll- u. Handelsverträgen** 142
Vorbemerkung. Ursprungszeugnisse; Pferde; Weine u. Moste S. 142.

Alphabetisches Register 143

Erster Theil.

Staatsrecht.

1. Kapitel.

Das Staatsrecht des Reichs im allgemeinen.

I. Die Verfassungsurkunde.

Die **Verfassung des Deutschen Reichs** wurde veröffentlicht mit Ges., betr. die Verfassung des Deutschen Reichs, v. 16. April 1871 im BGB. 1871 S. 63 ff. 1

Aenderungen bezw. Ergänzungen

der Reichsverfassung sind erfolgt in folg. Punkten:

1. Art. 4 Nr. 9 wurde ergänzt durch Ges. v. 3. März 73 (RGB. S. 47); 2
2. Art. 4 Nr. 13 geändert durch Ges. v. 20. Dez. 73 (RGB. S. 379), in Elsaß-Lothringen eingeführt durch Ges. v. 8. Febr. 75 (RGB. S. 69); 3
3. Art. 24 geändert durch Ges. v. 19. März 88 (RGB. S. 110); 4
4. Art. 28 Abs. 2 aufgehoben durch Ges. v. 24. Febr. 73 (RGB. S. 45); 5
5. Art. 53 geändert durch Art. I des Ges. v. 26. Mai 93 (RGB. S. 185); 6
6. Art. 59 erster Satz geändert durch Art. I des Ges. v. 11. Febr. 88 (RGB. S. 11). 7

Wegen stillschweigender Aenderungen ꝛc. beachte man ferner u. A.

1. Zu Art. 1: Wegen Einverleibung Elsaß-Lothringens in das Reich vgl. Ges. v. 9. Juni 71 (RGB. S. 212, Nr. 41); 8
2. Zu Art. 35 Abs. 2 u. Art. 38 Abs. 4: Die süddeutschen Staaten sind nunmehr der Branntweinsteuergemeinschaft ebenfalls beigetreten. Vgl. Nr. 950;
3. Zu Art. 59: Wegen Einführung der zweijährigen Dienstzeit vgl. Art. II des Ges. v. 3. Aug. 93 (RGB. S. 233, Nr. 848); 9
4. Zu Art. 38 u. 70: Wegen der theilweisen Ueberweisung des Ertrags der Zölle u. Steuern an die Bundesstaaten vgl. § 8 des Zolltarifgesetzes (RGB. 85 S. 116, s. Nr. 1039), § 45 des Reichsstempelgesetzes (RGB. 94 S. 392, s. Nr. 913) u. § 39 des Branntweinsteuergesetzes (RGB. 87 S. 265, s. Nr. 949); 10
5. Zu Art. 74: An Stelle der daselbst erwähnten Strafvorschriften sind die betr. Bestimmungen des RStGB. getreten; vgl. insbes. die §§ 80 ff. u. 185 ff. daselbst; 11
6. Zu Art. 75: An Stelle der Bestimmungen über das Ober-Appellationsgericht in Lübeck ist § 136 des Gerichtsverfassungsgesetzes (s. Nr. 310) getreten. 12

Geltungsgebiet:

Die Reichsverfassung ist auch in den seit Gründung des Reichs neu erworbenen Gebieten in Kraft getreten, u. zwar

1. in Elsaß-Lothringen:

13 Nach § 2 des Ges., betr. die Vereinigung v. Elsaß-Lothringen mit dem Deutschen Reich v. 9. Juni 71 (RGB. S. 212, s. Nr. 41), ge-
14 ändert durch Ges. v. 20. Juni 72 (RGB. S. 208), ist die Reichsverfassung in Elsaß-Lothringen am 1. Jan. 74 ihrem ganzen Umfange nach in Kraft getreten, u. zwar mit den in dem
15 Ges., betr. die Einführung der Verfassung des Deutschen Reichs in Elsaß-Lothringen v. 25. Juni 73 (RGB. S. 161) enthaltenen Maßgaben.

Art. 3 der Verfassung war schon durch § 2 des bei Nr. 13 angeführten Ges. v. 9. Juni 71 in Elsaß-Lothringen in Wirksamkeit gesetzt worden, u. auf Grund des gleichen § wurden bereits vor dem allgemeinen Einführungstermin einzelne weitere Theile der Verfassung daselbst eingeführt, u. zwar:

16 a) Art. 33 durch Ges. v. 17. Juli 71 (RGB. S. 325).
17 Hierzu vgl. die Kaiserlichen VO. v. 19. u. 30. Aug. 71 (RGB. S. 326 u. 329);
18 b) Abschn. VIII durch VO. v. 14. Okt. 71 (RGB. S. 443);
19 c) Abschn. VII durch Ges. v. 11. Dez. 71 (RGB. S. 444);
20 d) Art. 57—65 durch Ges. v. 23. Jan. 72 (RGB. S. 31).

2. in Helgoland:

Daselbst wurde die Verfassung mit Ausnahme des Abschn. VI
21 (Zoll- u. Handelswesen) eingeführt durch Ges., betr. die Vereinigung v. Helgoland mit d. Deutschen Reich, v. 15. Dez. 90 (RGB. S. 207, s. Nr. 50).

22 II. Die Bündnisverträge mit den süddeutschen Staaten.

Neben der Verfassungsurkunde sind theilweise noch die mit den süddeutschen Staaten geschlossenen Staatsverträge in Kraft, welche das Reich in seiner jetzigen Gestalt begründet haben, u. zwar für

23 **a) Baden und Hessen:**

Vereinbarung zw. dem Nordd. Bunde, Baden u. Hessen über Gründung des Deutschen Bundes u. Annahme der Bundesverfassung. V. 15. Nov. 70 (RGB. S. 650).

Die dieser Vereinbarung als Anlage beigefügte Verfassung des Deutschen Bundes (S. 627) ist durch die neue Verfassungsurkunde (s. Nr. 1) ersetzt. Unberührt sind nur geblieben die Bestimmungen in Art. 80 über Einführung der Nordd. Bundesgesetze in den hinzugetretenen Staaten. § 1 u. 2 des Ges. v. 16. Apr. 71 (BGB. S. 63, s. Nr. 1).

b) **Bayern:**

Vertrag, betr. den Beitritt Bayerns zur Verfassung des Deutschen Bundes. V. 23. Nov. 70; nebst Schlußprotokoll v. gl. Tag (BGB. 1871 S. 9). 24

Hiervon sind nur noch Zff. III § 8 u. Zff. IV des Vertrags, sowie das Schlußprot. in Kraft; die übrigen Theile sind durch die Verfassungsurkunde ersetzt. § 1—3 des Ges. v. 16. Apr. 71 (BGB. S. 63, s. Nr. 1).

Anmerkung. Wegen Einführung der Nordd. Bundesgesetze in Bayern vgl. Ges. v. 22. Apr. 71 (BGB. S. 87). 25

(Die Einführung ist jeweils bei den einzelnen Gesetzen vermerkt.)

c) **Württemberg:**

1. Vertrag zw. dem Nordd. Bunde, Baden und Hessen einerseits u. Württemberg anderseits, betr. den Beitritt Württembergs zur Verfassung des Deutschen Bundes. V. 25. Nov. 70; nebst Schlußprot. v. gl. Tag (BGB. 70 S. 654). 26

   Hiervon ist nur noch Art. 2 Nr. 6 des Vertrags sowie das Schlußprotokoll in Kraft; die übrigen Theile sind ersetzt durch die Verfassungsurkunde. § 1—3 des Ges. v. 16. Apr. 71 (BGB S. 63, s. Nr. 1).

2. Militärkonvention zw. dem Nordd. Bunde u. Württemberg. V. 21./25. Nov. 70 (BGB. S. 658). 27

III. Sonstige staatsrechtliche Bestimmungen allgem. Inhalts.

1. **Gesetzblätter** (zu Art. 2 der Verfassung).

Das mit VO. v. 26. Juli 1867 (BGB. S. 24) eingeführte „Bundesgesetzblatt für den Norddeutschen Bund" erhielt mit Nr. 4 des Jahrgangs 1871 die Bezeichnung „Bundesgesetzblatt des Deutschen Bundes" u. mit Nr. 19 des gleichen Jahrgangs den Namen „Reichsgesetzblatt". 28

Daneben besteht seit 1873 zur Veröffentlichung von Bestimmungen, die der Verkündigung durch das RGB. nicht bedürfen, das durch das Reichsamt des Innern herausgegebene „Centralblatt für das Deutsche Reich". 29

2. **Reichshaushalt-Etat** (zu Art. 69 der Verfassung).

Ges., betr. das Etatsjahr für den Reichshaushalt; v. 29. Febr. 76 (RGB. S. 121). 30

Wegen des Etats der Schutzgebiete s. Nr. 58.

3. Verfassungsstreitigkeiten in Hamburg (zu Art. 76 Reichsverf.).

31 Ges., betr. die Zuständigkeit des Reichsgerichts für Streitfragen zwischen dem Senat u. der Bürgerschaft der freien und Hansestadt Hamburg; v. 14. März 81 (RGB. S. 37).

4. Die Reichsflagge.

32 a) Kaiserliche VO. über die Führung der Reichsflagge; v. 8. Nov. 92 (RGB. S. 1050).

(Der in § 2 erwähnte Erl. v. 2. März 86 ist nunmehr ersetzt durch die bei Nr. 35 angeführten Vorschriften.)

Hierzu vgl.:

33 α) Bek. des Reichskanzlers, betr. die Reichsdienstflagge, v. 20. Jan. 93 (CB. S. 9; enthält die Muster der Reichsdienstflagge).

34 β) Kaiserlicher Erl., betr. die Dienstflaggen in den Schutzgebieten, v. 3. Aug. 93 (CB. S. 273). Vgl. ferner Nr. 36 f.

35 b) Bestimmungen über die Führung der Deutschen Kriegsflagge u. der Reichsdienstflagge der Marine.

36 Bek. v. 13. Apr. 93 (CB. S. 112), erweitert durch Kaiserlichen Erl., betr. die Führung der Kriegsflagge bei der Schutztruppe für Deutsch-Ostafrika, v. 21. Aug. 93 (CB. S. 275). Zur Ausführung dieses
37 Erl. vgl. die Bek. in CB. 93 S. 359.

38 c) Allerh. Erl., betr. die Verleihung eines Abzeichens in der Nationalflagge an den Kaiserlichen Yachtklub zu Kiel; v. 27. Jan. 93 (CB. S. 89).

Ueber die Befugnis der Kauffahrteischiffe zur Führung der Bundesflagge s. Nr. 577;

wegen des Kaiserlichen Adlers u. Wappens sowie der Kaiserlichen Standarte s. Nr. 92.

5. Rechtsverhältnisse an Dienstgegenständen des Reichs.

39 Ges., betr. die Rechtsverhältnisse der zum dienstlichen Gebrauch einer Reichsverwaltung bestimmten Gegenstände. V. 25. Mai 73 (RGB. S. 113).

Wegen des Zollvereinigungsvertrags s. Nr. 983.

2. Kapitel.

Das Reichsgebiet.

§ 1. Die Reichsgrenze.

Vereinbarung zw. dem Deutschen Reich u. d. Schweiz wegen Regulirung der Grenze bei Konstanz; v. 24. Juni 79 (RGB. S. 307). 40

§ 2. Die Reichslande Elsaß-Lothringen.

1. Die Einverleibung Elsaß-Lothringens in das Deutsche Reich erfolgte durch
Ges., betr. die Vereinigung Elsaß-Lothringens mit dem Deutschen 41
Reich; v. 9. Juni 71 (RGB. S. 212),
geändert bezügl. des § 2 durch Ges. v. 20. Juni 72 (RGB. S. 208, s. Nr. 14) sowie
ergänzt bezügl. der Bestimmungen in § 3 durch § 8 des Ges., betr. die Einführung der Reichsverfassung in Elsaß-Lothringen, v. 25. Juni 73 (RGB. S. 161, s. Nr. 15).

2. Eine weitere Ausbildung des inneren Verfassungsrechts brachte das
Ges., betr. die Landesgesetzgebung v. Elsaß-Lothringen; v. 2. Mai 77 42
(RGB. S. 491).

3. Der endgiltige Ausbau der Verfassung erfolgte durch
Ges., betr. die Verfassung u. Verwaltung Elsaß-Lothringens; 43
v. 4. Juli 79 (RGB. S. 165),
in Kraft gesetzt am 1. Okt. 79 durch VO. v. 23. Juli 79 (RGB. 44
S. 281).
Ausführungsbestimmungen:
Auf Grund des § 1 wurden erlassen die VO., betr. die Ueber- 45
tragung landesherrlicher Befugnisse auf den Statthalter in Elsaß-Lothringen, v. 22. Juni 88 (RGB. S. 189), v. 11. Dez. 89 (RGB. 90 S. 2) u. v. 14. März 93 (RGB. S. 137).

Anmerkung: Durch das Ges. v. 4. Juli 79 sind die zuerst erwähnten Gesetze nur insoweit aufgehoben, als sie mit demselben in Widerspruch stehen.

4. **Nachträgliche Ergänzungen des Verfassungsrechts** Elsaß-Lothringens enthalten:
a) Ges., betr. die Oeffentlichkeit der Verhandlungen u. die 46
Geschäftssprache des Landesausschusses für Elsaß-Lothringen; v. 23. Mai 81 (RGB. S. 98);

47 b) Ges., betr. den Anspruch des Statthalters in Elsaß-Lothringen auf Gewährung v. Pension u. Wartegeld; v. 28. Apr. 86 (RGB. S. 129).

48 c) Ges., betr. die Anwendung abgeänderter Reichsgesetze auf landesgesetzliche Angelegenheiten Elsaß-Lothringens; v. 7. Juli 87 (RGB. S. 377);

49 d) Ges., betr. die Vorbereitung des Kriegszustandes in Elsaß-Lothringen; v. 30. Mai 92 (RGB. S. 667).

Wegen Einführung der Reichsverfassung in Elsaß-Lothringen s. Nr. 13 ff., wegen der Geschäftssprache der gerichtlichen Behörden daselbst s. Nr. 318.

§ 3. Helgoland.

50 **Ges., betr. die Vereinigung v. Helgoland mit dem Deutschen Reich;** v. 15. Dez. 90 (RGB. S. 207).

Ausführungsbestimmungen:

1. Auf Grund des § 4:

51 Bek., betr. die Zutheilung der Insel Helgoland zu dem 5. Wahlkreise der preuß. Provinz Schleswig-Holstein; v. 16. Mai 91 (RGB. S. 111).

2. Auf Grund des § 6:

52 a) Kaiserliche VO., betr. die Einführung v. Reichsgesetzen in Helgoland; v. 22. März 91 (RGB. S. 21).

Die Bestimmungen in Art. II Ziff. I, welche nach § 6 Abs. 2 des Gesetzes nur bis 31. Dez. 93 Geltung hatten, sind dauernd in Helgo-
53 land eingeführt worden durch Ges., betr. die Geltung des Gerichtsverfassungsgesetzes in Helgoland; v. 4. Juni 93 (RGB. S. 193);

54 b) Kaiserliche VO. gl. Betr. v. 14. Dez. 92 (RGB. S. 1052);

55 c) Kaiserliche VO. gl. Betr. v. 24. Juli 93 (RGB. S. 236).

§ 4. Die Schutzgebiete des Reichs.

A. Gemeinsame Bestimmungen für die Schutzgebiete.

56 1. **Ges., betr. die Rechtsverhältnisse der deutschen Schutzgebiete.** V. 17. Apr. 86 (RGB. S. 75),

geändert durch Ges. v. 7. Juli 87 (RGB. S. 307) u. Ges. v. 15. März 88 (RGB. S. 71),

57 neu veröffentlicht mit Bek. v. 19. März 88 (RGB. S. 75).

2. **Ges. über die Einnahmen u. Ausgaben der Schutzgebiete;** v. 30. März 92 (RGB. S. 369). 58

3. **Ges., betr. die Rechtsverhältnisse der Kaiserlichen Beamten** in den Schutzgebieten; v. 31. Mai 87 (RGB. S. 211). 59

(Regelt die Anrechnung der Dienstzeit bei der Pensionirung u. die Versetzung in einstweil. Ruhestand.)

4. **VO., betr.** die Regelung der **Verwaltung u. Rechtspflege in den** zu den Schutzgebieten nicht gehörigen Theilen der **deutschen Interessensphären in Afrika;** v. 2. Mai 94 (RGB. S. 461). 59a

Man vergleiche ferner:

wegen des Kolonialraths beim Auswärtigen Amt Nr. 117,

wegen der Reichsdienstflagge in den Schutzgebieten Nr. 34,

wegen des Vertrags mit dem Kongostaat über Auslieferung der Verbrecher u. Gewährung sonst. Rechtshilfe in Strafsachen Nr. 334,

wegen Anwendung der vertragsmäßigen Zollsätze auf die Erzeugnisse der deutschen Kolonien u. Schutzgebiete Nr. 1044.

B. Besondere Bestimmungen für die einzelnen Schutzgebiete.

I. Deutsch-Ostafrika.

1. **Allgemeines.**

a) VO., betr. die Rechtsverhältnisse im Schutzgebiet der Deutsch-Ostafrikanischen Gesellschaft; v. 18. Nov. 87 (RGB. S. 527). 60

Die VO. bestimmt lediglich die Zeit der Einführung des Konsulargerichtsbarkeitsgesetzes im Schutzgebiet. Nähere Vorschriften über Justiz u. Verwaltung geben die

b) Kaiserliche VO., betr. die Rechtsverhältnisse in Deutsch-Ostafrika; v. 1. Jan. 91 (RGB. S. 1). 61

Hierzu:

Dienstanweisung, betr. die Ausübung der Gerichtsbarkeit in Deutsch-Ostafrika; v. 12. Jan. 91 (CB. S. 14), geändert bezügl. § 2 Ziff. 3 durch Nachtrag v. 25. Okt. 91 (CB. S. 299). 62

c) Verf. des Reichsk., betr. die Ausübung konsularischer Befugnisse u. den Erlaß polizeilicher u. sonstiger, die Verwaltung betreffender Vorschriften in Deutsch-Ostafrika; v. 1. Jan. 91 (CB. S. 7). 63

2. **Die Kaiserliche Schutztruppe.**

Ges., betr. die Kaiserliche Schutztruppe für Deutsch-Ostafrika; v. 22. März 91 (RGB. S. 53). 64

Zu § 4 dieses Ges.: VO., betr. das strafgerichtliche Verfahren gegen die Militärpersonen der Kaiserlichen Schutztruppe für Deutsch-Ostafrika; v. 3. Juni 91 (RGB. S. 341). 65

Wegen Führung der Deutschen Kriegsflagge bei der Schutztruppe s. Nr. 36f.

65a 3. **Rechtsverhältnisse der Landesbeamten.**

VO., betr. die Rechtsverhältnisse der Landesbeamten in Deutsch-Ostafrika; v. 22. Apr. 94 (CB. S. 115).

Zu Art. 3: Verf. des Reichsk., betr. Doppelrechnung der Dienstzeit; v. 6. Mai 94 (CB. S. 261).

Anmerkung:

Wegen der Postdampfschiff-Verbindung mit Ostafrika s. Nr. 576.

Wegen Ausführung der Generalakte der Brüsseler Antisklaverei-Konferenz in Deutsch-Ostafrika s. Nr. 788.

Wegen Ausübung der Prisengerichtsbarkeit aus Anlaß der ostafrikanischen Blokade s. Nr. 317.

Wegen Verwendung v. 2 Millionen Mark zum Schutz der deutschen Interessen u.
66 Bekämpfung des Sklavenhandels in Ostafrika s. Ges. v. 2. Febr. 89 (RGB. S. 3) mit Berichtigung (RGB. 89 S. 10).

II. Das südwestafrikanische Schutzgebiet.

1. **Allgemeines.**

67 a) VO., betr. die Rechtsverhältnisse in dem südwestafrikanischen Schutzgebiet. V. 21. Dez. 87 (RGB. S. 535).

Die VO. bestimmt nur den Zeitpunkt der Einführung des Konsulargerichtsbarkeitsgesetzes im Schutzgebiet. Nähere Vorschriften über die Gerichtsbarkeit enthält die

68 b) VO. gl. Betr. v. 10. Aug. 90 (RGB. S. 171).

Hierzu:

69 α) Dienstanweisung, betr. die Ausübung der Gerichtsbarkeit in dem südwestafrikanischen Schutzgebiet; v. 27. Aug. 90 (CB. S. 304).

70 β) Zu § 16: VO., betr. das Aufgebot von Landansprüchen im südwestafrikanischen Schutzgebiet; v. 2. Apr. 93 (RGB. S. 143).

2. **Bergwesen.**

71 VO., betr. das Bergwesen im südwestafrikanischen Schutzgebiet; v. 15. Aug. 89 (RGB. S. 179), ergänzt bezügl. des § 54 durch VO. gl. Betr. v. 6. Sept. 92 (RGB. S. 789).

3. **Eheschließung u. Personenstandsbeurkundung.**

72 VO., betr. die Eheschließung u. die Beurkundung des Personenstandes für das südwestafrikanische Schutzgebiet. V. 8. Nov. 92 (RGB. S. 1037).

III. Kamerun und Togo.

1. **Allgemeines.**

73 a) VO., betr. die Rechtsverhältnisse in den Schutzgebieten v. Kamerun u. Togo; v. 2. Juli 88 (RGB. S. 211).

Wegen Aenderung der bergrechtlichen Bestimmungen für Kamerun (§ 1) vgl. § 15 der VO. v. 28. Nov. 92 (s. Nr. 79).

Ausführungsbestimmungen:

74 α) Dienstanweisung, betr. die Ausübung der Gerichtsbarkeit in den Schutzgebieten v. Kamerun u. Togo; v. 7. Juli 88 (CB. S. 404).

β) Zu § 19: Verf. des Reichsk., betr. Führung der Grundbücher u. das Verfahren in Grundbuchsachen in den Schutzgebieten v. Kamerun u. Togo; v. 7. Juli 88 (CB. S. 414). 75

b) Verf. des Reichsk., betr. Uebertragung konsularischer Befugnisse sowie des Rechts zum Erlaß polizeilicher u. sonstiger, die Verwaltung betreffender Vorschriften auf Beamte der Schutzgebiete von Kamerun u. Togo; v. 29. März 89 (CB. S. 251). 76

2. **Eheschließung u. Personenstandsbeurkundung.**

VO., betr. die Eheschließung u. Beurkundung des Personenstandes für die Schutzgebiete v. Kamerun u. Togo; v. 21. Apr. 86 (RGB. S. 128). 77

3. **Rechtsverhältnisse der Landesbeamten.**

VO., betr. die Rechtsverhältnisse der Landesbeamten in den Schutzgebieten v. Kamerun u. Togo; v. 3. Aug. 88 (CB. S. 753). 78

Zu Art. 3: Verf. des Reichsk., betr. Doppelrechnung der Dienstzeit; v. 6. Mai 94 (CB. S. 261).

4. **Bergwesen.**

VO., betr. das Schürfen im Schutzgebiet v. Kamerun. V. 28. Nov. 92 (RGB. S. 1045). 79

IV. Marschall-, Brown- und Providence-Inseln.

1. VO., betr. die Rechtsverhältnisse in dem Schutzgebiet der Marschall-, Brown- und Providence-Inseln; v. 13. Sept. 86 (RGB. S. 291), geändert u. ergänzt bezügl. der Marschall-Inseln durch VO. v. 7. Febr. 90 (RGB. S. 55). 80

Ausführungsbestimmungen:

Dienstanweisung, betr. die Ausübung der Gerichtsbarkeit im Schutzgebiete der Marschall-, Brown- und Providence-Inseln; v. 2. Dez. 86, 81

im Auszuge veröffentlicht im CB. 86 S. 397,

geändert u. ergänzt bezügl. der Marschall-Inseln durch VO. v. 10. März 90 (CB. S. 55).

2. Für die Marschall-Inseln allein gelten ferner:

a) Verf. des Reichsk., behufs Uebertragung konsularischer Befugnisse auf den Kommissar für das Schutzgebiet der Marschall-Inseln; v. 29. März 89 (CB. S. 252). 82

b) VO., betr. den Eigenthumserwerb u. die dingliche Belastung der Grundstücke im Schutzgebiete der Marschall-Inseln; v. 22. Juni 89 (RGB. S. 145). 83

V. Schutzgebiet der Neu-Guinea-Kompagnie.

1. **VO., betr. die Rechtsverhältnisse im Schutzgebiete der Neu-Guinea-Kompagnie;** v. 5. Juni 86 (RGB. S. 187), geändert u. ergänzt durch VO. gl. Betr. v. 13. Juli 88 (RGB. S. 221). 84

Ausführungsbestimmungen:

85 a) Dienstanweisung, betr. die Ausübung der Gerichtsbarkeit im Schutzgebiet der Neu-Guinea-Kompagnie; v. 1. Nov. 86 (CB. S. 371, Auszug).

86 b) Zu § 2 Abs. 2: Verf. des Reichsk. v. 1. Nov. 86 (CB. 87 S. 28 unten).

Die vorgenannten Bestimmungen wurden auch auf den nachträglich dem Schutzgebiete einverleibten Salomons-Inseln eingeführt u. zwar durch:

87 a) VO., betr. die Regelung der Rechtsverhältnisse auf den zum Schutzgebiete der Neu-Guinea-Kompagnie gehörigen Salomons-Inseln; v. 11. Jan. 87 (RGB. S. 4).

88 Hierzu: Erl., betr. die Ausdehnung v. Verfügungen des Reichskanzlers auf die 2c. Inseln der Salomonsgruppe; v. 24. Jan. 87 (CB. S. 28).

89 b) VO., betr. die Eheschließung u. die Beurkundung des Personenstandes auf den 2c. Salomons-Inseln; v. 1. März 88 (RGB. S. 63).

90 2. **VO., betr. den Eigenthumserwerb u. die dingliche Belastung der Grundstücke** im Schutzgebiete der Neu-Guinea-Kompagnie; v. 20. Juli 87 (RGB. S. 379).

Schlußbemerkung:

91 Wegen der vorübergehend stattgehabten Verwaltung des Schutzgebiets durch das Reich vgl. die VO. v. 6. Mai 90 (RGB. S. 67), die Verf. des Reichsk. v. 23. Mai 90 (CB. S. 144) u. die VO. v. 15. Juni 92 (RGB. S. 673).

Wegen Uebertragung konsularischer Befugnisse auf den Landeshauptmann s. Verf. v. 21. Febr. 94 (CB. S. 61).

---

3. Kapitel.

Die Organe des Reichs.

§ 1. Der Kaiser.

(Vgl. Art. 11—19 der Reichsverfassung, Nr. 1.)

92 1. Allerh. Erl., betr. die Bezeichnung der Behörden u. Beamten des Reichs, sowie die Feststellung des Kaiserlichen Wappens u. der Kaiserlichen Standarte; v. 3. Aug. 71 (RGB. S. 318),

bezügl. der Ziff. 3 berichtigt in RGB. 71 S. 458.

93 Vgl. hierzu auch die Allerh. Erl., betr. die Bezeichnung der Hauptzollämter in Lübeck, Bremen u. Hamburg, v. 26. Aug. 72 (RGB. S. 376) u. v. 12. März 84 (RGB. S. 24).

94 2. Allerh. Erl., betr. den Gebrauch des Kaiserlichen Adlers zur Bezeichnung v. Waaren u. Etiketten; v. 16. März 72 (RGB. S. 90).

Hierzu:

Bek. v. 11. Apr. 72 (RGB. S. 93).

---

95 Wegen Bestrafung der unbefugten Abbildung des Kaiserlichen Wappens vgl. § 360 Ziff. 7 RStGB's (s. Nr. 290).

Wegen der durch den Kaiser verliehenen Kriegsdenkmünzen s. Nr. 892.

§ 2. Der Bundesrath.

Vgl. Art. 6—10 der Reichsverfassung, Nr. 1. 96

§ 3. Der Reichstag.

(Vgl. Art. 20—32 der Reichsverfassung, s. Nr. 1.)

Wahlgesetz für den Reichstag des Norddeutschen Bundes; v. 31. Mai 69 (BGB. S. 145). 97

Aenderungen u. Ergänzungen:

1. Wegen der in der Reichsverfassung begründeten Aenderungen des Wortlauts des Gesetzes vgl. § 2 Abs. 2 des Ges. v. 16. Apr. 71 (BGB. S. 63, s. Nr. 1). 98
2. § 5 des Ges. findet eine Ergänzung bezügl. der dem Nordd. Bunde nicht zugehörig gewesenen Reichsgebiete durch 99
   a) Art. 20 Abs. 2 der Reichsverfassung (s. Nr. 1) u.
   b) § 3 des Ges., betr. die Einführung der Reichsverfassung in Elsaß-Lothringen, v. 25. Juni 73 (RGB. S. 161, s. Nr. 15).

Wegen des Wahlrechts der in den Schutzgebieten Naturalisirten s. § 6 des Ges., betr. die Rechtsverhältnisse der Schutzgebiete (s. Nr. 56 f.) 100

Geltungsgebiet:

Das Wahlgesetz ist als Reichsgesetz im ganzen Reich eingeführt worden, nämlich in:

a) Baden u. Hessen (südl. vom Main) durch Art. 80 I. Nr. 13 der Verf. des Deutschen Bundes (BGB. 70 S. 647, s. Nr. 23); 101
b) Württemberg durch Bundesvertrag v. 25. Nov. 70 (BGB. S. 654, s. Nr. 26); 102
c) Bayern durch Ziff. III § 8 des Vertrags v. 23. Nov. 70 (BGB. 71 S. 21, s. Nr. 24); 103
d) Elsaß-Lothringen durch § 6 des Ges. v. 25. Juni 73 (RGB. S. 161, s. Nr. 15); 104
e) Helgoland durch § 4 des Ges. v. 15. Dez. 90 (RGB. S. 207, s. Nr. 50). 105

Ausführungsbestimmungen:

Reglement zur Ausführung des Wahlgesetzes für den Reichstag des Nordd. Bundes, v. 31. Mai 69. V. 28. Mai 70 (BGB. S. 275), 106

geändert bezw. ergänzt in folgenden Punkten:

1. Anlage C (Verzeichnis der Wahlkreise) wurde
   a) ergänzt hinsichtl. der bayer., württemb., bad. und hessischen Wahlkreise lt. Bek. v. 27. Febr. 71 (BGB. S. 35); 107
   b) ergänzt bezügl. der elsaß-lothringischen Wahlkreise lt. Bek. v. 1. Dez. 73 (RGB. S. 373); 108
   c) ergänzt bezügl. Helgolands lt. Bek. v. 16. Mai 91 (RGB. S. 111); 109

110 d) geändert bezügl. Preußens durch Ges., betr. Abänderung der Reichstagswahlkreise 5 u. 6 des Regierungsbezirks Oppeln; v. 20. Juni 73 (RGB. S. 144);

111 e) geändert bezügl. Preußens (mit Lauenburg) u. Braunschweigs durch Ges. v. 25. Dez. 76 (RGB. S. 275).

Vgl. ferner die Druckfehlerberichtigung bezügl. des 9. Wahlkreises der Prov. Schleswig-Holstein in RGB. 70 S. 488.

2. Anlage D (Verzeichnis der nach dem Wahlreglement zuständigen Behörden) wurde

112 a) ergänzt bezügl. Bayerns, Württembergs u. Badens lt. Bek. v. 27. Febr. 71 (RGB. S. 35 u. 44);

113 b) ergänzt bezügl. Elsaß-Lothringens lt. Bek. v. 1. Dez. 73 (RGB. S. 374);

114 c) geändert bezügl. Lübecks lt. Bek. v. 24. Jan. 72 (RGB. S. 38);

115 d) geändert bezügl. Preußens lt. Bek. v. 9. Jan. 90 (CB. S. 10). Diese Bek. wurde wiederum geändert durch Bek. v. 13. Mai 93 (CB. S. 141).

Schlußbemerkung:

Ueber die Frage, unter welchen Bedingungen Stimmzettel für öffentliche Wahlen nicht als Druckschriften gelten, vgl. Ges. v. 12. März 84 (RGB. S. 17, s. Nr. 411).

§ 4. Der Reichskanzler.

(Vgl. Art. 15, 17, 23 u. 72 der Reichsverfassung, Nr. 1.)

116 Ges., betr. die Stellvertretung des Reichskanzlers; v. 17. März 78 (RGB. S. 7).

§ 5. Die Behörden des Reichs.

(Anm.: Dieselben sind in Nachstehendem nur insoweit aufgeführt, als Vorschriften über ihre Organisation ꝛc. im Bundes- bezw. Reichsgesetzblatt oder Centralblatt veröffentlicht wurden. Genauere Angaben über sämmtliche Reichsbehörden finden sich in dem jährlich erscheinenden amtlichen „Handbuch für das Deutsche Reich".)

1. **Das Auswärtige Amt.**

Bei demselben ist errichtet worden ein

117 Kolonialrath

durch Allerh. Erl., betr. die Errichtung eines Kolonialraths; v. 10. Okt. 90 (RGB. S. 179).

Hierzu: Verf. des Reichsk. zur Ausführung des Allerh. Erl. ꝛc.; v. 10. Okt. 90 (CB. S. 339).

118 2. **Das Reichsamt des Innern.**

a) Allerh. Präsidialerlaß, betr. die Einrichtung des Bundeskanzleramts; v. 12. Aug. 67 (BGB. S. 29).

b) Allerh. Präsidialerlaß, betr. die Abänderung der bisherigen Bezeichnung „Bundeskanzleramt" in „Reichskanzleramt"; v. 12. Mai 71 (RGB. S. 102).

c) Allerh. Erl., betr. die Benennung des Reichskanzleramts u. den Titel des Vorstands dieser Behörde; v. 24. Dez. 79 (RGB. S. 321).

(Die Behörde führt darnach die Bezeichnung „Reichsamt des Innern", der Vorstand den Titel „Staatssekretär des Innern".)

3. **Das Reichspostamt.**

a) Allerh. Präsidialerlaß, betr. die Verwaltung des Post- u. Telegraphenwesens des Nordd. Bundes v. 1. Jan. 68 ab; v. 18. Dez. 67 (BGB. S. 328). 119

b) VO., betr. die Verwaltung des Post- u. Telegraphenwesens; v. 22. Dez. 75 (RGB. S. 379).

(Hierdurch wurden das Generalpostamt u. Generaltelegraphenamt vom Reichskanzleramt getrennt und dem Generalpostmeister unterstellt.)

Hierzu vgl.: Bek. des Reichsk. v. 1. Jan. 76 (CB. S. 5). 120

Die Bezirke der daselbst verzeichneten Oberpostdirektionen sind inzwischen geändert worden:

α) bezügl. Berlin u. Potsdam durch Erl. v. 7. Jan. 80 (RGB. S. 12 u. CB. S. 44);

β) bezügl. Hamburg (Zutheilung v. Helgoland) durch Erl. v. 7. März 91 (RGB. S. 19 u. CB. S. 55).

c) Allerh. Erl., betr. die Benennung der obersten Reichsbehörde für die dem Ressort des Generalpostmeisters zugewiesenen Verwaltungszweige; v. 23. Febr. 80 (RGB. S. 25 u. CB. S. 95). 121

Die Behörde führt darnach die Bezeichnung „Reichspostamt", der Vorstand den Titel „Staatssekretär".

Dem Staatssekretär des Reichspostamts ist auch übertragen die Direktion der Reichsdruckerei. 122

Hierüber vgl.:

a) Ges., betr. die Erwerbung der Kgl. Preuß. Staatsdruckerei für das Reich; v. 15. Mai 79 (RGB. S. 139).

b) Bek. des Generalpostmeisters, betr. Errichtung einer Reichsdruckerei in Berlin; v. 29. Juli 79 (CB. S. 493).

4. **Das Reichseisenbahnamt.**

Ges., betr. die Errichtung eines Reichseisenbahnamtes; v. 27. Juni 73 (RGB. S. 164). 123

Zu § 5 Nr. 4: Regulativ zur Ordnung des Geschäftsganges bei dem durch Richter verstärkten Reichseisenbahnamt; v. 13. März 76 (CB. S. 197).

5. **Das Reichsamt für die Verwaltung der Reichseisenbahnen.**

Allerh. Erl., betr. die Errichtung des Reichsamts für die Verwaltung der Reichseisenbahnen; v. 27. Mai 78 (RGB. 79 S. 193). 124

125 Diesem Reichsamte ist nunmehr unterstellt die „Kaiserliche Generaldirektion der Eisenbahnen in Elsaß-Lothringen", eingesetzt durch Allerh. Erl. v. 9. Dez. 71 (RGB. S. 480).

6. Das Reichs-Marine-Amt.

126 a) Allerh. Erl., betr. die Geschäftsführung der Ober-Marinebehörde; v. 15. Juni 71 (RGB. S. 272) mit Regulativ, betr. die Geschäftsführung der oberen Marinebehörde.

(Darnach war Oberkommando u. Verwaltung im Marineministerium vereinigt; s. aber Nr. 129.)

127 b) Allerh. Erl., betr. die oberste Marinebehörde (nunmehr „Kaiserliche Admiralität" genannt); v. 1. Jan. 72 (RGB. S. 5).

128 c) Allerh. Erl., betr. die Veränderung der Organisation der Marine-Intendantur; v. 18. Juni 72 (RGB. S. 361).

129 d) Allerh. Erl., betr. die Trennung des Oberkommandos der Marine von der Verwaltung derselben; v. 30. März 89 (RGB. S. 47).

7. Das Reichsschatzamt.

130 Allerh. Erl., betr. die Errichtung des Reichsschatzamtes; v. 14. Juli 79 (RGB. S. 196).

8. Der Rechnungshof des Deutschen Reiches.

131 Als solcher ist jeweils für die einzelnen Etatsjahre die Preußische Oberrechnungskammer bestellt worden, zuletzt durch

Ges., betr. die Kontrole des Reichshaushalts, des Landeshaushalts v. Elsaß-Lothringen u. des Haushalts der Schutzgebiete für die Etatsjahre 1892/93 u. 1893/94; v. 14. Mai 94 (RGB. S. 449).

Vgl. ferner:

132 Instruktion für den Rechnungshof des Deutschen Reiches; v. 5. März 75 (CB. S. 157), geändert bezügl. § 4 Schlußsatz u. § 5 Abs. 1 u. 2 durch Bek. v. 7. Apr. 77 (CB. S. 182).

Schlußbemerkung:

Man vergleiche noch:

wegen der Reichshauptkasse Nr. 900,

wegen der Reichsschulden-Verwaltung Nr. 899,

wegen der Verwaltung des Reichskriegsschatzes Nr. 901, des Reichsinvalidenfonds Nr. 902, des Reichsfestungsbaufonds Nr. 904, des Reichstagsgebäudefonds Nr. 905,

wegen der Reichsbank Nr. 467, 471 ff., des Reichsversicherungsamtes Nr. 684 ff., des Patentamtes Nr. 265 ff., des Bundesamtes für Heimatwesen Nr. 444 f., der Normaleichungs-Kommission Nr. 482 ff., insbes. 486, der Physikalisch-technischen Reichsanstalt Nr. 498 ff., der Kaiserl. Kanal-Kommission Nr. 630,

wegen Bezeichnung der Behörden als „Kaiserliche" Nr. 92.

§ 6. Die Beamten des Reichs.

(Wegen Einführung der Gesetze über die Rechtsverhältnisse der Reichsbeamten in Helgoland s. Art. I Nr. II der VO. v. 22. März 91, s. Nr. 52.)

I. Das Reichsbeamtengesetz.

Ges., betr. die Rechtsverhältnisse der Reichsbeamten; v. 31. März 73 (RGB. S. 61), 133

geändert bezw. ergänzt in folg. Punkten:

1. § 144 Abs. 4 ist aufgehoben durch § 13 Abs. 2 Nr. 5 des Einführungsgesetzes zur Civilprozeßordnung (RGB. 77 S. 246, s. Nr. 365);
2. in § 87 Abs. 3 u. § 91 Abs. 1 ist an Stelle des Reichsoberhandelsgerichts das Reichsgericht getreten. Vgl. Ges. v. 16. Juni 79 (RGB. S. 157);
3. § 34a u. § 60a wurden eingeschaltet u. § 41 Abs. 1—3 sowie § 48 Abs. 1 geändert durch Ges. v. 21. Apr. 86 (RGB. S. 80); 134
4. § 42 Nr. 2, § 54, 69 Abs. 1, § 150 geändert durch Ges. v. 25. Mai 87 (RGB. S. 194);
5. § 49 ist ergänzt durch Art. 17 des Ges. v. 22. Mai 93 (RGB. S. 181);
6. zu § 25 u. § 88 Abs. 2 s. ferner bei Nr. 147 u. 153.

Wegen entsprechender Anwendung der Pensionsbestimmungen des Beamtengesetzes auf die Reichsbankbeamten s. Nr. 472 f.;

wegen der Anstellung u. Dienstverhältnisse der Richter beim Reichsgericht s. § 127 ff. des Gerichtsverfassungsges., s. Nr. 310; 135

wegen der Rechtsverhältnisse der Kaiserlichen Beamten in den Schutzgebieten s. Nr. 59, der Landesbeamten in Deutsch-Ostafrika s. Nr. 65a, derjenigen in Kamerun u. Togo s. Nr. 78.

II. Ausführungsbestimmungen zum Beamtengesetz.

1. Zu § 3 (Eidliche Verpflichtung der Beamten):

VO., betr. den Diensteid der unmittelbaren Reichsbeamten; v. 29. Juni 71 (RGB. S. 303). 136

2. Zu § 5 (Zeit der Gehaltszahlung):

Verzeichnis der Beamten, an welche die Gehaltszahlung vierteljährlich stattfindet: Bek. v. 5. Juli 73 (CB. S. 211). Das Verzeichnis wurde ergänzt durch Bek. v. 27. Dez. 75 (CB. S. 819), v. 19. Nov. 77 (CB. S. 558), v. 20. Mai 85 (CB. S. 205), v. 24. März 87 (CB. S. 83) u. v. 21. Mai 90 (CB. S. 140). 137

3. Zu § 7 (Gnadenquartal der Hinterbliebenen)

ist in CB. 73 S. 159 eine Entsch. des Reichskanzleramtes v. 16. Mai 73, betr. Bewilligung an Hinterbliebene vor dem 18. Apr. 73 verstorbener Beamten, abgedruckt. 138

4. Zu § 14 (Urlaub und Stellvertretung):

VO. über den Urlaub der Reichsbeamten u. deren Stellvertretung; v. 2. Nov. 74 (RGB. S. 129). 139

VO., betr. den Urlaub der gesandtschaftl. u. Konsularbeamten u. deren Stellvertretung; v. 23. Apr. 79 (RGB. S. 134). 140

5. Zu § 17 (Rang, Titel u. Uniform):

a) Postbeamte.

141 Allerh. Erl., betr. den Rang der Oberpostdirektoren; v. 22. Febr. 82 (RGB. S. 42).

142 Allerh. Erl., betr. das Rangverhältnis der Posträthe u. Oberposträthe; v. 1. Apr. 71 (RGB. S. 103).

b) Telegraphenbeamte.

143 Allerh. Erl., betr. den Rang der Telegraphen-Direktoren; v. 27. Dez. 71 (RGB. 72 S. 7).

144 Erl., betr. die Amtsbezeichnungen „Telegraphen-Direktor" u. „Telegraphen-Inspektor"; v. 17. Juli 76 (RGB. S. 186).

145 Wegen der Dienstkleidung der Post- u. Telegraphenbeamten s. Bek. v. 28. Okt. 79 (CB. S. 660).

146 Wegen des Titels „Reichsbevollmächtigte für Zölle u. Steuern" s. CB. 74 S. 76.

Wegen Bezeichnung der Beamten als „Kaiserliche" s. Nr. 92.

6. Zu § 18 (Tagegelder, Fuhr- u. Umzugskosten)

s. Nr. 157 ff.

7. Zu § 25 (Einstweil. Versetzung in den Ruhestand):

147 Den daselbst bezeichneten Beamten sind hinzugetreten die Gouverneure, Kanzler u. Kommissare der Schutzgebiete. Vgl. § 2 des Ges. v. 31. Mai 87 (RGB. S. 211, s. Nr. 59).

8. Zu § 51 (Doppelte Anrechnung der Dienstzeit bei Pensionirung):

Dieselbe wurde verfügt:

148 a) hinsichtl. der Südsee-Inseln durch Bdsrthsbeschl. v. 18. Nov. 80 (CB. S. 773);

149 b) hinsichtl. Togo, Kamerun, Südwestafrika u. Zanzibar durch Bdsrthsbeschl. v. 21. Jan. 86 (CB. S. 55).

150 Wegen der in den Schutzgebieten verwendeten Beamten vgl. § 1 des Ges. v. 31. Mai 87 (RGB. S. 211, s. Nr. 59) sowie Nr. 65a u. 78.

9. Zu §§ 72—133 (Disciplinarverfahren):

151 § 87 Abs. 2: Errichtung einer Disciplinarkammer in Straßburg: VO. v. 7. Jan. 74 (RGB. S. 3).

152 § 88 Abs. 1: Wegen Abgrenzung der Bezirke der Disciplinarkammern s. VO. vom 11. Juli 73 (RGB. S. 293) sowie § 2 der bei Nr. 151 angeführten VO.

153 § 88 Abs. 2: Ges., betr. die Disciplinarkammer für die Beamten der Reichseisenbahnverwaltung, welche im Ausland ihren dienstl. Wohnsitz haben; v. 5. Nov. 74 (RGB. S. 128).

154 § 92: Geschäftsordnung für die Disciplinarbehörden; v. 18. Apr. 80 (CB. S. 203).

Ueber den Begriff der vom Verurtheilten zu erstattenden baaren Auslagen
155 (§ 124) sowie über Zahlung des Gehalts an Beamte bei Amtsentsetzungen u. Entlassungen s. die Entsch. des Reichskanzleramts in CB. 1874 S. 159, 1876 S. 405 bezw. 1876 S. 19.

10. Zu § 159:

156 VO., betr. die Zuständigkeit der Reichsbehörden zur Ausführung des Ges. v. 31. März 73 u. die Anstellung der Reichsbeamten; v. 23. Nov. 74 (RGB. S. 135), ergänzt bezügl. des Verzeichnisses der Reichsbehörden durch VO. v. 7. Aug. 88 (RGB. S. 229).

Hinsichtl. der Reichsbankbeamten vgl. die entsprechenden Bestimmungen bei Nr. 474.

III. Die Tagegelder, Fuhr- u. Umzugskosten der Beamten.

(Vgl. § 18 des Reichsbeamtengesetzes, s. Nr. 133.)

1. **Für die gesandtschaftlichen u. Konsularbeamten:**

VO., betr. die Tagegelder, Fuhrkosten u. die Umzugskosten der gesandtschaftlichen u. Konsularbeamten; v. 23. Apr. 79 (RGB. S. 127). 157

§ 3 Abs. 1 ist geändert u. § 4 aufgehoben durch VO. v. 7. Febr. 81 (RGB. S. 27).

2. **Für alle übrigen Reichsbeamten:**

VO., betr. die Tagegelder, Fuhrkosten u. Umzugskosten der Reichsbeamten; v. 21. Juni 75 (RGB. S. 249), 158

geändert u. ergänzt durch VO. v. 19. Nov. 79 (RGB. S. 313). 159

Ausführungs- u. Ergänzungsbestimmungen:

a) Auf Grund des § 19 wurden die Reichsbeamten unter die in den §§ 1 u. 10 genannten Klassen eingereiht durch Bek. v. 6. Jan. 76 (CB. S. 7). Dieses Beamtenverzeichniß ist inzwischen geändert bezw. ergänzt worden durch die Bek. v. 13. Febr. 86 (CB. S. 35), v. 18. Apr. 88 (CB. S. 151), v. 12. Jan. 92 (CB. S. 10) u. v. 14. Apr. 92 (CB. S. 177). 160

b) Die Bestimmungen der VO. v. 21. Juni 75 gelten für die einzelnen nachbenannten Beamtenkategorien nach Maßgabe der folg. besonderen Vorschriften:

α) für die Reichsbevollmächtigten für Zölle u. Steuern u. die Stationskontroleure:

Bdsrthsbeschl. v. 6. März 76 (CB. S. 181); 161

β) für die Beamten bei den Kaiserlichen Hauptzollämtern in den Hansestädten:

Bdsrthsbeschl. v. 6. März 76 (CB. S. 181); 162

γ) für die Beamten der Militär- u. Marineverwaltung:

VO., betr. nähere Festsetzungen über die Gewährung von Tagegeldern ꝛc.; v. 20. Mai 80 (RGB. S. 113), ergänzt durch VO. gl. Betr. v. 27. Juli 86 (RGB. S. 235) u. geändert durch VO. v. 16. Febr. 91 (RGB. S. 16). 163

VO., betr. die Umzugskosten des Personals des Marinelazareths zu Yokohama bei Versetzungen aus dem Inlande dorthin bezw. bei Rückversetzungen nach dem Inlande; v. 24. Mai 81 (RGB. S. 101). 164

VO., betr. die Vergütung für Dienstreisen der Marinebeamten zwischen Kiel u. Friedrichsort; v. 22. Juni 84 (RGB. S. 65). 165

δ) für die Beamten der Eisenbahn-, Post- u. Telegraphenverwaltung des Reichs:

VO., betr. die Tagegelder, Fuhr- u. Umzugs-Kosten von Beamten der Reichseisenbahnverwaltung u. der Postverwaltung; v. 5. Juli 75 (RGB. 166

S. 253), geändert bezügl. § 4 Abs. 1 durch Art. 4 der VO. v. 19. Nov. 79 (RGB. S. 315, s. Nr. 159).

167 VO., betr. die Tagegelder u. Fuhrkosten v. Beamten der Reichs-Post- u. Telegraphenverwaltung; v. 29. Juni 77 (RGB. S. 545 u. CB. S. 347), geändert u. ergänzt durch VO. v. 27. Juni 94 (RGB. S. 491).

168 c) Verf., betr. die Ausführung v. Dienstreisen u. die Bescheinigung der Reisekosten-Liquidationen innerhalb der Zivilverwaltung des Reichs; v. 9. Apr. 81 (CB. S. 136).

Schlußbemerkung:

Wegen der Tagegelder, Reise- u. Umzugskosten der Personen des Soldatenstandes des preußischen Heeres s. Nr. 872 f.

IV. Die Wohnungsgeldzuschüsse.

169 **Ges., betr. die Bewilligung von Wohnungsgeldzuschüssen** an die Offiziere u. Aerzte des Reichsheeres u. der Kaiserlichen Marine, sowie an die Reichsbeamten; v. 30. Juni 73 (RGB. S. 166).

Dazu:

Zu § 2:

170 VO., betr. die Klassifikation der Reichsbeamten nach Maßgabe des Tarifs zum Ges. v. 30. Juni 73 (RGB. S. 169), berichtigt in RGB. 73 S. 349 u. geändert durch VO. v. 3. Febr. 74 (RGB. S. 13).

Zu § 3:

Wegen Eintheilung der Orte in die Servisklassen des Tarifs s. Nr. 857.

Anmerkung:

Wegen Besteuerung der Dienstwohnungen der Reichsbeamten s. Nr. 908.

V. Sonstige Fürsorge für die Beamten u. deren Hinterbliebene.

1. Fürsorge für die Beamten.

171 **a)** Ges., betr. die Fürsorge für Beamte u. Personen des Soldatenstandes in Folge von Betriebsunfällen; v. 15. März 86 (RGB. S. 53),

in Helgoland eingeführt durch Art. I Nr. 6 der VO. v. 14. Dez. 92 (RGB. S. 1052, s. Nr. 54).

172 **b)** Kaiser-Wilhelm-Stiftung für die Post- u. Telegraphenbeamten:

Ges., betr. die Verwendung des Ueberschusses aus der Verwaltung der französischen Landesposten durch die deutsche Reichspostverwaltung während des Krieges gegen Frankreich in den Jahren 1870 u. 71; v. 20. Juni 72 (RGB. S. 210).

Ges., betr. die Kaiser-Wilhelm-Stiftung für die Angehörigen der deutsch. Reichs-Postverwaltung; v. 4. März 76 (RGB. S. 122).

Allerh. Erl. gl. Betr. v. 29. Aug. 72 (RGB. S. 373), mit Statut.

2. Fürsorge für die Hinterbliebenen.

a) Wittwen- u. Waisenpensionen:

Ges., betr. die Fürsorge für die Wittwen u. Waisen der Reichsbeamten der Civilverwaltung; v. 20. Apr. 81 (RGB. S. 85), 173

geändert:

α) durch Ges., betr. den Nachlaß der Wittwen- u. Waisengeldbeiträge v. Angehörigen der Reichscivilverfassung ꝛc.; v. 5. März 88 (RGB. S. 65); 174

β) durch Ges. v. 21. Apr. 86 (RGB. S. 80, s. Nr. 134). 175

Ausführungsbestimmungen:

α) Wegen Zahlung u. Verrechnung der Wittwen- u. Waisengelder s. Bek. in CB. 81 S. 183. (Abschn. I dieser Bek. ist durch den Wegfall der Wittwen- u. Waisengeldbeiträge gegenstandslos geworden.) 176

β) Zu § 24: Bek. des Reichsk. v. 30. Mai 81 (CB. S. 232). 177

Anmerkung:

Wegen entsprech. Anwendung des Ges. v. 20. Apr. 81 auf die Reichsbankbeamten s. Nr. 473.

Wegen des Gnadenquartals der Hinterbliebenen s. § 7 f. des Beamtengesetzes (Nr. 133) sowie Nr. 138.

b) Zurückbeförderung der Hinterbliebenen in die Heimat:

Ges., betr. die Zurückbeförderung der Hinterbliebenen im Auslande angestellter Reichsbeamten u. Personen des Soldatenstandes; v. 1. Apr. 88 (RGB. S. 131). 178

Bdsrthsbeschl., betr. die Gewährung v. Umzugskosten an die Hinterbliebenen im Zollvereinsdienst verstorbener Beamten; v. 6. März 76 (CB. S. 183). 179

Schlußbemerkung:

Wegen der Fürsorge für Militärpersonen u. deren Angehörige s. Nr. 874 ff.

VI. Die Kautionen der Beamten.

Ges., betr. die Kautionen der Bundesbeamten; v. 2. Juni 69 (BGB. S. 161), ergänzt durch 180

Ges. wegen Ergänzung des Ges. v. 2. Juni 1869 ꝛc.; v. 22. März 93 (RGB. S. 131). 181

Geltungsgebiet. 182

Das Ges. v. 2. Juni 69 wurde als Reichsgesetz eingeführt

a) in Baden u. Südhessen durch Art. 80 I Nr. 14 der Verf. des deutschen Bundes (BGB. 70 S. 648);

b) in Württemberg durch den Bundesvertr. v. 25. Nov. 70 (BGB. S. 654);

c) in Bayern durch § 2 II Nr. 7 des Ges. v. 22. Apr. 71 (BGB. S. 88).

In Elsaß-Lothringen ist das Ges. ebenfalls eingeführt durch Ges. v. 11. Dez. 71 (G.-Bl. f. Elsaß-Lothringen 71 S. 386).

Ausführungsbestimmungen:

Bezügl. der nachbenannten Beamtenklassen wurden die folgenden Ausführungsvorschriften erlassen:

183 1. für die Beamten bei der Verwaltung des Eichungswesen: VO. v. 29. Juni 69 (BGB. S. 285).

Die auf das Kautionswesen der Post- u. Telegraphenbeamten bezügl. Bestimmungen dieser VO. sind aufgehoben durch Art. 8 der VO. v. 18. Apr. 83 (RGB. S. 38, s. Nr. 188);

184 2. für die Beamten beim Auswärtigen Amt, der Verwaltung des Reichsinvalidenfonds u. des Büreaus des Reichstags: VO. v. 6. Juli 74 (RGB. S. 109);

185 3. für die Beamten der Militär- u. der Marineverwaltung: VO., betr. die Kautionen der bei der Militär- u. der Marineverwaltung angestellten Beamten; v. 16. Aug. 76 (RGB. S. 179). Diese VO. wurde geändert u. ergänzt:

a) in mehrfachen Beziehungen durch
VO. v. 4. März 79 (RGB. S. 13) u.
VO. v. 10. Febr. 90 (RGB. S. 51);

b) bezügl. des Lootsenkommandeurs an der Jade u. des Sekretariatsassistenten bei dem Lootsenkommando daselbst durch VO. v. 10. Mai 81 (RGB. S. 95);

c) bezügl. des Hülfskassirers bei der General-Militärkasse durch VO. v. 30. März 82 (RGB. S. 43);

d) bezügl. der Zahlmeister durch VO. v. 4. Juni 85 (RGB. S. 195);

e) bezügl. der Rendanten u. Assistenten der Korps-Bekleidungsämter durch VO. v. 26. Mai 88 (RGB. S. 177);

f) bezügl. der Kassenverwalter der deutschen Seewarte durch VO. v. 27. Dez. 90 (RGB. 91 S. 7);

g) bezügl. der Rendanten u. des Rechnungsführers bei der Festungsbauschule durch VO. v. 22. Mai 91 (RGB. S. 294);

h) bezügl. der Rendanten der Unteroffiziersschulen durch VO. v. 14. Mai 92 (RGB. S. 666);

i) bezügl. der kontrolführenden Beamten des Festungsbaupersonals durch VO. v. 4. Dez. 92 (RGB. S. 1051);

186 4. für den Rendanten der Patentamtskasse:

VO. v. 20. Juni 79 (RGB. S. 160), geändert bezügl. § 2 durch VO. v. 8. Dez. 84 (RGB. S. 256);

187 5. für den Rendanten der Büreaukasse beim Reichsamt des Innern: VO. v. 2. Febr. 81 (RGB. S. 3);

188 6. für die Beamten u. Unterbeamten der Reichs-Post- u. Telegraphenverwaltung u. der Reichsdruckerei:

a) VO. v. 18. Apr. 83 (RGB. S. 35), geändert bezügl. Art. 2 II 2 durch VO. v. 1. Dez. 91 (RGB. S. 393).

b) Zur Ausführung des § 5 des Ges. v. 22. März 93 (s. Nr. 181) ist ergangen: Bek. betr. die Anlegung von Kautionsmassen für den Bereich der Reichs-Post- u. Telegraphenverwaltung; v. 15. Juni 93 (CB. S. 197);

7. für den Rendanten des Reichs-Kriegsschatzes: VO. v. 12. März 87 (RGB. S. 119); 189
8. für den Kassirer der Legationskasse: VO. v. 16. Juni 87 (RGB. S. 250); 190
9. für den Rendanten der Büreaukasse der Physikalisch-technischen Reichsanstalt: VO. v. 3. Dez. 88 (RGB. S. 291); 191
10. für die Beamten der Reichseisenbahnverwaltung: VO. v. 5. Dez. 88 (RGB. S. 293). 192

Wegen der Kautionen der Reichsbankbeamten s. Nr. 472.

---

4. Kapitel.

Die Staatsbürger.

I. Das Staatsbürgerrecht.

(Vgl. Art. 3 der Reichsverfassung, s. Nr. 1.)

Ges. über die Erwerbung u. den Verlust der Bundes- u. Staatsangehörigkeit; v. 1. Juni 70 (BGB. S. 355), 193

geändert in folg. Punkten:

1. § 27 (betr. den Zeitpunkt des Inkrafttretens) wurde geändert durch Ges., betr. die Wirksamkeit der §§ 17 u. 20 des Ges. v. 1. Juni 70 ꝛc.; v. 21. Juli 70 (BGB. S. 498);
2. § 1 Abs. 2, § 8 Abs. 3 u. § 16 sind aufgehoben durch die §§ 9 u. 12 des Ges. v. 22. Apr. 71 (BGB. S. 87).
3. Wegen der in der Reichsverfassung begründeten Aenderungen des Wortlauts des Ges. vgl. § 2 Abs. 2 des Ges. v. 16. Apr. 71 (BGB. S. 63, s. Nr. 1).

Ergänzende Vorschriften:

1. Die Bestimmungen über Naturalisation von Ausländern (§§ 8 u. 9) haben Erweiterungen bezw. Ergänzungen gefunden
   a) durch Ges., betr. die Naturalisation von Ausländern, welche im Reichsdienst angestellt sind; v. 20. Dez. 75 (RGB. S. 324); 194
   b) durch § 6 des Ges., betr. die Rechtsverhältnisse der deutschen Schutzgebiete (RGB. 88 S. 77, s. Nr. 56). 195
      (Betrifft die Naturalisation der Eingeborenen der Schutzgebiete u. der daselbst ansässigen Ausländer.)

2. In Gemäßheit des § 21 des Ges. ist für das Gebiet des Nordd. Bundes in Kraft geblieben der

196 Vertr. zw. dem Nordd. Bund u. den Vereinigten Staaten von Nordamerika, betr. die Staatsangehörigkeit derjenigen Personen, welche aus dem Gebiet des einen Theils in dasjenige des andern Theils einwandern; v. 22. Febr. 68 (BGB. S. 228).

197 **Geltungsgebiet** des Ges. v. 1. Juni 70:

Das Ges. wurde als Reichsgesetz im ganzen Reichsgebiet eingeführt, u. zwar:

a) in Baden u. Südhessen durch Art. 80 I Nr. 24 der deutschen Bundesverf. (BGB. 70 S. 648);
b) in Württemberg durch den Vertr. v. 25. Nov. 70 (BGB. S. 654);
c) in Bayern durch die §§ 9 u. 12 des Ges. v. 22. Apr. 71 (BGB. S. 87);
d) in Elsaß-Lothringen durch Art. 2 des Ges. v. 8. Jan. 73 (RGB. S. 51);
e) in Helgoland durch Art. I Ziff. I der VO. v. 22. März 91 (RGB. S. 21). Hierdurch ist auch das Optionsrecht der Helgoländer geregelt.

Ausführungsbestimmungen zum Ges. v. 1. Juni 70:

198 a) Zu § 21: Bdsrthsbeschl., betr. die Giltigkeitsdauer u. das Formular der Heimatscheine; v. 20. Jan. 81 (CB. S. 22);
199 b) Bdsrthsbeschl., betr. das Formular für Staatsangehörigkeitsausweise zur Benutzung innerhalb des Reichsgebietes; v. 3. März 83 (CB. S. 66);
200 c) Bdsrthsbeschl., betr. Bestimmungen für die Aufstellung v. statistischen Uebersichten über den Erwerb u. Verlust der Reichs- u. Staatsangehörigkeit; v. 19. Dez. 82 (CB. 83 S. 20).

II. Verfassungsmäßige Rechte der Staatsbürger.

201 1. **Ges. über die Freizügigkeit;** v. 1. Nov. 67 (BGB. S. 55).

Die Bestimmungen des § 7 gelten nur noch im Verhältnis von Bayern u. Elsaß-Lothringen zu den übrigen Bundesstaaten. § 1 Abs. 2 des auch auf Baden, Württemberg u. Hessen ausgedehnten Unterstützungswohnsitzgesetzes (RGB. 94 S. 262, s. Nr. 444).

202 Geltungsgebiet.

Das Ges. v. 1. Nov. 67 ist als Reichsgesetz eingeführt worden:

a) in Baden u. Südhessen durch Art. 80 I Nr. 3 der Verfassung des Deutschen Bundes (BGB. 70 S. 647);
b) in Württemberg durch den Vertr. v. 25. Nov. 70 (BGB. S. 654);
c) in Bayern durch § 2 I Nr. 3 des Ges. v. 22. Apr. 71 (BGB. S. 87);
d) in Elsaß-Lothringen durch Art. 1 des Ges. v. 8. Jan. 73 (RGB. S. 51).

Wegen Einschränkung der Freizügigkeit durch das Jesuitengesetz s. dieses bei Nr. 406.

203 2. **Ges. über das Paßwesen;** v. 12. Okt. 67 (BGB. S. 33), als Reichsgesetz eingeführt:

a) in Baden u. Südhessen durch Art. 80 I Nr. 1 der deutschen Bundesverf. (BGB. 70 S. 647);
b) in Württemberg durch den Vertr. v. 25. Nov. 70 (BGB. S. 654);
c) in Bayern durch § 2 I Nr. 1 des Ges. v. 22. Apr. 71 (BGB. S. 87).

Ausführungsbestimmungen (zu § 9):

a) VO., betr. die vorübergehende Einführung der Paßpflichtigkeit für Berlin; v. 26. Juni 78 (RGB. S. 131); 204

b) VO., betr. die Paßpflichtigkeit der aus Rußland kommenden Reisenden; v. 14. Juni 79 (RGB. S. 155), geändert durch VO. gl. Betr. v. 30. Juni 94 (RGB. S. 501). Vgl. das Schlußprot. (zu Art. 1 u. 12) des deutsch-russischen Handelsvertr. (RGB. 94 S. 232, s. Nr. 822). 205

3. **Ges., betr. die Gleichberechtigung der Konfessionen** in bürgerlicher u. staatsbürgerlicher Beziehung; v. 3. Juli 69 (BGB. S. 292), 206

als Reichsgesetz eingeführt

a) in Baden u. Südhessen durch Art. 80 I Nr. 20 der deutschen Bundesverf. (BGB. 70 S. 648);

b) in Württemberg durch den Vertr. v. 25. Nov. 70 (BGB. S. 654);

c) in Bayern durch § 2 I Nr. 10 des Ges. v. 22. Apr. 71 (BGB. S. 87).

4. **Ges. über die Aufhebung der polizeilichen Beschränkungen der Eheschließung;** v. 4. Mai 68 (BGB. S. 149), 207

als Reichsgesetz eingeführt

a) in Baden u. Südhessen durch Art. 80 I Nr. 7 der deutschen Bundesverf. (BGB. 70 S. 647);

b) in Württemberg durch den Vertr. v. 25. Nov. 70 (BGB. S. 654).

Das Ges. gilt also nicht in Elsaß-Lothringen u. Bayern. Wegen der nach dem bayr. Ges. v. 16. Apr. 88 erforderlichen Verehelichungszeugnisse vgl. das Verzeichnis der zur Ausstellung derselben befugten Behörden: Bek. v. 19. Juni 77 (CB. S. 334). 208

Wegen der Preßfreiheit s. bei Nr. 410.

Zweiter Theil.

Justizwesen.

1. Kapitel.

Civilrecht.*)

§ 1. Allgemeines Civilrecht.

209 1. **Ges., betr. das Alter der Großjährigkeit;** v. 17. Febr. 75 (RGB. S. 71).

210 2. **Ges., betr. die Beschränkungen des Grundeigenthums in der Umgebung von Festungen;** v. 21. Dez. 71 (RGB. S. 459), ausgedehnt auf Elsaß-Lothringen durch Ges. v. 21. Febr. 72 (RGB. S. 56).

Ausführungsbestimmungen:

Auf Grund des § 35 des Ges. sind wegen Neubefestigungen bezw. Erweiterungen von Festungsanlagen Bekanntmachungen erlassen worden unterm 26. Febr. 72 (RGB. S. 56, Metz u. Straßburg), v. 1. Febr. 73 (RGB. S. 39, verschiedene Festungen), v. 27. März 73 (RGB. S. 58, Ingolstadt), v. 7. Juni 76 (RGB. S. 165, Wesel), v. 8. Jan. 82 (RGB. S. 3, Kiel), v. 4. Dez. 84 (RGB. S. 253, Pillau), v. 13. Mai 87 (RGB. S. 157, Straßburg, Metz, Posen), v. 16. Aug. 88 (RGB. S. 232, Magdeburg) u. v. 28. Juli 91 (RGB. S. 374, Helgoland).

211 3. **Ges., betr. die vertragsmäßigen Zinsen;** v. 14. Nov. 67 (BGB. S. 159), als Reichsgesetz eingeführt

a) in Baden u. Südhessen durch Art. 80 I Nr. 6 der deutschen Bundesverf. (BGB. 70 S. 647);
b) in Württemberg durch den Vertr. v. 25. Nov. 70, Art. 2 Nr. 6 I 1 (BGB. 70 S. 656);
c) in Helgoland durch Art. I Ziff. X 3 der VO. v. 22. März 91 (RGB. S. 21).

212 4. **Ges., betr. den Wucher;** v. 24. Mai 80 (RGB. S. 109), geändert und ergänzt durch Ges., betr. Ergänzung der Bestimmungen über den Wucher; v. 19. Juni 93 (RGB. S. 197).

Wegen Einführung des Ges. in Helgoland s. Art. I Ziff. X 4 der VO. v. 22. März 91 (RGB. S. 21).

---

*) Eine erschöpfende Aufzählung aller in den Gesetzen zerstreut sich vorfindenden civilrechtlichen Einzelbestimmungen liegt nicht im Rahmen der vorliegenden Arbeit; diese Bestimmungen sind jeweils bei den betr. Gesetzen nachzuschlagen. Das Gleiche gilt für das Gebiet der Strafrechts und Gerichtsverfahrens.

5. **Anfechtungsgesetz.**

Ges., betr. die Anfechtung v. Rechtshandlungen eines Schuldners außerhalb des Konkursverfahrens; v. 21. Juli 79 (RGB. S. 277), 213

in Helgoland eingeführt durch Art. I Zff. VIII Nr. 5 der VO. v. 22. März 91 (RGB. S. 21.)

6. **Ges., betr. die Inhaberpapiere mit Prämien;** v. 8. Juni 71 (RGB. S. 210). 214

Dazu:

Bek. betr. die Vorschriften zur Ausführung des Reichsgesetzes v. 8. Juni 71; v. 19. Juni 71 (RGB. S. 255), ergänzt

a) durch Bek. v. 1. Juli 71 (RGB. S. 304), welche wiederum geändert wurde durch Bek. v. 4. Dez. 71 (RGB. S. 408);

b) durch Bek. v. 10. Juli 71 (RGB. S. 314).

Die Schuldverschreibungen der Prämienanleihe der Stadt Lüttich v. J. 1853, welche seit 1875 eingezogen u. durch neue ersetzt wurden, konnten dem Reichskanzleramt behufs Vermerks der weiteren Umlaufsfähigkeit eingereicht werden. Vgl. hierüber die Bek. im CB. v. 1875 S. 756, 1876 S. 99, 298, 448, 501, 503, 1877 S. 51, 383, 526, 1878 S. 11, 428, 1880 S. 467, 1881 S. 243, 419, 1882 S. 411, 1891 S. 314. 215

Ein ähnliches Verfahren fand statt mit den

Loosen der österreichischen Staats-Prämien-Anleihe v. 1860 (vgl. Bek. v. 5. Mai 90, CB. S. 116) u. 216

der Prämienanleihe Bevilacqua la Masa (Bek. v. 7. Mai 92, CB. S. 320). 217

7. **Haftpflichtgesetz.**

Ges., betr. die Verbindlichkeit zum Schadensersatz für die bei dem Betriebe v. Eisenbahnen, Bergwerken 2c. herbeigeführten Tödtungen u. Körperverletzungen; v. 7. Juni 71 (RGB. S. 207). 218

§ 6 des Ges. ist aufgehoben durch § 13 Abs. 2 Zff. 3 des Einführungsgesetzes zur Civilprozeßordnung (RGB. 77 S. 246, s. Nr. 365).

§ 10 des Ges. ist durch die Bestimmungen der Civilprozeßordnung (§ 507 ff., s. Nr. 362) veraltet.

8. **Ges., betr. die Abzahlungsgeschäfte;** v. 16. Mai 94 (RGB. S. 450). 218a

Schlußbemerkung:

Ueber Eheschließung u. Personenstandsbeurkundung s. Nr. 376 ff.

Ueber Soldatentestamente im Kriege s. 44 des Reichsmilitärgesetzes (Nr. 839).

Ueber das materielle Konkursrecht s. Nr. 388.

Ueber Gleichberechtigung der Konfessionen in bürgerlicher 2c. Beziehung s. Nr. 206.

Ueber Erwerb u. Belastung von Grundstücken im Schutzgebiet der Marschall-Inseln s. Nr. 83, im Schutzgebiet der Neu-Guinea-Kompagnie s. Nr. 90.

Ueber Aufhebung von Artikeln des revidirten Lübischen Rechts sowie des Rostocker Stadtrechts s. Ges. v. 4. Nov. 74 (RGB. S. 128). 219

Ueber den Schutz der Brieftauben u. Brieftaubenverkehr im Kriege s. Nr. 894a.

§ 2. Schutz des geistigen Eigenthums inbesondere.

Vorbemerkung: Wegen Einführung der nachbenannten Gesetze in Helgoland s. Art. I Ziff. VII der VO. v. 22. März 91 (RGB. S. 21).

I. Schutz von Werken der Litteratur u. Kunst sowie von Photographien.

220 1. **Ges., betr. das Urheberrecht an Schriftwerken, Abbildungen, musikalischen Kompositionen u. dramatischen Werken;** v. 11. Juni 70 (BGB. S. 339).

Die Bestimmungen des § 32 sind durch die Vorschriften der Civilprozeßordnung (s. Nr. 362) über die Revision (§ 507 ff.) ersetzt.

221 Geltungsgebiet:

Das Ges. ist als Reichsgesetz eingeführt worden in
a) Baden u. Südhessen durch Art. 80 I 25 der Bundesverf. (BGB. 70 S. 648);
b) Württemberg durch den Vertr. v. 25. Nov. 70 (BGB. S. 654);
c) Bayern durch § 11 des Ges. v. 22 Apr. 71 (BGB. S. 90);
d) Elsaß-Lothringen durch Ges. v. 27. Jan. 73 (RGB. S. 42);
e) Helgoland durch Art. I Ziff. VII der VO. v. 22. März 91 (RGB. S. 21).

Ausführungsbestimmungen:

222 a) Zu den §§ 31 u. 49:

Instruktion über die Zusammensetzung u. den Geschäftsbetrieb der Sachverständigenvereine; v. 12. Dez. 70 (BGB. S. 621), geändert
bezügl. des § 6 durch Bek. v. 16. Juli 79 (CB. S. 490),
bezügl. des § 7 durch Bek. v. 25. Okt. 82 (CB. S. 417).

223 b) Zu § 41:

Instruktion über die Führung der Eintragsrolle; v. 7. Dez. 70 (CB. 76 S. 120);
§ 3 Satz 2 ist aufgehoben durch Bek. v. 23. März 92 (CB. S. 155).

224 2. **Ges., betr. das Urheberrecht an Werken der bildenden Künste;** v. 9. Jan. 76 (RGB. S. 4).

Ausführungsbestimmungen:

225 a) Zu § 16:

Bestimmungen über die Zusammensetzung u. den Geschäftsbetrieb der künstlerischen, photographischen u. gewerblichen Sachverständigenvereine; v. 29. Febr. 76 (CB. S. 117), geändert
bezügl. des § 4 durch Bek. v. 16. Juli 79 (CB. S. 490),
bezügl. des § 5 durch Bek. v. 25. Okt. 82 (CB. S. 417).

226 b) Zu § 18:

Bestimmungen, betr. die Inventarisirung u. Stempelung der nach der bisher. Gesetzgebung rechtmäßig angefertigten Vorrichtungen zur Herstellung v. Werken der bildenden Künste; v. 29. Febr. 76 (CB. S. 118).

c) Zu §§ 9 u. 19: 227

Bestimmungen über Führung der Eintragsrolle für Werke der bildenden Künste; v. 29. Febr. 76 (CB. S. 119 u. 120).

3. **Ges., betr. den Schutz der Photographien gegen unbefugte Nachbildung;** v. 10. Jan. 76 (RGB. S. 8). 228

Zu § 10:

Die Bestimmungen über Zusammensetzung u. Geschäftsbetrieb der photograph. Sachverständigenvereine s. bei Nr. 225.

4. **Verträge:**

a) Internationaler Verband.

Zwischen dem Deutschen Reich, Belgien, Spanien, Frankreich, England (die 3 letztgenannten Staaten mit allen Kolonien u. auswärt. Besitzungen), Haiti, Italien, Liberia, der Schweiz u. Tunis ist zustande gekommen die

Uebereinkunft, betr. die Bildung eines internationalen Verbandes zum Schutze v. Werken der Literatur u. Kunst; v. 9. Sept. 86 (RGB. 87 S. 493), nebst Zusatzartikel (S. 506), Schlußprot. (S. 508) u. Vollziehungsprot. (S. 514) v. gl. Tage. 229

Diesem Verbande sind nachträglich beigetreten das Großh. Luxemburg (Bek. v. 30. Juli 88, RGB. S. 227) u. das Fürstenthum Montenegro (Bek. v. 25. März 93, RGB. S. 136). 230

Zur Ausführung

der Nr. 4 Abs. 3 des Schlußprot. (S. 508) ist für das Deutsche Reich erlassen worden das

Ges., betr. die Ausführung der am 9. Sept. 86 in Bern abgeschlossenen Uebereinkunft ꝛc.; v. 4. Apr. 88 (RGB. S. 139). 231

Dazu: VO. gl. Betr. v. 11. Juli 88 (RGB. S. 225). Zu § 2 dieser VO. vgl. die Bek. v. 7. Aug. 88 (CB. S. 673).

b) Einzel-Verträge. 232

Neben der internat. Uebereinkunft sind die folg. Verträge mit einzelnen Staaten insoweit in Kraft geblieben als dieselben den Urhebern bezw. deren Rechtsnachfolgern weitergehende Rechte einräumen oder sonstige Bestimmungen enthalten, welche dieser Uebereinkunft nicht zuwiderlaufen:

α) Belgien.

Uebereink., betr. den Schutz an Werken der Literatur u. Kunst; v. 12. Dez. 83, nebst Prot. u. Schlußprot. v. gl. Tage (RGB. 84 S. 173 ff). 233

Dazu: Bek., betr. die Ausführung der Uebereink. ꝛc.; v. 18. Dez. 84 (CB. S. 324).

β) Frankreich.

Uebereink., betr. den Schutz an Werken der Literatur u. Kunst; v. 19. Apr. 83, nebst Prot. u. Schlußprot. v. gl. Tage (RGB. 83 S. 269). 234

Dazu: Bek., betr. die Ausführung der Uebereink. ꝛc., v. 3. Nov. 83 (CB. S. 317).

γ) Großbritannien.

Uebereink., betr. den gegenseit. Schutz der Rechte an Werken der Literatur u. Kunst; v. 2. Juni 86 (RGB. S. 237—258). 235

Wegen der Geltungsdauer dieser Uebereink. vgl. Art. 3 daselbst.

δ) Italien.

236 Uebereink., betr. den Schutz an Werken der Literatur u. Kunst; v. 20. Juni 84 (RGB. S. 193), mit Prot. u. Schlußprot. v. gl. Tag.

Dazu: Bek. v. 18. Dez. 84 (CB. S. 327) u. v. 14. Jan. 85 (CB. S. 21).

ε) Schweiz.

237 Uebereink. zw. d. Nordd. Bund u. der Schweiz wegen gegenseit. Schutzes der Rechte an literarischen Erzeugnissen u. Werken der Künste; v. 13. Mai 69 (BGB. S. 624), mit einer auf Art. 6 bezügl. Aenderung auf das deutsche
238 Reich ausgedehnt durch Verabredung v. 23. Mai 81 (RGB. S. 171).

Zu Art. 15 der Uebereink. vgl. die Bek. v. 28. Sept. 81 (CB. S. 405).

ζ) Vereinigte Staaten v. Amerika,

(dem internationalen Verband nicht angehörend).

239 Uebereink. über den gegenseit. Schutz der Urheberrechte; v. 15. Jan. 92 (RGB. S. 473).

II. Schutz von Mustern u. Modellen.

240 1. **Ges., betr. das Urheberrecht an Mustern u. Modellen;** v. 11. Jan. 76 (RGB. S. 11).

Ausführungsbestimmungen:

241 a) Zu § 14: Bestimmungen über die Zusammensetzung u. den Geschäftsbetrieb der gewerblichen Sachverständigenvereine, s. bei Nr. 225.

242 b) Bestimmungen über die Führung des Musterregisters; v. 29. Febr. 76 (CB. S. 123),

geändert bezügl. des § 12 durch Bek. v. 12. Nov. 83 (CB. S. 325) u. ergänzt durch Bek. v. 23. Dez. 86 (CB. S. 418).

2. **Verträge**

wurden abgeschlossen zw. dem Deutschen Reich u.

243 a) Belgien:

Uebereink., betr. den Schutz der gewerblichen Muster u. Modelle; v. 12. Dez. 83 (RGB. 84 S. 188);

244 b) Serbien:

Uebereink., betr. den gegenseit. Muster- u. Markenschutz; v. 21./9. Aug. 92, mit Erklärungen v. 17./5. März u. v. 7. Nov. 93 (RGB. 93 S. 317);

245 c) Oesterreich-Ungarn:

Uebereink. v. 6. Dez. 91 (RGB. 92 S. 289), nebst Schlußprot.;

246 d) Italien:

Uebereink. v. 18. Jan. 92 (RGB. S. 293);

246a e) der Schweiz:

Uebereink. v. 13. Apr. 92 (RGB. 94 S. 511, s. Nr. 271 a).

III. Schutz der Waarenbezeichnungen.

247 1. **Ges. über den Markenschutz;** v. 30. Nov. 74 (RGB. S. 143). Dasselbe wird ersetzt durch das Ges. zum Schutz der Waarenbezeichnungen; v. 12. Mai 94 (RGB. S. 441).

Ausführungsbestimmungen:

a) Bek. der Bestimmungen zur Ausführung des Ges. über Markenschutz; v. 8. Febr. 75 (CB. S. 123).

b) Zu § 6 (Kosten der Veröffentlichung der Eintragung u. Löschung): Bek. v. 22. Dez. 86 (CB. S. 418).

c) VO. zur Ausführung des Ges. zum Schutz der Waarenbezeichnungen u. des Ges. über den Schutz der Gebrauchsmuster 2c.; v. 30. Juni 94 (RGB. S. 495). 247a

Wegen Gebrauchs des Kaiserlichen Adlers zur Bezeichnung v. Waaren u. Etiketten s. Nr. 94).

2. **Verträge** 248

zum Schutz der Waarenbezeichnungen, Fabrik- u. Handelsmarken (§ 20 des Markenschutzgesetzes, § 23 des Ges. zum Schutz der Waarenbezeichnungen):

a) Belgien: 249

Bek. v. 13. Sept. 75 (RGB. S. 301);

b) Bulgarien: 250

Bek. v. 27. Jan. 94 (RGB. S. 112);

c) Brasilien: 251

Bek. v. 28. Febr. 77 (RGB. S. 406);

d) Dänemark: 251a

Bek. v. 4. Apr. 79 (RGB. S. 123);

e) Frankreich: 252

Art. 11 der zusätzlichen Uebereinkunft zum Friedensvertrag v. 12. Okt. 71 (RGB. S. 368);

dazu: Deklaration des Art. 11 der zusätzlichen Uebereinkunft 2c., v. 8. Okt. 73 (RGB. S. 365);

f) Großbritannien: 253

Deklaration des Art. 6 des Handelsvertrags zw. dem Zollverein u. Großbritannien v. 30. Mai 65; v. 14. Apr. 75 (RGB. S. 199);

g) Italien: 254

Uebereink. über den gegenseit. Patent-, Muster- und Markenschutz; v. 18. Jan. 92 (RGB. S. 293);

h) Luxemburg: 255

Bek. v. 14. Juli 76 (RGB. S. 169), geändert lt. Bek. v. 2. Aug. 83 (RGB. S. 268);

i) Niederlande: 256

Bek. v. 19. Jan. 82 (RGB. S. 5);

k) Oesterreich-Ungarn: 257

Uebereink. über den gegenseit. Patent-, Muster- u. Markenschutz; v. 6. Dez. 91 (RGB. 92 S. 289);

l) Rumänien: 258

Bek. v. 27. Jan. 82 (RGB. S. 7);

m) Rußland: 259

Bek. v. 18. Aug. 73 (RGB. S. 337);

n) Schweden u. Norwegen: 260

Bek. v. 11. Juli 72 (RGB. S. 293);

o) Schweiz: 261

Uebereink. v. 13. Apr. 92 (RGB. 94 S. 511, s. Nr. 271a).

262 p) Serbien:

Uebereink., betr. den gegenseit. Muster- u. Markenschutz; v. 21./9. Aug. 92, mit Erklärungen v. 17./5. März u. v. 7. Nov. 93 (RGB. 93 S. 317—320);

263 q) Venezuela (Vereinigte Staaten):

Bek. v. 8. Dez. 83 (RGB. S. 339);

264 r) Vereinigte Staaten von Amerika:

Vgl. Art. 17 der Konsular-Konvention v. 11. Dez. 71 (RGB. S. 95, s. Nr. 756).

IV. Patent- u. Gebrauchsmusterschutz.

265 1. **Patentgesetz.**

Von dem ursprüngl. Patentgesetz v. 23. Mai 77 (RGB. S. 501) sind nur noch die Uebergangsbestimmungen (§§ 41—45) in Kraft geblieben. Die §§ 1—40 sind ersetzt durch das neue

Patentgesetz v. 7. Apr. 91 (RGB. S. 79).

Ausführungsbestimmungen:

266 a) Zu § 17:

VO. zur Ausführung des Patentgesetzes v. 7. Apr. 91 u. des Ges., betr. den Schutz von Gebrauchsmustern v. 1. Juni 91;
267 v. 11. Juli 91 (RGB. S. 349). Zu § 18 dieser VO.: Uebergangsbestimmungen zur Ausführung des Patentgesetzes; v. 17. Juli 91 (CB. S. 217).

268 b) Zu § 33:

VO., betr. das Berufungsverfahren beim Reichsgericht in Patentsachen; v. 6. Dez. 91 (RGB. S. 389).

269 2. **Ges., betr. den Schutz v. Gebrauchsmustern;** v. 1. Juni 91 (RGB. S. 290).

Wegen der hierzu erlassenen Ausführungsbestimmungen vgl. die VO. bei Nr. 247a u. 266.

3. **Verträge über Patent- u. Gebrauchsmusterschutz** sind abgeschlossen worden zw. dem Deutschen Reich u.

a) Italien:

270 Uebereink. über den gegenseit. Patent-, Muster- u. Markenschutz; v. 18. Jan. 92 (RGB. S. 293);

b) Oesterreich-Ungarn:

271 Uebereink. gl. Betr. v. 6. Dez. 91, nebst Schlußprot. (RGB. 92 S. 289);

c) der Schweiz:

271a Uebereink. gl. Betr. v. 13. Apr. 92 (RGB. 94 S. 511), m. Prot. u. Schlußwort.

§ 3. Handelsrecht.

I. Das Handelsgesetzbuch mit Einführungsgesetz.

272 1. **Ges., betr. die Einführung der Allg. Deutschen Wechselordnung, der Nürnberger Wechsel-Novellen u. des Allg. Deutschen Handelsgesetzbuches** als Bundesgesetze; v. 5. Juni 69 (BGB. S. 379),

als Reichsgesetz eingeführt in

a) Baden u. Südhessen durch Art. 80 I Nr. 15 der Bundesverf. (BGB. 70 S. 648);

b) Württemberg durch den Vertr. v. 25. Nov. 70 (BGB. S. 654);

c) Bayern durch § 2 I Ziff. 8 des Ges. v. 22. Apr. 71 (BGB. S. 88);

d) Helgoland durch Art. I Ziff. X Nr. 1 der VO. v. 22. März 91 (RGB. S. 21).

Das Handelsgesetzbuch u. die Wechselordnung sind auch in Elsaß-Lothringen u. zwar mit besonderen Einführungsbestimmungen in Kraft gesetzt worden.

2. Das hierdurch als Reichsgesetz eingeführte

Allgemeine Deutsche Handelsgesetzbuch (BGB. 69 S. 404—600, Inhaltsverzeichnis dazu S. 601), welches bis dahin Partikularrecht der Einzelstaaten war, **ist** (abgesehen von den Aenderungen, welche das Ges., betr. die Nationalität der Kauffahrteischiffe 2c. [s. Nr. 577] bereits vor der Einführung in Bezug auf Art. 432 ff. gebracht hatte, vgl. § 1 des Einführungsgesetzes bei Nr. 272) **in folgenden Punkten geändert worden:** 273

a) Art. 5 u. die Bestimmungen über Kommandit- u. Aktiengesellschaften wurden geändert durch Ges. v. 11. Juni 70 (BGB. S. 375), 274

als Reichsgesetz eingeführt in Baden u. Südhessen (BGB. 70 S. 648 Nr. 26), in Württemberg (BGB. 70 S. 654) u. in Bayern (§ 10 des Ges. v. 22. Apr. 71, BGB. S. 90).

Wegen der späteren wiederholten Aenderung der Aktiengesetzgebung s. bei Nr. 279.

b) Art. 453 u. Art. 528—556 (von der Schiffsmannschaft) wurden ersetzt durch die Seemannsordnung v. 27. Dez. 72, s. § 110 daselbst (RGB. 72 S. 432, s. Nr. 591). 275

c) Buch 5 Titel 9 (von der Bergung u. Hilfeleistung in Seenoth, Art. 742 ff.) wurde theilweise geändert und ergänzt durch die Strandungsordnung v. 17. Mai 74 (RGB. S. 73, s. Nr. 612). 276

d) Zu dem ehemaligen Art. 207a vgl. Ges., betr. die Umwandlung v. Aktien in Reichswährung; v. 16. Dez. 75 (RGB. S. 317). 277

e) Art. 34—36, 37 Satz 2, 39, 77, 78, 79 Abs. 2, 488, 494 u. 889 wurden aufgehoben durch § 13 Abs. 2 Nr. 2 des Einführungsgesetzes zur Civilprozeßordnung (RGB. 77 S. 246, s. Nr. 365). 278

f) Art. 173—249a (vgl. die Aenderungen unter a u. d) wurden ersetzt durch Ges., betr. die Kommanditgesellschaften auf Aktien u. die Aktiengesellschaften; v. 18. Juli 84 (RGB. S. 123, Uebergangsbestimmungen S. 169 f.). 279

II. Sonstige handelsrechtliche Vorschriften.

1. **Erwerbs- u. Wirthschaftsgenossenschaften.** 280

Ges., betr. die Erwerbs- u. Wirthschaftsgenossenschaften; v. 1. Mai 89 (RGB. S. 55).

Dazu:

Bek., betr. die Führung des Genossenschaftsregisters u. die Anmeldungen zu demselben; v. 11. Juli 89 (RGB. S. 150).

281 2. **Ges., betr. die Gesellschaften mit beschränkter Haftung;** v. 20. Apr. 92 (RGB. S. 477).

3. **Löschungen im Handelsregister.**

282 Ges., betr. die Löschung nicht mehr bestehender Firmen u. Prokuren im Handelsregister; v. 30. März 88 (RGB. S. 129).

4. **Vereinbarungen über Aktiengesellschaften rc.**

283 Hinsichtlich der rechtlichen Stellung von Aktien- u. sonstigen Handelsgesellschaften sind Vereinbarungen abgeschlossen worden mit

Italien:

CB. 73 S. 288; vgl. hierzu das Schlußprot. (zu Art. 2) des italienischen Handelsvertrags (RGB. 92 S. 178, s. Nr. 808);

Belgien:

CB. 73 S. 380;

England:

CB. 74 S. 143;

Rußland:

Bek. v. 22. Aug. 85 (CB. S. 404), ersetzt durch Art. 4 des Handelsvertrags mit Rußland (RGB. 94 S. 156, s. Nr. 822).

Anmerkung:

284 Wegen Zusammenstellung der Handelsregister-Bekanntmachungen in der Beilage des Reichsanzeigers s. CB. 74 S. 54.

Wegen der mit den einzelnen Staaten abgeschlossenen Handelsverträge s. Nr. 678.

§ 4. Wechselrecht.

285 1. **Ges., betr. die Einführung der Allg. Deutschen Wechselordnung, der Nürnberger Wechsel-Novellen** rc. s. bei Nr. 272.

2. Die hierdurch als Reichsgesetz eingeführte

286 **Allgemeine Deutsche Wechselordnung** (BGB. 69 S. 382), **nebst den Nürnberger Wechsel-Novellen,** enthaltend Aenderungen bezw. Ergänzungen der Art. 2, 4, 7, 18, 29, 30 u. 99 der Wechselordnung, **wurde geändert** bezügl. des Art. 80

a) durch § 13 Abs. 3 des Einführungsgesetzes zur Civilprozeßordnung (RGB. 77 S. 246, s. Nr. 365);

b) durch § 3 Abs. 3 des Einführungsgesetzes zur Konkursordnung (RGB. 77 S. 390, s. Nr. 389).

Durch das Ges., betr. die Aufhebung der Schuldhaft, v. 29. Mai 68 (BGB. S. 237, s. Nr. 373) waren bereits bei der Einführung der Wechselordnung weggefallen in Art. 2 Abs. 1 die Worte „seiner Person und" sowie der übrige Theil des Artikels, ferner der auf den Personalarrest bezügliche Theil des Art. 29 Abs. 1 Zff. 2. Vgl. § 1 des Einführungsgesetzes (s. Nr. 272).

2. Kapitel.

Strafrecht. 287

I. Das Reichs-Strafgesetzbuch.

1. **Einführungsgesetz zum Strafgesetzbuch** für den Norddeutschen Bund; 288
v. 31. Mai 70 (BGB. S. 195),

als Reichsgesetz eingeführt in

a) Baden u. Hessen durch Art. 80 Zff. II Nr. 2 u. 3 sowie Art. 80 drittletzter Abs. der Deutschen Bundesverf. (BGB. 70 S. 648 f.);

b) Württemberg durch Vertr. v. 25. Nov. 70 (BGB. S. 654);

c) Bayern (mit Ausnahme des § 4) durch § 7 des Ges. v. 22. Apr. 71 (BGB. S. 89);

d) Helgoland durch Art. I Zff. IX der VO. v. 22. März 91 (RGB. S. 21).

Die Einführung des Strafgesetzbuchs in Elsaß-Lothringen erfolgte durch Ges. v. 30. Aug. 71 (Ges.Bl. für Elsaß-Lothringen v. 1871 S. 255). Dazu: Ges. 289
über die Auslegung des Art. II des Ges. v. 30. Aug. 71 2c.; v. 29. März 88 (RGB. S. 127).

2. **Das Reichs-Strafgesetzbuch.** 290

Das nach Vorstehendem im ganzen Reiche eingeführte Strafgesetzbuch für den Nordd. Bund wurde durch Ges., betr. die Redaktion des Strafgesetzbuchs 2c., v. 15. Mai 71 (RGB. S. 121) als

Strafgesetzbuch für das Deutsche Reich

mit dem Datum v. 15. Mai 1871 in neuer Redaktion veröffentlicht. Nachdem das Reichs-Strafgesetzbuch durch die Ges. v. 10. Dez. 71 (RGB. S. 442) u. v. 26. Febr. 76 (RGB. S. 25) in vielen Punkten geändert u. ergänzt worden war, wurde es durch Bek., betr. die Redaktion des Reichs-Strafgesetzbuchs, v. 26. Febr. 76 (RGB. S. 39) in der abgeänderten Fassung

neu veröffentlicht (RGB. 76 S. 40, Inhaltsübersicht S. 119).

Seitherige Aenderungen u. Ergänzungen: 291

a) §§ 281—283 wurden aufgehoben durch § 3 Abs. 2 Zff. 3 des Einführungsgesetzes zur Konkursordnung (RGB. 77 S. 390).

b) § 302a—d wurde eingeschaltet u. § 360 Zff. 12 geändert durch Ges., betr. den Wucher; v. 24. Mai 80 (RGB. S. 109, s. Nr. 212). Vgl. hierzu die weiteren Aenderungen unter g.

c) § 184 ergänzt durch Art. 4 des Ges., betr. die unter Ausschluß der Oeffentlichkeit stattfindenden Gerichtsverhandlungen; v. 5. Apr. 88 (RGB. S. 135, s. Nr. 300).

d) § 360 Zff. 3 ist durch die Veränderung in der Heeresorganisation teilweise veraltet. Vgl. nunmehr § 111 Nr. 16 der Wehrordnung (s. Nr. 849).

e) §§ 317, 318, 360 Nr. 4 sind geändert, §§ 276, 364 ergänzt, §§ 318a u. 367 Nr. 5a eingeschaltet durch Ges. v. 31. Mai 91 (RGB. S. 107).

f) § 69 ist geändert durch Ges. v. 26. März 93 (RGB. S. 133).

g) § 302a u. d sind geändert, §§ 302e u. 367 Nr. 16 eingeschaltet durch Ges., betr. Ergänzung der Bestimmungen über den Wucher; v. 19. Juni 93 (RGB. S. 197, s. Nr. 212).

h) §§ 89 u. 90 sind geändert durch § 11 des Ges. gegen den Verrath militär. Geheimnisse; v. 3. Juli 93 (RGB. S. 207, s. Nr. 299).

i) § 361 Nr. 10 wurde eingeschaltet u. § 361 letzt. Abs. geändert durch Art. 2 des Ges. v. 12. März 94 (RGB. S. 261).

Anmerkung:

Die zum § 145 des Reichs-Strafgesetzbuchs durch den Kaiser erlassenen Verordnungen s. bei Nr. 609 ff.

II. Militärstrafrecht.

292 1. **Einführungsgesetz zum Militärstrafgesetzbuch** für das Deutsche Reich; v. 20. Juni 72 (RGB. S. 173).

293 2. **Militärstrafgesetzbuch** für das Deutsche Reich; v. 20. Juni 72 (RGB. S. 174).

Dazu: Berichtigungen im RGB. 72 S. 288 u. 1873 S. 138.

Zu Lit. B der Anlage (S. 204):

VO., betr. die Klasseneinteilung der Militärbeamten des Reichsheeres u. der Marine; v. 29. Juni 80 (RGB. S. 169, s. Nr. 359).

Anmerkung:

Durch § 2 des Einführungsgesetzes zum Militärstrafgesetzbuch sind alle früheren Militärstrafgesetze, insoweit dieselben materielles Strafrecht zum Gegenstand haben, aufgehoben worden mit Ausnahme der Vorschriften über Bestrafung der von Landgendarmen begangenen strafbaren Handlungen u. derjenigen über Bestrafung der Fahnenflüchtigen im Wege des Ungehorsams-(Kontumazial-)Verfahrens. Vgl. das im BGB. 1867
294 S. 301 abgedruckte Ges. v. 11. März 1850, betr. die an Stelle der Vermögenskonfiskation gegen Deserteure u. ausgetretene Militärpflichtige zu verhängende Geldbuße.

III. Sonstige Strafgesetze

(d. h. Gesetze überwiegend strafrechtlichen Inhalts).*)

1. **Sprengstoffgesetz.**

295 Ges., betr. den verbrecherischen u. gemeingefährlichen Gebrauch von Sprengstoffen; v. 9. Juni 84 (RGB. S. 61).

*) Die einzelnen Strafbestimmungen der Gesetze, bei welchen der nichtstrafrechtliche Inhalt überwiegt, entziehen sich einer übersichtlichen Zusammenstellung; dieselben sind jeweils bei den betr. Gesetzen zu suchen.

Zu § 1 Abs. 3 (Bezeichnung der vorzugsweise als Schießmittel gebrauchten Sprengstoffe) vgl.

a) Bek. v. 13. März 85 (RGB. S. 78 u. CB. S. 65);

b) Bek. v. 16. Apr. 91 (RGB. S. 105 u. CB. S. 79).

2. **Schutz des Papiergeldes.**

Ges., betr. den Schutz des zur Anfertigung von Reichskassenscheinen verwendeten Papiers gegen unbefugte Nachahmung; v. 26. Mai 85 (RGB. S. 165). 296

3. **Schonzeit für Robben.**

Ges., betr. die Schonzeit für den Fang von Robben; v. 4. Dez. 76 (RGB. S. 233, s. Nr. 650). 297

Dazu:

VO. gl. Betr. v. 29. März 77 (RGB. S. 409).

4. **Ges., betr. den Schutz von Vögeln;** v. 22. März 88 (RGB. S. 111). 298

5. **Ges. gegen den Verrath militärischer Geheimnisse;** v. 3. Juli 93 (RGB. S. 205). 299

6. **Ges., betr. die unter Ausschluß der Oeffentlichkeit stattfindenden Gerichtsverhandlungen;** v. 5. Apr. 88 (RGB. S. 133). 300

Schlußbemerkung:

Wegen des Zollstrafrechts s. § 134 ff. des Vereinszollgesetzes (Nr. 992) sowie wegen Uebertretung der österreichisch-ungarischen Zollgesetze Nr. 816. 301

Wegen des Steuerstrafrechts s. die einzelnen Steuergesetze (Nr. 913 ff.). 302

Wegen der Nahrungsmittelgesetzgebung s. Nr. 429 ff.

Wegen des strafrechtlichen Schutzes der Telegraphenkabel s. Nr. 572.

Wegen polizeilicher Regelung der Fischerei in der Nordsee außerhalb der Küstengewässer s. Nr. 651.

Wegen des Schutzes der Brieftauben u. des Brieftaubenverkehrs im Kriege s. Nr. 894a.

303 # 3. Kapitel.
Gerichtsverfassung.

I. Das Gerichtsverfassungsgesetz
nebst Einführungsgesetz u. Vollzugsvorschriften.

304 1. **Einführungsgesetz zum Gerichtsverfassungsgesetz;** v. 27. Jan. 77 (RGB. S. 77).

Aenderungen:

a) § 12 wurde aufgehoben durch § 1 des Ges. v. 12. Juni 89 (RGB. S. 95, s. Nr. 318).

b) § 8 Abs. 1 hat eine Einschränkung bezüglich des Königreichs Sachsen erfahren durch § 1 des Ges. über den Sitz des Reichsgerichts; v. 11. Apr. 77 (RGB. S. 415, s. Nr. 312).

Ausführungsbestimmungen:

a) Zu § 3:

Auf Grund des § 3 Abs. 2 ist die Gerichtsbarkeit letzter Instanz in Rechtssachen, für welche besondere Gerichte zugelassen sind,
305 dem Reichsgericht durch eine Reihe von Verordnungen (alle mit dem Datum v. 26. Sept. 79, abgedruckt RGB. S. 287 ff.) übertragen worden, u. zwar bezüglich preußischer (S. 287), hessischer (S. 289), sachsen-weimarischer u. sachsen-meiningenscher (S. 291), anhaltischer (S. 292), schwarzburg-sondershausenscher (S. 293), schwarzburg-rudolstädtischer (S. 294), waldeckscher (S. 295) u. schaumburg-lippischer (S. 296) Rechtssachen.

b) Zu § 8 Abs. 2:

306 Die Zuständigkeit des ehemal. Reichsoberhandelsgerichts ergab sich aus den §§ 12 ff. des Ges., betr. die Errichtung eines obersten Gerichtshofs für Handelssachen, v. 12. Juni 69 (BGB. S. 201). Nachträgliche Erweiterungen der Zuständigkeit sind erfolgt hinsichtlich der Rechtsstreitigkeiten in folg. Sachen: Flößereiabgaben (§ 2 des Ges. v. 1. Juni 70, s. Nr. 620), Urheberrechte (§ 32 des Ges. v. 11. Juni 70, s. Nr. 220, § 16 des Ges. v. 9. Jan. 76, s. Nr. 224, § 9 des Ges. v. 10. Jan. 76, s. Nr. 228, §§ 14, 15 des Ges. v. 11. Jan. 76, s. Nr. 240, § 37 des Patentges., s. Nr. 265), Haftpflicht (§ 10 des Ges. v. 7. Juni 71, s. Nr. 218), Ansprüche der Reichsbeamten (§§ 152—154 des Ges. v. 31. März 73, s. Nr. 133), Bergungsansprüche (§ 44 der Strandungsordnung, s. Nr. 612), Markenschutz (§ 19 des Ges. v. 30. Nov. 74, s. Nr. 247), Entziehung der Befugniß zur Banknotenausgabe (§ 50 des Bankgesetzes, s. Nr. 467).

Vgl. ferner wegen Zuständigkeit des Reichsgerichts: § 33 des Reichsstempelgesetzes (s. Nr. 913), § 146 des Genossenschaftsgesetzes (s. Nr. 280) u. § 21 des Ges. zum Schutz der Waarenbezeichnungen (s. Nr. 247).

c) Zu § 15:

Wegen Uebertragung der daselbst bezeichneten, am 1. Okt. 79 anhängig gewesenen Rechtssachen auf das Reichsgericht sind eine

Reihe von Verordnungen (alle unterm 26. Sept. 79, abgedruckt RGB. S. 287 ff.) ergangen u. zwar bezügl. preußischer (S. 287), badischer (S. 288), oldenburgischer (S. 290), anhaltischer (S. 292), schwarzburg-sondershausenscher (S. 293), waldeckscher (S. 295), lübeckscher, bremischer u. hamburger (S. 297) Rechtssachen. 307

d) Zu § 16:

Hilfssenate wurden beim Reichsgericht errichtet durch VO. v. 27. Sept. 79 (RGB. S. 299). 308

e) Zu § 17 Abs. 1:

VO., betr. die Zuständigkeit des Reichsgerichts in Streitigkeiten über die Zulässigkeit des Rechtswegs in bremischen Sachen; v. 26. Sept. 79 (RGB. S. 298). 309

2. **Gerichtsverfassungsgesetz;** v. 27. Jan. 77 (RGB. S. 41). 310

Aenderungen u. Ergänzungen:

a) § 137 wurde geändert durch Ges. v. 17. März 86 (RGB. S. 61).

b) §§ 173—176 u. 195 wurden geändert durch Ges., betr. die unter Ausschluß der Oeffentlichkeit stattfindenden Gerichtsverhandlungen; v. 5. Apr. 88 (RGB. S. 133, s. Nr. 300).

c) Zu § 136 vgl. die Zuständigkeitsbestimmung in § 12 des Ges. gegen den Verrath militärischer Geheimnisse, v. 3. Juli 93 (RGB. S. 208, s. Nr. 299).

d) Zu § 202 vgl. wegen Behandlung der Rechtsstreitigkeiten aus dem Telegraphengesetz als Feriensachen § 13 des Ges. über das Telegraphenwesen (RGB. 92 S. 467, s. Nr. 570). 311

Ausführungsbestimmungen:

a) Zu § 125:

Ges. über den Sitz des Reichsgerichts; v. 11. Apr. 77 (RGB. S. 415). 312

b) Zu § 141:

Geschäftsordnung des Reichsgerichts, veröffentlicht mit Bek. v. 8. Apr. 80 (CB. S. 190). Die §§ 1, 13, 23 der Geschäftsordnung sind geändert u. § 30 aufgehoben lt. Bek. v. 25. Juli 86 (CB. S. 300). 313

c) Zu § 155:

Vorschriften über die Dienst- u. Geschäftsverhältnisse der beim Reichsgericht mit den Zustellungen zu beauftragenden Beamten; v. 11. Mai 83 (CB. S. 159). 314

Schlußbemerkung:

Wegen Einführung der vorstehend genannten Ges. in Helgoland vgl. Art. I Zff. VIII 1 der VO. v. 22. März 91 (RGB. S. 21, s. Nr. 52) sowie das Ges. v. 4. Juni 93 (RGB. S. 193, s. Nr. 53).

II. Sonstige Bestimmungen über Verfassung der Gerichte.

1. **Gewerbegerichte.**

Ges., betr. die Gewerbegerichte; v. 29. Juli 90 (RGB. S. 141). 315

316 2. **Prisengerichte.**

Ges., betr. die Prisengerichtsbarkeit; v. 3. Mai 84 (RGB. S. 49).

Dazu:

317 VO., betr. die Ausübung der Prisengerichtsbarkeit aus Anlaß der ostafrikanischen Blokade; v. 15. Febr. 89 (RGB. S. 5).

3. **Gerichtssprache in Elsaß-Lothringen.**

318 Ges., betr. die Geschäftssprache der gerichtlichen Behörden in Elsaß-Lothringen; v. 12. Juni 89 (RGB. S. 95).

319 4. **Rechtsanwaltsordnung;** v. 1. Juli 78 (RGB. S. 177).

320 Zu § 18 Abs. 2 u. § 98 vgl. wegen des Wohnsitzes der Reichsgerichtsanwälte die Bek. v. 5. Mai 79 (CB. S. 340).

Wegen Einführung des Ges. in Helgoland s. Art. I Ziff. VIII 8 der VO. v. 22. März 91 (RGB. S. 21).

5. **Ausländische Gerichtsverfassungen.**

a) Rußland.

321 Zusammenstellung der wesentlichsten Bestimmungen der Gerichtsverfassung u. des Civilprozeßverfahrens in Rußland, nebst einem Verzeichniß der Gerichte: CB. 83 S. 134. Dazu Ergänzungen in CB. 83 S. 181 u. 1884 S. 56.

Vgl. ferner die Bek. in CB. 77 S. 319.

b) Oesterreich:

322 Verzeichnis der Civil- u. Strafgerichte der im österreichischen Reichsrathe vertretenen Königreiche u. Länder: CB. 83 S. 206.

Schlußbemerkung:

Wegen der Konsulargerichtsbarkeit s. Nr. 755.

Wegen der Militärgerichtsbarkeit s. Nr. 357 ff.

Wegen der Gerichtsbarkeit in den Schutzgebieten s. Schutzgebiete Nr. 56 ff.

Wegen des Uebergangs der Aufsichts- u. Disciplinarbefugnisse über die richterl.
323 Beamten in Elsaß-Lothringen auf das Reichsgericht vgl. § 1 a. E. des Ges., betr. den Uebergang von Geschäften auf das Reichsgericht; v. 16. Juni 79 (RGB. S. 157).

Wegen Zuständigkeit des Reichsgerichts in hamburgischen Verfassungsstreitigkeiten s. Nr. 31.

III. Rechtshülfe.

Vgl. die §§ 157—169 des Gerichtsverfassungsgesetzes, Nr. 310.

324 1. **Ges., betr. die Gewährung der Rechtshülfe;** v. 21. Juni 69 (BGB. S. 305).

Aenderungen:

a) Die Rechtshülfe unter den ordentlichen Gerichten wurde anderweit geregelt durch die §§ 157—169 des Gerichtsverfassungsgesetzes (s. Nr. 310), welche auch Anwendung finden auf das von dem Ehrengericht gestellte Ersuchen (§ 86 der Rechtsanwaltsordnung, s. Nr. 319), sowie auf dasjenige des Patentamtes (§ 32 des Patentgesetzes, s. Nr. 265), der Seeämter u. des Oberseeamtes (§§ 20, 30 des Ges.

v. 27. Juli 77, s. Nr. 613) u. der Gewerbegerichte (§ 60 des Ges. v. 29. Juli 90, s. Nr. 315) sowie endlich in Sachen der Konsulargerichtsbarkeit (§§ 12, 13 des Ges. v. 10. Juli 79, s. Nr. 755). Das Ges. v. 21. Juni 69 gilt daher nur noch für den Verkehr der übrigen nichtordentlichen Gerichte.

b) Die §§ 13—18 wurden aufgehoben durch § 3 Abs. 2 Zff. 2 des Einführungsges. zur Konkursordnung. (RGB. 77 S. 390, s. Nr. 389).

Geltungsgebiet: 325

Das Ges. v. 21. Juni 69 wurde als Reichsgesetz eingeführt in

a) Baden u. Südhessen durch Art. 80 I Nr. 19 der Bundesverf. (BGB. 70 S. 648);
b) Württemberg durch Vertr. v. 25. Nov. 70 (BGB. S. 654);
c) Bayern (mit einem Zusatz zu § 39) durch § 6 des Ges. v. 22. Apr. 71 (BGB. S. 89);
d) Elsaß-Lothringen durch Ges. v. 11. Dez. 71 (RGB. S. 445);
e) Helgoland durch Art. I Zff. VIII 10 der VO. v. 22. März 91 (RGB. S. 21).

2. Rechtshülfe- (insbes. Auslieferungs-) Verträge. 326

(Vorbemerkung: Die meisten Auslieferungsverträge enthalten auch Bestimmungen über sonstige Rechtshülfe in Strafsachen.)

a) Amerika (Vereinigte Staaten).

Auslieferungsvertrag v. 16. Juni 52 zw. Preußen u. andern Staaten des Deutschen Bundes einerseits u. den Vereinigten Staaten andererseits, auf alle Staaten des Nordd. Bundes ausgedehnt durch Art. 3 des Vertr., betr. die Staatsangehörigkeit 2c., v. 22. Febr. 68 (BGB. S. 229 u. 231 ff., s. Nr. 196). 327

b) Belgien.

α) Auslieferungsvertrag mit dem Deutschen Reich; v. 24. Dez. 74 (RGB. 75 S. 73). 328

Dazu: Bek., betr. drei zw. dem Deutschen Reich u. Belgien vereinbarte Berichtigungen des deutschen Textes des Auslieferungsvertrags; v. 29. Dez. 78 (RGB. 79 S. 2).

β) Vertr. mit dem Deutschen Reich, betr. die Bestrafung der auf beiderseitigen Gebieten begangenen Forst-, Feld-, Fischerei- u. Jagdfrevel; v. 29. Apr. 85 (RGB. S. 251). 329

c) Brasilien.

Auslieferungsvertrag mit dem Deutschen Reich; v. 17. Sept. 77 (RGB. 78 S. 293). 330

d) Columbien. 330a

Vgl. Art. 23 des Freundschafts-, Handels- u. Schiffahrtsvertrags v. 23. Juli 92 (s. Nr. 791a).

e) Frankreich.

Ausdehnung des badisch-französischen Rechtshilfevertrags v. 16. Apr. 46 u. des preußisch-franz. Auslieferungsvertrags v. 21. Juli 45 auf Elsaß-Lothringen: Art. 18 letzt. Abs. der Zusatzkonvention zum Frankfurter Friedensvertrag; v. 11. Dez. 71 (RGB. 72 S. 20, s. Nr. 802). 331

f) Großbritannien.

Auslieferungsvertrag mit dem Deutschen Reich; v. 14. Mai 72 (RGB. S. 229). 332

Dazu:

α) Vorschriften für die deutschen Behörden hinsichtl. der Stellung v. Auslieferungsanträgen auf Grund obengen. Vertr.: CB. 74 S. 101.

β) Weisungen, welche bei Anträgen auf vorläufige Festnahme v. Verbrechern in England zu beachten sind: CB. 75 S. 430.

g) Italien.

333 Auslieferungsvertrag mit dem Deutschen Reich; v. 31. Okt. 71 (RGB. S. 446), mit Prot. v. gl. Tag (S. 458).

h) Kongostaat.

334 Vertr. zw. dem Deutschen Reich u. dem Kongostaat über die Auslieferung der Verbrecher u. die Gewährung sonst. Rechtshilfe in Strafsachen zw. den deutschen Schutzgebieten in Afrika u. dem Gebiete des Kongostaates; v. 25. Juli 90 (RGB. 91 S. 91).

Druckfehlerberichtigung zum franz. Text s. im RGB. 91 S. 111.

i) Luxemburg.

335 Auslieferungsvertrag mit dem Deutschen Reich; v. 9. März 76 (RGB. S. 223).

Zu § 16: Wegen des Formulars für die wechselseit. Strafnachrichten s. CB. 77 S. 214.

k) Norwegen, s. Schweden.

l) Mexiko.

336 Wegen Auslieferung desertirter Schiffsmannschaften s. Art. 21 des Handelsvertrags v. 5. Dez. 82 (RGB. 83 S. 247, s. Nr. 814).

m) Oesterreich-Ungarn.

337 Wegen Rechtshilfe bei Zollkontraventionen s. Art. 10 des Handelsvertrags v. 6. Dez. 91 (RGB. 92 S. 3, s. Nr. 815).

Wegen Uebernahme Auszuweisender, s. Nr. 817.

n) Schweden u. Norwegen.

338 Auslieferungsvertrag mit dem Deutschen Reich; v. 19. Jan. 78 (RGB. S. 110).

o) Schweiz.

339 α) Auslieferungsvertrag mit dem Deutschen Reich; v. 24. Jan. 74 (RGB. S. 113), nebst Prot. v. 6. Juli 74 (RGB. S. 120).

340 β) Direkter Geschäftsverkehr der Gerichtsbehörden. Uebereink. mit dem Deutschen Reich wegen Herbeiführung eines unmittelbaren Geschäftsverkehrs zw. den deutschen u. schweizerischen Gerichtsbehörden; v. 1./10. Dez. 78 (CB. 79 S. 6).

Dazu: Verzeichnis der schweizerischen Gerichtsbehörden in den Kantonen: Bek. v. 2. März 88 (CB. S. 107), geändert bezügl. des Kantons Zürich durch Bek. v. 17. Jan. 90 (CB. S. 20).

p) Serbien.

341 Wegen Auslieferungen u. sonst. Rechtshilfe in Strafsachen s. Art. XXV des Konsularvertrags v. 6. Jan. 83 (RGB. S. 62, s. Nr. 780).

q) Spanien.

342 Auslieferungsvertrag mit dem Deutschen Reich; v. 2. Mai 78 (RGB. S. 213).

r) Südafrikanische Republik.

Wegen Auslieferungen u. sonst. Rechtshilfe in Strafsachen s. Art. 31 des Freundschafts- u. Handelsvertrags mit dem Deutschen Reich, v. 22. Jan. 85 (RGB. 86 S. 209, s. Nr. 831). 343

s) Uruguay.

Auslieferungsvertrag v. 12. Febr. 80 (RGB. 83 S. 287). 344

4. Kapitel.

Gerichtsverfahren.

§ 1. Strafverfahren. 345

I. Strafprozeßordnung nebst Einführungsgesetz.

1. **Strafprozeßordnung;** v. 1. Febr. 77 (RGB. S. 253). 346
2. **Einführungsgesetz zur Strafprozeßordnung;** v. 1. Febr. 77 (RGB. S. 346). 347

Wegen Einführung vorgenannter Gesetze in Helgoland s. Art. I Zff. VIII 3 der VO. v. 22. März 91 (RGB. S. 21).

II. Vollzugsbestimmungen u. sonstige Vorschriften über Strafprozeß u. Strafvollzug.

1. **Begriff „Militärbehörde“.** 348

Bestimmungen, betr. die Feststellung des Begriffs „Militärbehörde“ im Sinne der §§ 48 Abs. 2, 50 letzt. Abs., 98 Abs. 4, 105 Abs. 4 der StPO.: Bek. in CB. 80 S. 480.

2. **Strafregister.**

VO., betr. die Einrichtung der Strafregister u. die wechselseitige Mittheilung der Strafurtheile; v. 16. Juni 82 (CB. S. 309). 349

Dazu:

Verzeichnis der Strafregisterbehörden in CB. 82 S. 47, geändert bezügl. des Fürstenthums Lippe in CB. 83 S. 244.

(Anmerkung: Vereinbarungen mit ausländischen Regierungen über Mittheilung von Straferkenntnissen sind in den meisten Auslieferungsverträgen [s. Nr. 326 ff.] enthalten.)

3. Vollzug der Ausweisung.

350 Vorschriften, betr. die Vollziehung der Ausweisung von Ausländern aus dem Reichsgebiet auf Grund der §§ 39, 284 u. 362 RStGB.'s; v. 10. Dez. 90 (CB. S. 378).

Zu § 3 Abs. 2 daselbst:

Verzeichnis der Reichsgrenzstationen u. Grenzpolizeibehörden, nach denen die Transporte zu leiten sind: Bek. v. 10. Dez. 90 (CB. S. 381), geändert bezügl. Sachsens durch Bek. v. 28. Jan. 91 (CB. S. 27), bezügl. Preußens durch Bek. v. 29. Mai 93 (CB. S. 154), bezügl. Elsaß-Lothringens durch Bek. v. 5. Mai 94 (CB. S. 264).

Wegen des Abkommens zw. Deutschland u. Oesterreich-Ungarn bezügl. der Uebernahme Auszuweisender s. bei Nr. 817.

351 4. **Grundsätze über Vollstreckung von Gesammtstrafen,** deren Einzelstrafen in verschiedenen Bundesstaaten festgesetzt wurden: Bdsrthsbeschl. v. 11. Juni 85 (CB. S. 270).

Anmerkung:

352 Wegen des Zollstrafverfahrens vgl. § 165 des Vereinszollgesetzes (BGB. 69 S. 317, s. Nr. 992).

353 Wegen des Steuerstrafverfahrens vgl. die einzelnen Steuergesetze (s. Nr. 913 ff.).

354 Wegen des Poststrafverfahrens vgl. § 34—46 des Postgesetzes (s. Nr. 535).

355 Wegen des Strafverfahrens vor den Seemannsämtern s. Seemannsordnung (Nr. 591).

356 Wegen des Strafverfahrens vor den Konsulargerichten s. das Konsulargerichtsbarkeitsgesetz (Nr. 755).

Wegen des Strafverfahrens in den Schutzgebieten s. Schutzgebiete (Nr. 56 ff.).

Wegen Zulassung zum Armenrecht s. Nr. 396.

Wegen der Rechtshilfe- insbes. Auslieferungsverträge s. Nr. 326 ff.

357 III. Militärstrafverfahren.

Gemäß § 61 der Verfassung des Nordd. Bundes ist das frühere preußische Militärstrafrecht durch VO., betr. die Einführung des preußischen Militärstrafrechts im ganzen Bundesgebiete, v. 29. Dez. 67 (BGB. S. 185), im Gebiet des Nordd. Bundes u. durch VO. v. 24. Nov. 71 (RGB. S. 401) in Baden eingeführt worden.

Eine Zusammenstellung des damaligen preußischen Militärstrafrechts ist im BGB. 67 S. 187—316 enthalten.

Wegen Einführung bezw. Nichteinführung dieser Gesetzgebung in den übrigen Reichsgebieten s. Art. 61 sowie die Schlußbestimmung zu Abschn. XI der Reichsverfassung (Nr. 1), wegen Aenderungen des materiellen Militärstrafrechts s. Nr. 292 ff.

In Kraft geblieben ist dagegen insbesondere der 2. Theil des Strafgesetzbuchs f. d. preußische Heer, v. 3. Apr. 45, nämlich die

Militärstrafgerichtsordnung (BGB. 67 S. 229), 358
seither geändert
a) durch Ges., betr. die Abänderung der Militärstrafgerichtsordnung; v. 3. Mai 90 (RGB. S. 63).
(Betrifft die Nichtunterwerfung der verabschiedeten Offiziere unter die Militärgerichtsbarkeit).
b) Die Beilage Litt. A (S. 283) ist bezügl. der Abth. B ersetzt durch die VO., betr. die Klasseneintheilung der Militärbeamten 359
des Reichsheeres u. der Marine, v. 29. Juni 80 (RGB. S. 169).

Anmerkung:
Wegen Bezeichnung des obersten Militärgerichts für Marinesachen 360
vgl. Erl. v. 23. Mai 76 (RGB. S. 165).
Wegen der Prisengerichte s. Nr. 316.

§ 2. Civilprozeß. 361

I. Die Civilprozeßordnung
nebst Einführungsgesetz u. Vollzugsvorschriften.

1. **Civilprozeßordnung**; v. 30. Jan. 77 (RGB. S. 83), 362
ergänzt durch Beifügung eines Abs. 3 zu § 809 durch Ges. v. 30. Apr. 86 (RGB. S. 130).
Vgl. ferner die Druckfehlerberichtigung zu §§ 92 u. 504 im RGB. 77 S. 489.

Ausführungsbestimmungen:
a) Bestimmungen, betr. die Feststellung des Begriffs „Militärbehörde" 363
im Sinne der §§ 343, 345 letzt. Abs., 673, 699 Abs. 1, 793 der CPO.: Bek. im CB. 80 S. 480.
b) Zu § 730: 364
Nachweisung der Militär-Behörden u. Personen, welche bei Pfändung des Diensteinkommens u. der Pensionen der Offiziere u. Militärbeamten den Fiskus als Drittschuldner im Sinne der §§ 730 ff. der CPO. vertreten:
α) bezügl. der preußischen Militärverwaltung: CB. 81 S. 385;
β) bezügl. der sächsischen Militärverwaltung: CB. 81 S. 446;
γ) bezügl. der württemberg. Militärverwaltung: CB. 81 S. 472;
δ) bezügl. der bayerischen Militärverwaltung: CB. 82 S. 92.

2. **Ges., betr. die Einführung der Civilprozeßordnung**; v. 30. Jan. 77 365
(RGB. S. 244).
Ausführungsbestimmungen zu § 6:
Kaiserliche VO., betr. die Begründung der Revision in bürger- 366
lichen Rechtsstreitigkeiten; v. 28. Sept. 79 (RGB. S. 299),
geändert bezw. ergänzt in folg. Beziehungen:
α) § 3 ist weggefallen, da der Reichstag dieser Bestimmung die Genehmigung nicht erteilt hat. Bek. v. 11. Apr. 80 (RGB. S. 102);

β) das Verzeichnis der Landesgesetze, deren Verletzung die Revision begründet, ist ergänzt worden durch
Ges. gl. Betr. v. 15. März 81 (RGB. S. 38),
Ges. gl. Betr. v. 24. Juni 86 (RGB. S. 207),
Ges. gl. Betr. v. 30. März 93 (RGB. S. 139).
Vgl. ferner die Druckfehlerberichtigung zu § 8 in RGB. 80 S. 98.

Anmerkung:

Wegen Einführung der vorgenannten Gesetze in Helgoland, s. Art. I Ziff. VIII 2 der VO. v. 22. März 91 (RGB. S. 21).

II. Sonstige civilprozessuale Vorschriften.

367 1. **Ges., betr. die Beschlagnahme des Arbeits- u. Dienstlohnes;** v. 21. Juni 69 (BGB. S. 242),
als Reichsgesetz eingeführt in
a) Baden u. Südhessen durch Art. 80 I Nr. 18 der Bundesverf. (BGB. 70 S. 648);
b) Württemberg durch Art. 2 Ziff. 6 II 1 des Vertr. v. 25. Nov. 70 (BGB. S. 656);
c) Bayern durch § 2 I 9 des Ges. v. 22. Apr. 71 (BGB. S. 88);
d) Helgoland durch Art. I Ziff. VIII 9 der VO. v. 22. März 91 (RGB. S. 21).

368 2. **Ges., betr. die Unzulässigkeit der Pfändung von Eisenbahnfahrbetriebsmitteln;** v. 3. Mai 86 (RGB. S. 131).

369 Dazu bezügl. Oesterreich-Ungarns: Erklärung gl. Betr. v. 17. März 87 (RGB. S. 153).

370 Wegen Unzulässigkeit der Pfändung des Inventars der Posthaltereien s. § 20 des Ges. über das Postwesen (Nr. 535).

3. **Aufgebotsverfahren.**

371 Ges., betr. das Aufgebot u. die Amortisation verlorener oder vernichteter Schuldurkunden des Nordd. Bundes u. des Deutschen Reichs; v. 12. Mai 73 (RGB. S. 91), auf Elsaß-Lothringen in seiner Wirksamkeit ausgedehnt durch Ges. v. 8. Febr. 75 (RGB. S. 69).

Vgl. ferner § 6 des Ges., betr. den außerordentlichen Geldbedarf des Nordd. Bundes 2c., v. 9. Nov. 67 (BGB. S. 157) sowie wegen des Aufgebots
372 der Antheilscheine der Reichsbank § 8 des Statuts der Reichsbank (Nr. 477).

373 4. **Ges., betr. die Aufhebung der Schuldhaft;** v. 29. Mai 68 (BGB. S. 237), wovon § 2 aufgehoben wurde durch § 13 Abs. 2 Nr. 1 des Einführungsgesetzes zur Civilprozeßordnung (RGB. 77 S. 246, s. Nr. 365).
Das Ges. wurde als Reichsgesetz eingeführt in
a) Baden u. Südhessen durch Art. 80 I 8 der Bundesverf. (BGB. 70 S. 647).
b) Württemberg durch Vertr. v. 25. Nov. 70 (BGB. S. 654);
c) Bayern durch § 2 I 4 des Ges. v. 22. Apr. 71 (BGB. S. 87);
d) Helgoland durch Art. I Ziff. X 2 der VO. v. 22. März 91 (RGB. S. 21).

Anmerkung:

Wegen des Konkursverfahrens s. Nr. 388 f.

Wegen Anfechtung von Rechtshandlungen außerhalb des Konkursverfahrens s. Nr. 213.

Wegen Zulassung zum Armenrecht s. Nr. 396 ff.

Wegen des Verfahrens vor den Konsulargerichten s. Nr. 755, vor den Gewerbegerichten s. Nr. 315, vor den Gerichten der Schutzgebiete s. Nr. 56 ff.

Ueber Civilprozeßverfahren in Rußland s. Nr. 321.

Wegen Unpfändbarkeit einzelner Arten von Forderungsrechten (abgesehen von den in § 749 CPO. genannten) vgl. man bezügl. der Krankenversicherung § 10 des Hülfskassengesetzes (Nr. 683), § 56 des Krankenversicherungsgesetzes (Nr. 684), bezügl. der Unfallversicherung § 68 des Ges. v. 6. Juli 84 (Nr. 690), § 73 des Ges. v. 5. Mai 86 (Nr. 711), § 68 des Ges. v. 11. Juli 87 (Nr. 720), § 76 des Ges. v. 13. Juli 87 (Nr. 729), bezügl. der Alters- u. Invaliditätsversicherung § 40 des Ges. v. 22. Juni 89 (Nr. 738), bezügl. der Ehrenzulage an die Inhaber des Eisernen Kreuzes § 3 des Ges. v. 2. Juni 78 (Nr. 893), bezügl. der Unterstützungsgelder an Familien einberufener Mannschaften § 4 des Ges. v. 10. Mai 92 (Nr. 884), bezügl. der Verstümmelungszulagen u. der Dienstprämien der Unteroffiziere Art. 18 des Ges. v. 22. Mai 93 (Nr. 879). 374

§ 3. Nichtstreitige Gerichtsbarkeit.

I. Beurkundung des Personenstandes u. Eheschließung. 375

1. Ges. über die Beurkundung des Personenstandes u. die Eheschließung; v. 6. Febr. 75 (RGB. S. 23). 376

§ 78 Abs. 3 ist aufgehoben durch § 13 Abs. 2 Nr. 6 des Einführungsges. zur Civilprozeßordnung (RGB. 77 S. 246, s. Nr. 365).

Ausführungsverordnungen:

a) Ausführungsverordnung v. 22. Juni 75 (CB. S. 386), ergänzt durch Bek. v. 5. Juli 75 (CB. S. 425) u. v. 10. März 92 (CB. S. 161).

b) Zu § 71:

VO., betr. die Beurkundung von Sterbefällen solcher Militärpersonen, welche sich an Bord der in Dienst gestellten Schiffe oder anderen Fahrzeuge der Marine befinden; v. 4. Nov. 75 (RGB. S. 313). 377

VO., betr. die Verrichtungen der Standesbeamten in Bezug auf solche Militärpersonen, welche ihr Standquartier nach eingetretener Mobilmachung verlassen haben; v. 20. Jan. 79 (RGB. S. 5). 378

2. Ges., betr. die Eheschließung u. die Beurkundung des Personenstandes von Bundesangehörigen im Auslande; v. 4. Mai 70 (BGB. S. 599), 379 als Reichsgesetz eingeführt in:

a) Baden u. Südhessen durch Art. 80 I Nr. 28 der Bundesverf. (BGB. 70 S. 648);

b) Württemberg durch Vertr. v. 25. Nov. 70 (BGB. S. 654);

c) Bayern durch § 2 I Nr. 12 des Ges. v. 22. Apr. 71 (BGB. S. 88);

d) Elsaß-Lothringen durch Ges. v. 8. Febr. 75 (RGB. S. 69).

Wegen Geltung des Gesetzes in den deutschen Schutzgebieten s. § 4 des Ges. v. 17. Apr. 86 (Nr. 57), ferner bei Nr. 77 (Kamerun u. Togo), Nr. 80 (Marschall-, Brown- u. Providence-Inseln), Nr. 84 u. 89 (Neu-Guinea-Kompagnie), Nr. 72 (Südwestafrika), Nr. 61 (Deutsch-Ostafrika). Vgl. ferner § 85 des Ges. v. 6. Febr. 75 (Nr. 376).

3. **Verzicht auf Trauerlaubnisscheine.**

Uebereinkünfte wegen gegenseitigen Verzichts auf Beibringung von Trauerlaubnisscheinen sind getroffen worden mit

Italien:

380 Uebereink. v. 3. Dez. 74 (CB. 75 S. 155); dazu: Bek. v. 22. Mai 78 (CB. S. 284);

Belgien:

381 Uebereink. v. 8. Okt. 75 (CB. S. 719); dazu: Bek. v. 22. Mai 78 (CB. S. 284);

Schweiz:

382 Uebereink. v. 4. Juni 86 (CB. S. 232).

Anmerkung:

Vgl. noch das Ges. wegen Aufhebung der polizeilichen Beschränkungen der Eheschließung (Nr. 207), sowie wegen der bayerischen Verehelichungszeugnisse Nr. 208.

II. Beglaubigung öffentlicher Urkunden.

383 1. **Ges., betr. die Beglaubigung öffentlicher Urkunden;** v. 1. Mai 78 (RGB. S. 89),

in Helgoland eingeführt durch Art. I Ziff. VIII 11 der VO. v. 22. März 91 (RGB. S. 21).

384 2. **Vertrag zw. dem Deutschen Reich u. der Oesterreichisch-Ungarischen Monarchie** wegen Beglaubigung der von öffentlichen Behörden u. Beamten ausgestellten oder beglaubigten Urkunden; v. 25. Febr. 80 (RGB. 81 S. 4),

385 ausgedehnt auf Bosnien u. die Herzegowina durch Vertr. v. 13. Juni 81 (RGB. S. 253).

Ausführungsbestimmungen:

a) Zu Art. 4 des Hauptvertrags:

386 Verzeichnis derjenigen obersten Verwaltungsbehörden u. höheren Verwaltungsbehörden im Deutschen Reich u. in der Oesterreichisch-Ungarischen Monarchie, deren Urkunden nach Art. 4 des Vertrags einer Beglaubigung nicht bedürfen: Bek. v. 2. Febr. 81 (RGB. S. 8), ergänzt bezügl. des Königreichs Sachsen durch Bek. v. 3. Aug. 81 (RGB. S. 256).

b) Zu Art. 2 des Ausdehnungsvertrags:

387 Verzeichnis der entsprechenden (s. Nr. 386) Verwaltungsbehörden u. Gerichte in Bosnien u. der Herzegowina: Bek. v. 3. Aug. 81 (RGB. S. 255).

III. Konkursverfahren.

388 1. **Konkursordnung;** v. 10. Febr. 77 (RGB. S. 351).

Die §§ 195—197 sind aufgehoben durch § 153 des Ges. über die Erwerbs- u. Wirthschaftsgenossenschaften (RGB. 89 S. 55, s. Nr. 280), § 41 Nr. 4 geändert durch Ges. v. 9. Mai 94 (RGB. S. 439).

Zu § 54 Ziff. 1 vgl. wegen des Vorzugsrechts der rückständigen Krankenkassenbeiträge § 55 des Krankenversicherungsgesetzes (RGB. 92 S. 448, s. Nr. 684).

2. **Ges., betr. die Einführung der Konkursordnung;** v. 10. Febr. 77 (RGB. S. 390). 389

§ 3 Abs. 4 ist aufgehoben durch § 153 des Ges. über die Erwerbs- u. Wirthschaftsgenossenschaften (RGB. 89 S. 55, s. Nr. 280).

Wegen Einführung der vorgenannten Gesetze in Helgoland s. Art. I Zff. VIII Nr. 4 der VO. v. 22. März 91 (RGB. S. 21).

§ 4. Kostenwesen. 390

1. **Gerichtskostengesetz;** v. 18. Juni 78 (RGB. S. 141), 391

geändert bezügl. der §§ 22, 23, 34—41, 44, 46, 47, 53, 70, 78, 101 u.

ergänzt (§ 80a u. b) durch Art. I u. II des Ges., betr. die Abänderung von Bestimmungen des Gerichtskostengesetzes 2c.; v. 29. Juni 81 (RGB. S. 178).

Wegen Einführung des Gesetzes in Helgoland s. Art. I Zff. VIII 6 der VO. v. 22. März 91 (RGB. S. 21).

Vollzugsvorschriften:

a) Zu § 98 Abs. 3:

VO., betr. die Gebührenfreiheit in dem Verfahren vor dem Reichsgericht; v. 24. Dez. 83 (RGB. 84 S. 1). 392

b) Zu § 99:

Anweisung, betr. den zum Zwecke der Einziehung von Gerichtskosten unter den Bundesstaaten zu leistenden Beistand: Bdsrthsbeschl. v. 23. Apr. 80 (CB. S. 278). 393

Dazu: Verzeichnis der Behörden (Kassen), an welche nach dieser Anweisung ein Ersuchen um Einziehung von Gerichtskosten zu richten ist, veröffentlicht in CB. 85 S. 76 u. 79, geändert bezw. ergänzt bezügl. der Amtsgerichte Genthin u. Neustadt-Magdeburg (CB. 86 S. 67), Arnstadt u. Sondershausen (CB. 87 S. 33), Buckau (CB. 87 S. 86), Seehausen i. M. (CB. 88 S. 120), Trebbin (CB. 88 S. 2), Gengenbach (CB. 90 S. 145), Gnadenfeld (CB. 91 S. 84), Erstein u. Remilly (CB. 91 S. 329), Kirn (CB. 92 S. 175), Bochum, Wattenscheid, Recklinghausen, Witten, Bottrop, Buer, Drosten u. Herne (CB. 92 S. 624), München I (CB. 93 S. 20), Kontopp, Hirschtiegel u. Velbert (CB. 93 S. 105).

c) Dienstweisung,

betr. die Einziehung u. Verrechnung der für die Geschäfte des Reichsgerichts in Ansatz kommenden Kosten: Bdsrthsbeschl. v. 21. Juni 79 (CB. S. 473), 394

geändert u. ergänzt bezügl. der §§ 1 u. 2 durch Bdsrthsbeschl. v. 7. Juli 87 (CB. S. 309).

Wegen Hinterlegung der Sukkumbenzgelder in rheinpreußischen Kassationssachen s. CB. 80 S. 257. 395

Wegen der Kosten bei den Konsulargerichten s. Nr. 755.

396 **2. Zulassung zum Armenrecht.**

(Vgl. CPO. §§ 106—118, s. Nr. 362, StPO. § 419, s. Nr. 346).

Verträge wegen Zulassung der beiderseitigen Staatsangehörigen zum Armenrecht sind abgeschlossen worden mit

Belgien:

397 Uebereink. v. 18. Okt. 78 (RGB. 79 S. 316 u. CB. 78 S. 651);

Frankreich:

398 Uebereink. v. 20. Febr. 80 (RGB. 81 S. 81);

Luxemburg:

399 Uebereink. v. 12. Juni 79 (RGB. S. 318);

Oesterreich-Ungarn:

400 Uebereink. v. 9. Mai 86 (RGB. 87 S. 120).

Ferner ist die Gegenseitigkeit verbürgt von

Italien:

401 Bek. v. 1. Okt. 79 (RGB. S. 312).

402 **3. Gebührenordnung für Zeugen u. Sachverständige;** v. 30. Juni 78 (RGB. S. 173), ergänzt durch Beifügung eines Abs. 3 zu § 14 durch Ges. v. 11. Juni 90 (RGB. S. 73).

Wegen Einführung des Gesetzes in Helgoland s. Art. I Ziff. VIII 7 der VO. v. 22. März 91 (RGB. S. 21).

403 **4. Gebührenordnung für Rechtsanwälte;** v. 7. Juli 79 (RGB. S. 176), eingeführt in Helgoland durch Art. I Ziff. VIII 8 der VO. v. 22. März 91 (RGB. S. 21).

404 **5. Gebührenordnung für Gerichtsvollzieher;** v. 24. Juni 78 (RGB. S. 166), geändert bezügl. der §§ 2, 3, 4 Abs. 1, 11, 15, 17 Abs. 2 durch Art. 3 des Ges. v. 29. Juni 81 (RGB. S. 183).

Wegen Einführung des Gesetzes in Helgoland s. Art. I Ziff. VIII 6 der VO. v. 22. März 91 (RGB. S. 21).

Dritter Theil.

Innere Verwaltung.

Vorbemerkung: Wegen Einführung einer einheitlichen Zeitbestimmung s. Ges. v. 12. März 93 (RGB. S. 93). 405

1. Kapitel.

Fürsorge für die geistige Wohlfahrt.

I. Kirchenwesen.

Ges., betr. den Orden der Gesellschaft Jesu; v. 4. Juli 72 (RGB. S. 253). 406

Dazu Ausführungsbestimmungen auf Grund des § 3:

a) Bek. v. 5. Juli 72 (RGB. S. 254);

b) Bek. v. 20. Mai 73 (RGB. S. 109 u. CB. S. 159), geändert durch Bek. v. 18. Juli 94 (RGB. S. 503).

Wegen Festsetzung der Diözesangrenzen zwischen Deutschland u. Frankreich s. Nr. 799.

II. Sittlichkeit.

1. Unterdrückung der Spielbanken. 407

Ges., betr. die Schließung u. Beschränkung der öffentlichen Spielbanken; v. 1. Juli 68 (BGB. S. 367),

als Reichsgesetz eingeführt

a) in Südhessen durch Art. 80 II der Bundesverf. (BGB. 70 S. 649),

b) in Württemberg durch Art. 2 a. E. des Vertr. v. 25. Nov. 70 (BGB. S. 656),

c) in Bayern durch § 2 I Nr. 6 des Ges. v. 22. Apr. 71 (BGB. S. 87).

2. Unterdrückung der Kuppelei. 408

Uebereinkommen zum Schutze verkuppelter weiblicher Personen sind geschlossen worden mit

a) den Niederlanden unter'm 15. Nov. 89 (RGB. 91 S. 356);

b) Belgien unter'm 4. Sept. 90 (RGB. 91 S. 375).

409 3. **Unterdrückung des Branntweinhandels auf der Nordsee.**

Internationaler Vertr. zur Unterdrückung des Branntweinhandels unter den Nordseefischern auf hoher See; v. 16. Nov. 87 (RGB. 94 S. 427, Protokolle S. 435 u. 436).

Dazu:

Ges., betr. die Ausführung des intern. Vertrags ꝛc.; v. 4. März 94 (RGB. S. 151).

Anmerkung.

Wegen Unterdrückung des Sklavenhandels in Afrika f. Nr. 788.

III. Die Presse.

410 **Ges. über die Presse;** v. 7. Mai 74 (RGB. S. 65).

Die Bezugnahme auf die Gewerbeordnung in § 5 Abs. 1 des Gesetzes ist geändert durch Art. 7 letzt. Abs. des Ges., betr. Abänderung der Gewerbeordnung, v. 1. Juli 83 (RGB. S. 159).

Wegen Einführung des Gesetzes in Helgoland f. Art. I Ziff. XI der VO. v. 22. März 91 (RGB. S. 21).

Anmerkung:

411 Stimmzettel, die nur die Bezeichnung der zu Wählenden enthalten, gelten nicht als Drucksachen: Ges., betr. die Stimmzettel für die öffentlichen Wahlen; v. 12. März 84 (RGB. S. 17).

IV. Künste u. Wissenschaften.

412 1. **Vertr. mit Griechenland wegen Ausführung von archäologischen Ausgrabungen** auf dem Boden des alten Olympia; v. 13./25. Apr. 74 (RGB. 75 S. 241).

Wegen der Geltungsdauer dieses Vertrags f. Art. 9 daselbst.

413 2. **Ges., betr. die Errichtung eines Seminars für orientalische Sprachen;** v. 23. Mai 87 (RGB. S. 193).

414 3. **Statut der Charlottenstiftung für Philologie:** Bek. v. 30. Juli 74 (CB. S. 381).

415 4. **Statut für das Kaiserlich deutsche archäologische Institut:** CB. 87 S. 172, ergänzt durch Kaiserlichen Erlaß v. 17. Mai 93 (CB. S. 235).

Wegen der Funktionen der Physikalisch-technischen Reichsanstalt f. Nr. 498 ff.

2. Kapitel.

Fürsorge für die körperliche Wohlfahrt.

§ 1. Gesundheitswesen. 416

I. Das Heilpersonal u. die Heilmittel.

1. Die Prüfungen der Aerzte.

a) Bek., betr. die ärztliche Prüfung; v. 2. Juni 83 (CB. S. 191), geändert 417

bezügl. der Uebergangsbestimmung in § 29 durch Bek. v. 25. März 85 (CB. S. 75),

bezügl. der §§ 4, 13, 14, 18 u. 24 durch Bek., betr. die Ausdehnung der ärztlichen Prüfung auf die Schutzpocken-Impfung; v. 25. Apr. 87 (CB. S. 110).

Ergänzungsvorschriften:

α) Bek., betr. die Dispensationen v. den ärztlichen Prüfungsvorschriften; v. 15. Apr. 84 (CB. S. 123). 418

β) Bek., betr. die Anrechnung der auf bayerischen Lyceen vor dem Sommersemester 1885 zugebrachten Studienzeit für die ärztliche Vorprüfung; v. 2. Apr. 85 (CB. S. 144). 419

γ) Wegen Entbindung v. der ärztlichen Prüfung auf Grund wissenschaftlich erprobter Leistungen s. Bek. v. 9. Dez. 69 (BGB. S. 687). 420

b) Bek., betr. die ärztliche Vorprüfung; v. 2. Juni 83 (CB. S. 198), geändert bezügl. des § 7 durch Bek. v. 17. Jan. 88 (CB. S. 9). 421

Wegen Dispensation von der Vorprüfung s. oben Nr. 418,

wegen Anrechnung der auf bayerischen Lyceen zugebrachten Studienzeit s. Nr. 419.

c) Bek., betr. die Prüfung der Zahnärzte; v. 5. Juli 89 (CB. S. 417). 422

Zur Auslegung des § 4 Ziff. 2 s. CB. 90 S. 81.

2. Die Prüfungen der Apotheker.

a) Bek., betr. die Prüfung der Apotheker; v. 5. März 75 (CB. S. 167), 423

geändert bezügl. des § 4 Ziff. 2 lt. Bek. v. 25. Dez. 79 (CB. S. 850) und

ergänzt durch Einfügung eines § 17a lt. Bek. v. 6. Juli 89 (CB. S. 421).

Hierzu vgl. wegen Gleichstellung der technischen Hochschule zu Darmstadt mit den Universitäten im Sinne der Bek. v. 5. März 75: Bek. v. 6. Mai 84 (CB. S. 155). 424

425 b) Bek., betr. die Prüfung der Apothekergehilfen; v. 13. Nov. 75 (CB. S. 761), geändert bezw. ergänzt in folg. Punkten:

α) § 2 Abs. 1 u. § 3 Zff. 2 wurde geändert lt. Bek. v. 4. Febr. 79 (CB. S. 91). § 3 Zff. 2 wurde später wiederum geändert lt. Bek. v. 25. Dez. 79 (CB. S. 850).

β) § 11 wurde ergänzt lt. Bek. v. 23. Dez. 82 (CB. S. 458).

γ) Eine weitere Ergänzung enthält die Bek. v. 13. Jan. 83 (CB. S. 12).

426 3. **Verträge über Zulassung ausländischer Medizinalpersonen.**

Ueber die gegenseitige Zulassung der in den Grenzgemeinden wohnenden Aerzte, Wundärzte, Hebammen, zum Theil auch Thierärzte sind Uebereinkommen abgeschlossen worden mit

Belgien:
Konvention v. 7. Febr. 73 (RGB. S. 55);

Luxemburg:
Uebereink. v. 4. Juni 83 (RGB. 84 S. 19);

den Niederlanden:
Uebereink. v. 11. Dez. 73 (RGB. 74 S. 99);

Oesterreich-Ungarn:
Uebereink. v. 30. Sept. 82 (RGB. 83 S. 39);

der Schweiz:
Uebereink. v. 29. Febr. 84 (RGB. S. 45).

4. **Arzneimittel u. Apotheken.**

427 a) VO., betr. den Verkehr mit Arzneimitteln; v. 27. Jan. 90 (RGB. S. 9).

428 b) Arzneibuch für das Deutsche Reich: Bek. v. 17. Juni 90 (CB. S. 282).

Wegen der in den Apotheken zulässigen Waagen u. Gewichte s. Nr. 492.

II. Vorschriften über den Verkehr mit Nahrungs- u. Genußmitteln, sowie Gebrauchsgegenständen.

429 1. **Ges., betr. den Verkehr mit Nahrungsmitteln, Genußmitteln u. Gebrauchsgegenständen;** v. 14. Mai 79 (RGB. S. 145),

ergänzt bezügl. des § 16 durch Ges. v. 29. Juni 87 (RGB. S. 276).

Wegen Einführung des Gesetzes in Helgoland s. VO. v. 24. Juli 93 (RGB. S. 236).

Vollzugsvorschriften:

a) Zu § 5:

430 VO. über das gewerbsmäßige Verkaufen u. Feilhalten von Petroleum; v. 24. Febr. 82 (RGB. S. 40).

Auf Grund des § 2 dieser VO. sind ergangen:

α) Bek. v. 20. Apr. 82 (CB. S. 196), enthaltend Beschreibung u. Gebrauchsanweisung des Abel'schen Petroleumprobers nebst Umrechnungstabelle, geändert u. ergänzt durch Bek. v. 19. Sept. 84 (CB. S. 250). 431

β) Bestimmungen, betr. die amtliche Beglaubigung von Abel'schen Petroleumprobern: Bek. v. 21. Juli 82 (CB. S. 344), geändert u. ergänzt durch Bekanntmachungen v. 19. Sept. 84 (CB. S. 250), v. 27. Okt. 88 (CB. S. 931) u. v. 5. Okt. 87 (CB. S. 507). 432

b) Zu § 6:

VO., betr. das Verbot von Maschinen zur Herstellung künstlicher Kaffeebohnen; v. 1. Febr. 91 (RGB. S. 11). 433

2. **Ges., betr. den Verkehr mit blei- u. zinkhaltigen Gegenständen;** v. 25. Juni 87 (RGB. S. 273), geändert bezügl. des § 8 (betr. den Termin des Inkrafttretens) durch Ges. v. 22. März 88 (RGB. S. 114). 434

Wegen Einführung des Gesetzes in Helgoland s. VO. v. 24. Juli 93 (RGB. S. 236).

3. **Ges., betr. die Verwendung gesundheitsschädlicher Farben** bei der Herstellung von Nahrungsmitteln, Genußmitteln u. Gebrauchsgegenständen; v. 5. Juli 87 (RGB. S. 277), 435

in Helgoland eingeführt durch VO. v. 24. Juli 93 (RGB. S. 236).

Vollzugsbestimmungen zu § 1 Abs. 3 u. § 7 Abs. 2:

Bek., betr. die Untersuchung von Farben, Gespinnsten u. Geweben auf Arsen u. Zinn; v. 10. Apr. 88 (CB. S. 131). 436

4. **Ges., betr. den Verkehr mit Ersatzmitteln für Butter;** v. 12. Juli 87 (RGB. S. 375), 437

in Helgoland eingeführt durch VO. v. 24. Juli 93 (RGB. S. 236).

Vollzugsbestimmungen zu § 3:

Bek., betr. Bestimmungen zur Ausführung des Ges. v. 12. Juli 87; v. 26. Juli 87 (RGB. S. 383), ergänzt bezügl. Ziff. 1 durch Bek. v. 12. Nov. 87 (RGB. S. 521).

5. **Ges., betr. den Verkehr mit Wein, weinhaltigen u. weinähnlichen Getränken;** v. 20. Apr. 92 (RGB. S. 597). 438

Zu § 11:

Bek., betr. die Ausführung des Ges. v. 20. Apr. 92; v. 29. Apr. 92 (RGB. S. 600).

Anmerkung:

Wegen des Verkehres mit Arzneimitteln s. Nr. 427.

III. Schutz gegen übertragbare Krankheiten.

1. **Impfgesetz;** v. 8. Apr. 74 (RGB. S. 31), 439

in Helgoland eingeführt durch VO. v. 24. Juli 93 (RGB. S. 236).

Dazu:

Bdsrthsbeschl., betr. Anstellung v. Wundärzten als Impfärzte; v. 27. Apr. 76 (CB. S. 267). 440

441 **2. Schutz gegen die russische Pest.**

VO., betr. Beschränkungen der Einfuhr aus Rußland; v. 29. Jan. 79 (RGB. S. 3).

§§ 1 u. 3 dieser VO. sind aufgehoben durch die VO. v. 8. Apr. 79 (RGB. S. 125) u. v. 17. Juni 79 (RGB. S. 158).

Zum Vollzug des § 2 Abs. 2:

Bek., betr. die Bedingungen der Zulassung von Reisenden aus Rußland zum Eintritt über die Reichsgrenze; v. 3. Febr. 79 (RGB. S. 10); zu Ziff. 1 dieser Bek. vgl. Nr. 205.

3. Schutz gegen Trichinen u. dergl.

442 VO., betr. die Einfuhr v. Schweinen, Schweinefleisch u. Würsten amerikanischen Ursprungs; v. 6. März 83 (RGB. S. 31), geändert durch VO. v. 3. Sept. 91 (RGB. S. 385).

442a **4. Internat. Maßregeln gegen die Cholera.**

Internat. Uebereink., betr. Maßregeln gegen die Cholera; v. 15. Apr. 93 (RGB. 94 S. 343—367).

Anmerkung:

Wegen der Einfuhrverbote bezügl. lebender Schweine s. Nr. 648.

§ 2. Sicherheitspolizei.

443 **Ges., betr. die Prüfung der Läufe u. Verschlüsse der Handfeuerwaffen;** v. 19. Mai 91 (RGB. S. 109).

Ausführungsbestimmungen:

a) Zu § 7:

Bek., betr. die Ausführung des Gesetzes v. 19. Mai 91; v. 22. Juni 92 (RGB. S. 674), ergänzt durch Beifügung eines Anhangs I lt. Bek. v. 23. Juli 93 (RGB. S. 227).

Zu Beilage I vgl. die Berichtigung in RGB. 93 S. 3.

b) Zu § 6 Abs. 2:

Bek., betr. die Anerkennung ausländischer Prüfungszeichen für Handfeuerwaffen im Deutschen Reich; v. 1. Febr. 94 (CB. S. 20). Ferner Bek. gl. Betr. v. 30. Juni 94 (CB. S. 350).

c) Zu § 10 Abs. 2:

VO. über die Inkraftsetzung des Gesetzes v. 19. Mai 91; v. 20. Dez. 92 (RGB. S. 1055).

Wegen des Gebrauchs von Sprengstoffen s. Nr. 295.

§ 3. Unterstützungs- u. Armenwesen.

1. **Gesetz über den Unterstützungswohnsitz;** v. 6. Juni 70 (BGB. S. 360), geändert u. ergänzt durch Ges. v. 12. März 94 (RGB. S. 259), neu bekannt gemacht mit Bek. v. 12. März 94 (RGB. S. 262), als Reichsgesetz eingeführt in Südhessen durch Art. 80 II der Bundesverf. (BGB. 70 S. 649), in Württemberg u. Baden durch Gesetz v. 8. Nov. 71 (RGB. S. 391); nicht eingeführt in Bayern u. Elsaß-Lothringen. 444

Vollzugsbestimmung zu § 45:

Bek., betr. das Regulativ zur Ordnung des Geschäftsganges bei dem Bundesamte für das Heimatwesen; v. 6. Jan. 73 (CB. S. 4). 445

Wegen der fortdauernden Geltung des Gothaer Vertrags v. 15. Juli 51 sowie der Eisenacher Konvention v. 11. Juli 53 für das Verhältnis Bayerns zu dem übrigen Bundesgebiete s. Ziff. III des Schlußprotokolls zum bayerischen Bündnisvertrag (BGB. 71 S. 23, s. Nr. 24).

2. **Verträge.**

Uebereinkommen wegen wechselseitiger Unterstützung u. Uebernahme Hilfsbedürftiger sind abgeschlossen worden mit 446

a) Dänemark:

Uebereink. v. 11. Dez. 73 (CB. 74 S. 31).

Dazu:

Zusatz-Deklaration v. 25. Aug. 81 (CB. S. 407), verlängert lt. Bek. v. 17. Juli 84 (CB. S. 201). Zu Ziff. 3 der Zusatz-Deklaration vgl. Bek. des Verzeichnisses der in Dänemark zur Anerkennung der Staatsangehörigkeit berufenen Behörden; v. 26. Okt. 81 (CB. S. 427).

b) Italien: Uebereink. v. 8. Aug. 73 (CB. S. 281);

c) Belgien: Uebereink. v. 7. Juli 77 (CB. S. 411).

Anmerkung:

Wegen der Verpflichtung deutscher Kauffahrteischiffe zur Mitnahme hilfsbedürftiger Seeleute s. Nr. 602.

Wegen der Uebereinkommen mit verschiedenen Staaten über gegenseit. Unterstützung hilfsbedürftiger Seeleute s. Nr. 603.

3. Kapitel.

Fürsorge für die wirthschaftliche Wohlfahrt.

447 ## § 1. Geldwesen.

I. Metallgeld.

448 1. **Ges., betr. die Ausprägung von Reichsgoldmünzen**; v. 4. Dez. 71 (RGB. S. 404),

mit besonderen Maßgaben auf Elsaß-Lothringen ausgedehnt durch Ges. wegen Einführung der Reichs-Münzgesetze in Elsaß-Lothringen; v. 15. Nov. 74 (RGB. S. 131).

Zu § 10 des Ges. v. 4. Dez. 71 vgl. die Bestimmung in § 11 des Münzgesetzes (Nr. 451).

Ergänzende Vorschriften:

449 a) Zu §§ 1 u. 3:

Ueber die einheitliche Benennung der Reichsgoldmünzen s. Allerh. Erl. v. 17. Febr. 75 (RGB. S. 72).

b) Zu § 2:

450 Bdsrthsbeschl., betr. die Abkürzung für das Wort „Mark"; v. 7. Nov. 74 (CB. S. 423).

c) Zu § 12 vgl. §§ 48—51 der Aichordnung (s. Nr. 490).

451 2. **Münzgesetz**; v. 9. Juli 73 (RGB. S. 233),

in Elsaß-Lothringen mit besonderen Maßgaben eingeführt durch Ges. v. 15. Nov. 74 (RGB. S. 131, s. Nr. 448).

Aenderungen u. Ergänzungen:

a) Art. 15 wurde ergänzt durch Ges. v. 20. Apr. 74 (RGB. S. 35. Betrifft die österreichischen Vereinsthaler), durch Ges. v. 15. Nov. 74 (s. Nr. 448) u. durch Ges. v. 6. Jan. 76 (RGB. S. 3).

b) Art. 3 wurde ergänzt durch Ges., betr. die Ausprägung einer Nickel-
452 münze zu 20 Pfennig; v. 1. Apr. 86 (RGB. S. 67).

Vollzugs- u. Ergänzungsvorschriften:

a) Zu Art. 1 Abs. 2:

453 VO., betr. die Einführung der Reichswährung; v. 22. Sept. 75 (RGB. S. 303).

454 b) Zu Art. 8, 13 u. 16: Außerkurssetzung v. Landesmünzen.

Bek., betr. die Außerkurssetzung der Landesgoldmünzen u. der landesgesetzlich den inländischen Münzen gleichgestellten ausländischen Goldmünzen; v. 6. Dez. 73 (RGB. S. 375).

Bek., betr. die Außerkurssetzung der Kronenthaler, sowie von Münzen des Konventionsfußes; v. 7. März 74 (RGB. S. 21).

Bek., betr. die Außerkurssetzung der Zweiguldenstücke süddeutscher Währung; v. 2. Juli 74 (RGB. S. 111).

Bek., betr. die Außerkurssetzung verschiedener Landes-Silber- u. Kupfermünzen; v. 19. Dez. 74 (RGB. S. 149).

Bek., betr. die Außerkurssetzung der Halbguldenstücke süddeutscher Währung, sowie der vor dem Jahre 1753 geprägten Dreißigkreuzerstücke u. Fünfzehnkreuzerstücke deutschen Gepräges; v. 7. Juni 75 (RGB. S. 247).

Bek., betr. die Außerkurssetzung der Münzen der lübisch-hamburgischen Kurantwährung, sowie verschiedener anderer Landesmünzen; v. 21. Sept. 75 (RGB. S. 304).

Bek., betr. die Außerkurssetzung der Silber- u. Bronzemünzen der 455
Frankenwährung; v. 21. Sept. 75 (RGB. S. 307).

Bek., betr. die Außerkurssetzung der Dreipfennigstücke deutschen Gepräges; v. 17. Okt. 75 (RGB. S. 311).

Bek., betr. die Außerkurssetzung der Guldenstücke süddeutscher Währung, sowie die Einlösung der vom 1. Jan. 76 ab außer Kurs tretenden Scheidemünzen süddeutscher Währung; v. 10. Dez. 75 (RGB. S. 315).

Bek., betr. die Außerkurssetzung v. Scheidemünzen der Thalerwährung; v. 12. Apr. 76 (RGB. S. 162).

Bek., betr. die Außerkurssetzung der Zweithalerstücke u. Eindritteltthalerstücke deutschen Gepräges; v. 2. Nov. 76 (RGB. S. 221).

Bek., betr. die Außerkurssetzung verschiedener Landes-Silber- u. Kupfermünzen; v. 22. Febr. 78 (RGB. S. 3).

c) Zu Art. 9 Abs. 2: Umwechselung v. Reichsscheidemünzen. 456

Bek., betr. die Umwechselung v. Reichs-Goldmünzen gegen Reichs-Silber-, Nickel- u. Kupfermünzen; v. 19. Dez. 75 (CB. S. 802).

d) Zu Art. 10 Abs. 2: Behandlung unbrauchbarer Reichsmünzen. 457

Bek. über Behandlung der bei Reichs- u. Landeskassen eingehenden nachgemachten, verfälschten oder nicht mehr umlaufsfähigen Reichsmünzen; v. 9. Mai 76 (CB. S. 260).

Wegen Behandlung gewaltsam beschädigter, aber vollwichtig gebliebener echter Reichsmünzen s. Bdsrthsbeschl. v. 13. Dez. 77 (CB. 78 S. 29).

e) Zu Art. 12: Goldmünzprägung für Private. 458

Bek., betr. die Ausprägung von Reichsgoldmünzen auf den deutschen Münzstätten für Rechnung v. Privatpersonen; v. 8. Juni 75 (CB. S. 348).

f) Zu Art. 13 Zff. 1: Verbot des Umlaufs fremder Münzen. 459

Solche Verbote wurden erlassen:

α) bezügl. der österreich.-ungar. Ein- u. Zweiguldenstücke u. der niederländischen Ein- u. Zweieinhalb-Guldenstücke durch Bek. v. 22. Jan. 74 (RGB. S. 12);

β) bezügl. der niederländischen Halbguldenstücke u. der österreich.-ungar. Viertelguldenstücke durch Bek. v. 29. Juni 74 (RGB. S. 111);

γ) bezügl. der finnischen Silbermünzen durch Bek. v. 16. Okt. 74 (RGB. S. 126);

δ) bezügl. verschiedener österreichischer u. dänischer Silber- u. Kupfermünzen durch Bek. v. 19. Dez. 74 (RGB. S. 152);

ε) bezügl. der polnischen eindrittel u. einsechstel Talarastücke durch Bek. v. 26. Febr. 75 (RGB. S. 134);

460 ζ) bezügl. aller fremden Scheidemünzen durch Bek. v. 16. Apr. 88 (RGB. S. 149).

Ausnahmen v. diesem Verbote wurden gestattet

innerhalb badischer Grenzbezirke für Frankenwährung durch Bek. v. 16. Apr. 88 (RGB. S. 149) u. Bek. v. 24. Jan. 93 (RGB. S. 6),

innerhalb sächsischer Grenzbezirke für österreichische Währung durch Bek. v. 30. Apr. 88 (RGB. S. 171),

innerhalb bayerischer Grenzbezirke für österreichische u. Frankenwährung durch Bek. v. 7. Juli 88 (RGB. S. 218),

innerhalb preußischer Grenzbezirke für österreichische Währung durch Bek. v. 26. Febr. 89 (RGB. S. 37),

innerhalb württemberg. Grenzbezirke für Frankenwährung durch Bek. v. 26. Febr. 89 (RGB. S. 38).

g) Zu Art. 15:

Ermächtigung des Bundesraths zur Außerkurssetzung u. Einlösung der
461 österreichischen Vereinsthaler: Ges., betr. die Vereinsthaler österreichischen Gepräges; v. 28. Febr. 92 (RGB. S. 315).

Anmerkung:

Wegen Einführung der Gesetze über das Münzwesen in Helgoland s. Art. I Ziff. VI 2 der VO. v. 22. März 91 (RGB. S. 21).

II. Papiergeld.

1. Jetziges Papiergeld.

462 Ges., betr. die Ausgabe von Reichskassenscheinen; v. 30. Apr. 74 (RGB. S. 40),

in Helgoland eingeführt durch Art. I Ziff. VI 2 der VO. v. 22. März 91 (RGB. S. 21).

Vollzugs- u. Ergänzungsvorschriften:

a) Zu § 5 Abs. 1:

462a Ges., betr. die Einziehung der mit dem Datum v. 11. Juli 1874 ausgefertigten Reichskassenscheine; v. 21. Juli 84 (RGB. S. 172).

b) Zu § 6:

463 Bek., betr. den Umtausch beschädigter oder unbrauchbar gewordener Reichskassenscheine; v. 18. Mai 76 (CB. S. 296).

c) Zu § 7 Abs. 1:

464 Beschreibung der Reichskassenscheine: Bek. v. 24. Dez. 74 (CB. 75 S. 48).

Wegen des Schutzes des zur Anfertigung von Reichskassenscheinen verwendeten Papiers gegen unbefugte Nachbildung s. Ges. v. 26. Mai 85 (RGB. S. 165, s. Nr. 296).

2. Frühere Regelung des Papiergeldwesens.

465 **a)** Darlehnskassenscheine des Nordd. Bundes

wurden zur Abhilfe des Kreditbedürfnisses s. Zt. gegen Sicherheit ausgegeben.

Hierüber vgl.:

Ges., betr. die Gründung öffentlicher Darlehnskassen u. die Ausgabe von Darlehnskassenscheinen; v. 21. Juli 70 (BGB. S. 499); ferner:

Ges., betr. die Einlösung u. Präklusion der von dem vormaligen Nordd. Bunde ausgegebenen Darlehnskassenscheine; v. 6. März 78 (RGB. S. 5).

b) Bis zum Zustandekommen des Ges. v. 30. Apr. 74 (Nr. 462) war die Emission von Papiergeld geregelt durch

Ges. über die Ausgabe von Papiergeld; v. 16. Juni 70 (BGB. S. 507), 466

als Reichsgesetz eingeführt in Baden u. Südhessen (Art. 80 I Nr. 27 der Bundesverf., BGB. 70 S. 648), in Württemberg (Art. 2 Ziff. 6 II 2 des Vertr. v. 25. Nov. 70, BGB. S. 656) u. in Bayern (§ 2 III Nr. 2 des Ges. v. 22. Apr. 71, BGB. S. 88).

Vgl. endlich Art. 18 des Münzgesetzes (Nr. 451).

§ 2. Die Notenbanken.

1. **Bankgesetz**; v. 14. März 75 (RGB. S. 177), 467

geändert bezügl. des § 24 durch Ges. v. 18. Dez. 89 (RGB. S. 201).

2. **Vollzugs- u. Ergänzungsvorschriften.**

a) Zu § 6: Aufruf u. Einziehung der Banknoten 468

wurde angeordnet bezügl. der folgenden Banken durch nachgenannte Bekanntmachungen

Bayr. Hypotheken- u. Wechselbank: Bek. v. 7. Juni 77 (RGB. S. 527 u. CB. S. 300);

Preußische Bank: Bek. v. 15. März 78 (RGB. S. 6 u. CB. S. 138), geändert durch Bek. v. 10. Apr. 78 (RGB. S. 12 u. CB. S. 773);

Rostocker Bank: Bek. v. 19. Okt. 78 (RGB. S. 350 u. CB. S. 585);

Kommerzbank in Lübeck: Bek. v. 8. Aug. 86 (RGB. S. 259 u. CB. S. 319);

Cölnische Privatbank: Bek. v. 7. Juli 87 (RGB. S. 286);

Hannoversche Bank: Bek. v. 16. Juli 89 (RGB. S. 169);

Bremer Bank: Bek. v. 25. Okt. 89 (RGB. S. 199);

Leipziger Kassenverein: Bek. v. 4. Juli 90 (RGB. S. 76);

Magdeburger Privatbank: Bek. v. 9. Dez. 90 (RGB. S. 205), geändert durch Bek. v. 29. Apr. 93 (RGB. S. 153);

Provinzial-Aktien-Bank des Großh. Posen: Bek. v. 9. Dez. 90 (RGB. S. 206);

Danziger Privat-Aktien-Bank: Bek. v. 25. Dez. 90 (RGB. S. 213);

Chemnitzer Stadtbank: Bek. v. 3. Febr. 91 (RGB. S. 12);

Städtische Bank zu Breslau: Bek. v. 19. Nov. 93 (RGB. S. 263).

469 **b) Zu § 8: Jahresbilanz der Notenbanken.**

Bek., betr. die Vorschriften über die von den Notenbanken in der Jahresbilanz gesondert nachzuweisenden Aktiva u. Passiva; v. 15. Jan. 77 (CB. S. 24).

470 **c) Zu § 9 u. der zugehörigen Anlage:**

Durch Wegfall des Rechts der Notenausgabe bei den meisten der in der Anlage zu § 9 (S. 198) aufgeführten Banken hat sich der Antheil der Reichsbank an dem Gesammtbetrage des steuerfreien ungedeckten Notenumlaufes gemäß Abs. 2 des § 9 des Gesetzes von 250 000 000 Mark im Laufe der Jahre auf 293 400 000 Mark erhöht. Vgl. hierüber die Bekanntmachungen im RGB. v. 1876 S. 124 u. 170, 1877 S. 567, 1886 S. 236, 1887 S. 123, 1889 S. 170 u. 200, 1890 S. 68, 1891 S. 9, 1894 S. 152.

d) Zu den §§ 12—41: Reichsbank.

471 Zu § 22:

Wegen Uebertragung der Centralkassengeschäfte des Reichs auf die Reichsbankhauptkasse in Berlin s. Bek., betr. die Reichshauptkasse; v. 29. Dez. 75 (CB. S. 821, s. Nr. 900).

Zu § 28: Rechte u. Pflichten der Reichsbankbeamten.

472 α) Pensionen u. Kautionen.

VO., betr. die Pensionen u. Kautionen der Reichsbankbeamten; v. 23. Dez. 75 (RGB. S. 380), geändert bezügl. der §§ 2 u. 3 durch VO. v. 31. März 80 (RGB. S. 97).

VO. wegen Ergänzung der (vorgenannten) VO. v. 23. Dez. 75; v. 20. Juni 86 (RGB. S. 203).

473 β) Wittwen- u. Waisenpensionen.

VO., betr. die Fürsorge für die Wittwen u. Waisen der Reichsbankbeamten; v. 8. Juni 81 (RGB. S. 117), ergänzt durch VO. v. 20. Juni 86 (RGB. S. 203). Dazu: Ausführungsvorschriften v. 25. Juni 81 (CB. S. 251).

VO., betr. den Erlaß der Wittwen- und Waisengeldbeiträge der Reichsbankbeamten; v. 18. März 88 (RGB. S. 80).

474 γ) VO., betr. die Anstellung der Beamten u. die Zuständigkeit zur Ausführung des Ges. v. 31. März 73 bei der Verwaltung der Reichsbank; v. 19. Dez. 75 (RGB. S. 378).

474a Zu § 29:

Wegen Besorgung der Revision durch die preuß. Ober-Rechnungskammer s. Ges. v. 14. Mai 94 (RGB. S. 449).

475 Zu §§ 36 u. 37:

Verzeichnis der Reichsbankhauptstellen u. Reichsbankstellen: Bek. v. 17. Dez. 75 (CB. S. 802), geändert bezügl. Danzig durch Bek. v. 24. Apr. 79 (CB. S. 325).

476 Zu § 38 Abs. 2:

Verpflichtung der Reichsbank durch die Unterschrift einer Bankstelle: Bek. v. 27. Dez. 75 (CB. S. 820).

477 Zu § 40: Statut der Reichsbank; v. 21. Mai 75 (RGB. S. 203).

Zu § 1 des Statuts vgl. die Bek. v. 16. Dez. 75 (CB. S. 787).

Ergänzungen des Statuts enthalten die bei Nr. 472f angeführten Vorschriften.

e) Zu § 45:

Bezügl. einer Anzahl von Notenbanken wurden durch den Reichskanzler Bekanntmachungen gemäß § 45 Abs. 2 des Ges. erlassen u. zwar 478

α) Bek., betr. die Anwendung der §§ 42 u. 43 des Bankgesetzes; v. 29. Dez. 75 (RGB. S. 390).

Die Anlage hierzu wurde geändert bezügl. der Sächsischen Bank durch Bek. v. 3. Sept. 79 (RGB. S. 286), bezügl. der Kommerzbank in Lübeck durch Bek. v. 18. Mai 85 (RGB. S. 108).

β) Zweite Bek. gl. Betr.; v. 7. Jan. 76 (RGB. S. 2).

Die Anlage hierzu wurde geändert bezügl. der Chemnitzer Stadtbank durch Bek. v. 27. Febr. 83 (RGB. S. 4).

f) Zu § 61:

Vertr. zw. Preußen u. dem Deutschen Reich über die Abtretung der Preußischen Bank an das Deutsche Reich; v. 17./18. Mai 75 (RGB. S. 215). 479

Schlußbemerkung über die frühere Gesetzgebung.

Die durch das Bankgesetz vollzogene, einheitliche Regelung des Notenbankwesens wurde s. Zt. vorbereitet durch das

Ges. über die Ausgabe v. Banknoten; v. 27. März 70 (BGB. S. 51), 480

als Reichsgesetz eingeführt in Baden u. Südhessen (Art. 80 II 1 der Bundesverf., BGB. 70 S. 648), Württemberg (Vertr. v. 25. Nov. 70, BGB. S. 654) u. Bayern (§ 2 III Nr. 1 des Ges. v. 22. Apr. 71, BGB. S. 87).

Die Wirksamkeit des ursprünglich nur bis 1. Juli 72 giltigen Gesetzes wurde durch Ges. v. 16. Juni 72 (RGB. S. 169), Ges. v. 30. Juni 73 (RGB. S. 159) u. durch das zugleich weitere Uebergangsbestimmungen enthaltende Ges. v. 21. Dez. 74 (RGB. S. 193) bis 31. Dez. 75 verlängert.

§ 3. Maaß- u. Gewichtswesen u. dergl. 481

Vorbemerkung: Wegen Einführung der Gesetze über Maaß- und Gewichtswesen in Helgoland s. Art. I Ziff. VI 1 der VO. v. 22. März 91 (RGB. S. 21).

I. Das Maaß- u. Gewichtswesen im Allgemeinen.

1. **Maaß- u. Gewichtsordnung** für den Nordd. Bund; v. 17. Aug. 68 (BGB. S. 473). 482

Aenderungen:

a) Art. 8 ist durch die Münzgesetzgebung des Reichs in Wegfall gekommen (s. Nr. 448 ff.).

b) Art. 4 wurde aufgehoben durch Ges. v. 7. Dez. 73 (RGB. S. 377).

c) Art. 1, 3, 6 u. 14 wurden geändert durch Ges., betr. die Abänderung der Maaß- u. Gewichtsordnung; v. 11. Juli 84 (RGB. S. 115).

Zur Ausführung der in § 2 dieses Gesetzes enthaltenen Uebergangsbestimmungen betr. Zulassungsfristen für ältere Maaße 2c. ist erlassen worden die Bek. v. 30. Okt. 84 (RGB. S. 215). Dazu ist ergangen 483 die Bek., betr. die Zulassungsfristen für ältere Maaße, Meßwerkzeuge, Gewichte u. Waagen, v. 30. Dez. 84 (RGB., besond. Beilage zu Nr. 5), geändert bezügl. Art. 1 VI durch Bek., betr. die Zulassungsfristen für ältere Waagen; v. 29. Apr. 86 (RGB., Beilage zu Nr. 15).

d) Art. 1, 2, 3 u. 5 sind geändert durch Ges. v. 26. Apr. 93 (RGB. S. 151).

Geltungsgebiet.

Die Maaß- u. Gewichtsordnung wurde im ganzen Reich eingeführt u. zwar:

a) in Baden u. Südhessen durch Art. 80 I 11 der Bundesverf. (BGB. 70 S. 647);

b) in Württemberg durch den Vertr. v. 25. Nov. 70 (BGB. S. 654);

c) in Bayern mit Ausnahme der Art. 15—20 unter besonderen Maßgaben durch Ges., betr. die Einführung der Maaß- u. Gewichtsordnung ꝛc. in Bayern; v. 26. Nov. 71 (RGB. S. 397). Hierzu s. Druckfehlerberichtigung in RGB. 71 S. 442;

d) in Elsaß-Lothringen mit besonderen Maßgaben durch Ges., betr. die Einführung der Maaß- u. Gewichtsordnung ꝛc. in Elsaß-Lothringen; v. 19. Dez. 74 (RGB. 75 S. 1).

Vollzugsbestimmungen:

a) Zu Art. 10:

484 Bek., betr. die aichamtliche Behandlung vorschriftswidriger Maaße, Gewichte u. sonstiger Meßwerkzeuge; v. 22. März 76 (CB. S. 185). Dazu s. Druckfehlerberichtigung in CB. 76 S. 199.

485 Bek., betr. die äußersten Grenzen der im öffentlichen Verkehr noch zu duldenden Abweichungen der Maaße u. Meßwerkzeuge, Gewichte u. Waagen von der absoluten Richtigkeit; v. 27. Juli 85 (RGB. S. 263).

b) Zu Art. 18:

486 Bek., betr. die Errichtung der Normal-Aichungskommission; v. 16. Febr. 69 (BGB. S. 46).

487 Wegen der Abkürzungen für Maaß- u. Gewichtsbezeichnungen s. Bek. v. 20. Nov. 77 (CB. S. 565).

488 2. **Internationale Meterkonvention**; v. 20. Mai 75 (RGB. 76 S. 191 bis 212).

Der Konvention sind gemäß Art. 11 nachträglich beigetreten: Großbritannien, Serbien u. Rumänien (Bek. v. 30. Dez. 84, RGB. 85 S. 1), Japan (Bek. v. 9. Nov. 85, RGB. S. 287) u. Mexiko (Bek. v. 23. Febr. 91, RGB. S. 19).

489 3. **Ges., betr. die Bezeichnung des Raumgehaltes der Schankgefäße**; v. 20. Juli 81 (RGB. S. 249).

II. Das Aichungswesen insbesondere.

490 1. **Aichordnung** für das Deutsche Reich; v. 27. Dez. 84 (RGB. 85, Beilage zu Nr. 5),

geändert bezw. ergänzt in folg. Punkten:

a) §§ 75, 76 sind ergänzt durch Bek., betr. die Aichung v. Gasmessern; v. 21. Jan. 87 (RGB., Beilage zu Nr. 4);

b) § 25 Nr. 7 u. 11, § 67 Nr. 5 sind geändert u. §§ 69—73 ersetzt durch Bek. v. 4. Mai 88 (RGB., Beilage zu Nr. 24);

c) § 5 Nr. 3 u. § 27 sind geändert, § 25 Nr. 14 aufgehoben, §§ 33 u. 34 geändert u. ergänzt durch Bek. v. 15. Mai 91 (RGB., Beilage zu Nr. 16 S. VI);

d) §§ 13—15 sind ersetzt durch Bek. v. 6. Mai 92 (RGB., Beilage zu Nr. 33);

e) §§ 7, 9 Abs. 1, 10 Nr. 2, 12 sind ergänzt, § 8 letzt. Abs., §§ 63 u. 65 geändert bezw. ergänzt durch Bek. v. 14. Jan. 93 (RGB., Beilage zu Nr. 2);

f) §§ 7, 39 Nr. 5, 52—54 sind geändert bezw. ergänzt durch Bek. v. 8. Mai 94 (RGB., besond. Beilage zu Nr. 26).

2. **Aichgebührentaxe;** v. 28. Dez. 84 (RGB. 85, zweite besond. Beilage zu Nr. 5), 491

geändert bezw. ergänzt in folg. Punkten:

a) Abschn. VIII ist ergänzt durch Bek., betr. die Aichung v. Gasmessern; v. 21. Jan. 87 (RGB., Beilage zu Nr. 4);

b) Nr. 2 Abs. 2 der allgemeinen Bestimmungen sowie Abschn. VII sind geändert durch Bek. v. 4. Mai 88 (RGB., Beilage zu Nr. 24);

c) Abschn. I ist geändert durch Bek. v. 15. Mai 91 (RGB., Beilage zu Nr. 16 S. VIII);

d) Abschn. IIB ist geändert durch Bek. v. 6. Mai 92 (RGB., Beilage zu Nr. 33);

e) Abschn. V ist geändert u. ergänzt durch Bek. v. 8. Mai 94 (RGB., besond. Beilage zu Nr. 26).

3. **Die Aichordnung u. Aichgebührentaxe ergänzende Vorschriften.**

a) Bek., betr. die in den Apotheken zulässigen Waagen u. Gewichte; v. 17. Juni 75 (CB. S. 374), geändert bezügl. Abs. 1 durch Bek. gl. Betr. v. 24. Okt. 82 (CB. S. 418). 492

b) Verzeichnis der Aichungs-Aufsichtsbehörden u. Aichämter im Deutschen Reich (exkl. Bayern) mit Angabe der von ihnen geführten Stempelzeichen, sowie des Umfangs ihrer Zuständigkeit: Bek. v. 30. Juni 77 (CB. S. 572). 493

Ergänzungen bezw. Abänderungen u. Berichtigungen hierzu vgl. in CB. 1878 S. 144 u. 475, 1879 S. 124 u. 498, 1880 S. 50 u. 534, 1881 S. 173, 1882 S. 158, 1883 S. 96 u. 279, 1884 S. 217, 1885 S. 274. Weitere Nachträge wurden im CB. nicht mehr veröffentlicht.

c) Bek., betr. die Aichung des Getreideprobers; v. 14. Mai 91 (RGB., Beil. zu Nr. 16). 494

d) Bek., betr. die Aichung v. Meßwerkzeugen zur Bestimmung der Dichte von Mineralölen; v. 23. Dez. 91 (RGB., Beil. zu Nr. 31). 495

e) Bek., betr. die Aichung v. chemischen Meßgeräthen; v. 26. Juli 93 (RGB., Beil. zu Nr. 30). 496

III. Bezeichnung des Feingehalts der Gold- u. Silberwaaren.

497 **Ges. über den Feingehalt der Gold- u. Silberwaaren;** v. 16. Juli 84 (RGB. S. 120).

Zu § 3:

Bek., betr. die Bestimmung der Form des Stempelzeichens zur Angabe des Feingehalts auf goldenen und silbernen Geräthen; v. 7. Jan. 86 (RGB. S. 1).

IV. Prüfung u. Beglaubigung von technischen Geräthen u. dergl. durch die Physikalisch-technische Reichsanstalt.

498 1. Bestimmungen, betr. die Beglaubigung der Schmelzpunkte leichtflüssiger Metall-Legirungen für Dampfkessel-Sicherheitsapparate; v. 22. Juni 86 (CB. S. 215). Dazu: Bek. v. 5. Okt. 87 (CB. S. 507).

499 2. Bestimmungen für die Prüfung u. Beglaubigung von Thermometern; v. 9. Okt. 88 (CB. S. 934).

500 3. Bestimmungen über die Prüfung u. Beglaubigung v. Stimmgabeln; v. 26. Nov. 88 (CB. S. 959).

501 4. Bek. über die Prüfung elektrischer Meßgeräthe; v. 24. Mai 89 (CB. S. 309), geändert bezügl. § 11 Zff. 1c durch Bek. v. 5. Jan. 93 (CB. S. 3).

502 5. Bek. über die Prüfung u. Beglaubigung der Hefnerlampe; v. 30. März 93 (CB. S. 124).

503 6. Bestimmungen über Prüfung u. Beglaubigung von Schrauben; v. 5. Juni 94 (CB. S. 291).

Wegen Beglaubigung der Abel'schen Petroleumprober s. Bek. v. 21. Juli 82 (s. Nr. 432).

504

§ 4. Eisenbahnwesen.

Vgl. Art. 41—47 der Reichsverfassung (s. Nr. 1).

I. Bahntechnische Vorschriften.

505 1. **Betriebsordnung für die Haupteisenbahnen** Deutschlands; v. 5. Juli 92 (RGB. S. 691).

506 2. **Bahnordnung für die Nebeneisenbahnen** Deutschlands; v. 5. Juli 92 (RGB. S. 764).

Anmerkung: Beide Verordnungen sind an Stelle der früheren Bahnpolizeireglements getreten.

3. **Bestimmungen über die Befähigung von Eisenbahnbetriebsbeamten;** v. 5. Juli 92 (RGB. S. 723). 507

4. **Signalordnung** für die Eisenbahnen Deutschlands; v. 5. Juli 92 (RGB. S. 733). 508

5. **Normen für den Bau und die Ausrüstung der Haupteisenbahnen** Deutschlands; v. 5. Juli 92 (RGB. S. 747). 509

Wegen des diesen Normen zu Grunde liegenden internationalen Vertrags s. Nr. 525.

II. Die Regelung des Personen- u. Güterverkehrs.

1. **Verkehrsordnung für die Eisenbahnen Deutschlands;** v. 15. Nov. 92 (RGB. S. 923—1014), 510

geändert bezügl. Anlage B durch

a) Bek., betr. Aenderungen der Anlage B 2c.; v. 23. Febr. 93 (RGB. S. 9);
b) Bek. gl. Betr.; v. 28. Juli 93 (RGB. S. 237);
c) Bek. gl. Betr.; v. 15. Dez. 93 (RGB. S. 267);
d) Bek. v. 18. März 94 (RGB. S. 329).

Wegen versuchsweiser Einführung neuer Beförderungsvorschriften für ungesalzene frische Häute s. Bek. v. 18. Aug. 94 (CB. S. 381).

Ausführungsbestimmungen:

a) Zu § 42 Abs. 4: Leichenpässe.

α) Verzeichnis der zur Ausstellung v. Leichenpässen befugten Behörden u. Dienststellen der Bundesstaaten sowie der betr. deutschen Gesandschafts- u. Konsularbeamten im Ausland: Bek. v. 20. Sept. 88 (CB. S. 889), ergänzt bezügl. des Abs. 2 durch Bekanntmachungen v. 29. Nov. 88 (CB. S. 952), v. 23. Mai 89 (CB. S. 307), v. 21. Juni 89 (CB. S. 366), v. 2. Aug. 90 (CB. S. 290) u. v. 3. Juni u. 1. Aug. 93 (CB. S. 168 u. 251). Das Verzeichnis ist ferner bezügl. des Königreichs Preußen geändert durch Bek. v. 29. Nov. 88 (CB. S. 952, s. oben). 511

β) Vereinbarungen wegen wechselseit. Anerkennung der Leichenpässe sind abgeschlossen worden mit: 512

der Schweiz: Bek. v. 12. Febr. 89 (CB. S. 204), geändert durch Bek. v. 14. Juli 94 (CB. S. 338);

Oesterreich-Ungarn: Bek. v. 2. Apr. 90 (CB. S. 98).

Bezügl. Luxemburgs s. RGB. 1893 S. 190.

b) Zu § 52 Abs. 1: Beschaffenheit des Frachtbriefpapiers. 513

Bestimmungen über die Beschaffenheit des zu Eisenbahnfrachtbriefen zu verwendenden Papiers; v. 13. Okt. 92 (CB. S. 632), geändert bezügl. der Duplikate durch Bek. v. 25. Mai 93 (CB. S. 154).

Wegen des internationalen Frachtverkehrs s. Nr. 520.

2. **Viehbeförderung.**

a) Ges., betr. die Beseitigung von Ansteckungsstoffen bei Viehbeförderungen auf Eisenbahnen; v. 25. Febr. 76 (RGB. S. 163). 514

Zu §§ 3 u. 4:

Ausführungsbekanntm. v. 20. Juni 86 (CB. S. 200).

515 b) Bestimmungen über die Verladung u. Beförderung v. lebenden Thieren auf Eisenbahnen: Bek. v. 13. Juli 79 (CB. S. 479), geändert bezügl. § 3 durch Bek. v. 28. Nov. 87 (CB. S. 557). Ziff. 2 dieser letztgenannten Bek. ist aufgehoben durch Bek. v. 13. Juni 93 (CB. S. 187).

516 3. **Verhältnis der Eisenbahnverwaltung zur Postverwaltung.**

Die Verpflichtungen der Eisenbahnverwaltungen bezüglich des Postdienstes sind geregelt durch das „Eisenbahn-Postgesetz" genannte

Ges., betr. die Abänderung des § 4 des Gesetzes über das Postwesen des Deutschen Reiches, v. 28. Okt. 71. V. 20. Dez. 75 (RGB. S. 318).

Ausführungsbestimmungen hierzu:

a) Vollzugsbestimmungen zum Eisenbahn-Postgesetze v. 20. Dez. 75; v. 9. Febr. 76 (CB. S. 87), geändert bezügl. II Zff. 4 u. III Zff. 2 durch Bek. v. 24. Dez. 81 (CB. 82 S. 4).

b) Zu Art. 9:

. Bestimmungen, betr. die Verpflichtungen der Eisenbahnen untergeordneter Bedeutung zu Leistungen für die Zwecke des Postdienstes; v. 28. Mai 79 (CB. S. 380).

Anmerkung:

Wegen der Militärtransporte auf Eisenbahnen s. Nr. 865 f. u. 870 f.

Wegen der zollamtlichen Behandlung der Güter auf den Eisenbahnen s. Eisenbahn-Zollregulativ (Nr. 997).

Wegen der bahnpolizeilichen Vorschriften s. die §§ 53—71 der Betriebsordnung für die Haupteisenbahnen (Nr. 505) u. §§ 43—52 der Bahnordnung für die Nebeneisenbahnen (Nr. 506).

Wegen der Unzulässigkeit der Pfändung von Eisenbahnfahrbetriebsmitteln s. Nr. 368 ff.

Wegen des Reichs-Eisenbahnamts s. Nr. 123, wegen des Reichsamts für Verwaltung der Reichseisenbahnen s. Nr. 124.

III. Bau einzelner deutscher Bahnlinien.

517 1. Ges., betr. den Bau einer Eisenbahn von Teterchen bis zur Saarbahn bei Bouß u. bei Völklingen; v. 21. Mai 77 (RGB. S. 513).

518 2. Ges., betr. den Bau von Eisenbahnen in Lothringen; v. 8. Mai 78 (RGB. S. 93).

519 3. Ges., betr. den Bau von Eisenbahnen von Teterchen nach Diedenhofen u. von Buchsweiler nach Schweighausen, sowie den Ausbau des zweiten Geleises zwischen den Bahnhöfen Teterchen u. Hargarten-Falk; v. 9. Juli 79 (RGB. S. 195).

IV. Verträge.

1. **Internationales Uebereinkommen über den Eisenbahnfrachtverkehr;** v. 14. Okt. 90 (RGB. 92 S. 793), nebst Schlußprot. v. gl. Tag (S. 918), 520

ergänzt bezw. geändert bezügl. der Liste der Eisenbahnstrecken, auf welche das Uebereinkommen Anwendung findet, durch Bekanntmachungen v. 18. Jan., 28. Febr., 27. März, 14. Apr., 1. Mai, 25. Mai, 15. Juni, 11. Aug., 26. Sept. u. 13. Okt. 1893 (RGB. S. 1, 16, 138, 147, 153, 187, 200, 240, 257 u. 262), v. 8. u. 31. März, 27. Apr. u. 4. Juli 1894 (RGB. S. 277, 338, 401 u. 499).

Ausführungsbestimmungen:

a) Reglement, betr. die Errichtung eines Centralamts; v. 14. Okt. 90 (RGB. 92 S. 870). 521

b) Ausführungsbestimmungen zum Uebereinkommen über den internat. Eisenbahnfrachtverkehr; v. 14. Okt. 90 (RGB. 92 S. 874—917). 522

In Gemäßheit des § 1 letzt. Abs. dieser Ausführungsbestimmungen wurden Vereinbarungen erleichternder Vorschriften für den wechselseitigen Verkehr rücksichtlich der bedingungsweise zur Beförderung zugelassenen Gegenstände getroffen zwischen Deutschland, den Niederlanden, Oesterreich-Ungarn u. der Schweiz: Bek. v. 29. Jan. 94 (RGB. S. 113). Dieser Vereinbarung sind nachträglich beigetreten Luxemburg u. Belgien: Bek. v. 30. Apr. 94 (RGB. S. 403). 523

Daneben bestehen jedoch noch für den Wechselverkehr besondere Vereinbarungen u. zwar

mit Oesterreich-Ungarn:

Bek. v. 15. Nov. 92 (RGB. S. 1015—1036). Dazu Nachträge: Bek. v. 24. März 93 (RGB. S. 134) u. v. 25. Aug. 93 (RGB. S. 241);

mit der Schweiz:

Bek. v. 29. Jan. 94 (RGB. S. 138);

mit Luxemburg: 524

Bek. v. 29. Mai 93 (RGB. S. 189). Zum Schlußabsatz dieser Bek. vgl. die Bekanntmachungen v. 14. Okt. 93 (RGB. S. 262) u. v. 5. Febr. u. 10. Mai 94 (RGB. S. 149 u. 440).

Wegen der Vereinbarungen über wechselseitige Anerkennung der Leichenpässe s. Nr. 512.

2. **Bestimmungen, betr. die technische Einheit im Eisenbahnwesen,** vereinbart zwischen dem Deutschen Reiche, Frankreich, Italien, Oesterreich-Ungarn u. der Schweiz: Bek. v. 17. Febr. 87 (RGB. S. 111 u. CB. S. 50). 525

Der Vereinbarung sind nachträglich beigetreten: die Niederlande u. Rumänien (Bek. v. 29. Apr. 87, RGB. S. 158 u. CB. S. 115), Belgien, Serbien u. (für eine Strecke) Griechenland (Bek. v. 15. Sept. 90, RGB. S. 175 u. CB. S. 319) sowie Bulgarien (Bek. v. 22. Sept. 91, RGB. S. 387 u. CB. S. 285).

526 3. **Internationale Vereinbarung über die zollsichere Einrichtung der Eisenbahnwagen** im internationalen Verkehr: Bek. v. 12. März 87 (CB. S. 69).

Der Vereinbarung sind nachträglich beigetreten: Belgien, Serbien, Rumänien u. (für eine Strecke) Griechenland (Bek. v. 6. Sept. 91, CB. S. 275), ferner Bulgarien (Bek. v. 14. März 92, CB. S. 152).

4. **Verträge über Bau bezw. Betrieb einzelner Bahnlinien.**

Solche Verträge sind abgeschlossen worden mit den nachgenannten Staaten wegen der beigesetzten Eisenbahnstrecken:

527 a) Belgien:

Uebereink., betr. den belgischen Theil der Wilhelm-Luxemburg-Eisenbahnen; v. 11. Juli 72 mit Schlußprot. v. gl. Tag (RGB. S. 339).

528 b) Dänemark:

Strecke Heide-Ribe: Staatsvertrag v. 18. Dez. 87 (RGB. 88 S. 3).

529 c) Italien u. Schweiz:

Gotthardbahn:

In Gemäßheit des Ges., betr. die St. Gotthard-Eisenbahn, v. 2. Nov. 71 (RGB. S. 375) ist abgeschlossen worden die Uebereink. zw. Deutschland, Italien u. der Schweiz wegen Herstellung u. Subventionirung einer Eisenbahn über den St. Gotthard; v. 28. Okt. 71 (RGB. S. 376). Hierdurch ist das Deutsche Reich beigetreten der Uebereinkunft gl. Betr. zw. Italien u. der Schweiz, v. 15. Okt. 69 (RGB. 71 S. 378). Die letztgenannte Uebereinkunft wurde geändert durch Nachtragsvertrag zw. Deutschland, Italien u. der Schweiz, v. 12. März 78 (RGB. 79 S. 270).

530 d) Luxemburg:

α) Uebereink. wegen Uebernahme der Verwaltung der Wilhelm-Luxemburg-Eisenbahnen durch die Kaiserlich deutsche Eisenbahnverwaltung; v. 11. Juni 72 (RGB. S. 330). Dazu vgl. Ges., betr. die Uebernahme der Verwaltung der Wilhelm-Luxemburg-Eisenbahnen; v. 15. Juli 72 (RGB. S. 329).

β) Wegen des Baues u. Betriebs der Strecken Esch a. d. Alzette—Rüssingen—Audun le Tiche u. Rüssingen—Redingen s. Uebereink. v. 11. Okt. 76 (RGB. S. 234).

γ) Wegen der Strecke St. Vith—Ulfingen s. Vertr. v. 21. Juli 83 (RGB. 84 S. 66). Dazu Schlußprot. v. gl. Tag (RGB. 84 S. 117).

531 e) Niederlande:

α) Strecke Boxtel über Gennep nach Cleve u. Wesel: Uebereink. v. 18. Aug. 71 (RGB. 72 S. 39—53), geändert durch Uebereink. v. 13. Nov. 74 (RGB. 75 S. 120).

β) Strecke Ihrhove—Nieuwe—Schans: Uebereink. v. 3. Juni 74 (RGB. 75 S. 101).

γ) Direkte Verbindung zwischen München-Gladbach u. Antwerpen: Uebereink. v. 13. Nov. 74 (RGB. 75 S. 112).

δ) Direkte Verbindung zwischen Dortmund u. Enschede: Uebereink. v. 13. Nov. 74 (RGB. 75 S. 123—134).

ε) Strecke Zütphen—Gelsenkirchen mit Abzweigung nach Bocholt: Uebereink. v. 31. Juli 75 (RGB. 77 S. 397).

ζ) Strecke Sittard—Herzogenrath: Staatsvertr. v. 28. Nov. 92 (RGB. 93 S. 163).

f) Oesterreich-Ungarn: 532
α) Strecke Görlitz—Reichenberg: Vertr. v. 21. Mai 72 (RGB. S. 353).
β) Strecken Leobschütz—Jägerndorf u. Neiße—Olbersdorf: Vertr. v. 21. Mai 72 (RGB. S. 362).
γ) Strecke Altwasser—Friedland—Halbstadt—Chotzen: Vertr. v. 2. März 77 (RGB. S. 415).
δ) Strecken Mittelsteine—Ottendorf, Hannsdorf—Ziegenhals, Lindenwiese—Ottmachau u. Ratibor—Troppau: Staatsvertr. v. 14. März 85 (RGB. S. 198).

g) Rußland: 533
α) Strecke Lyck—Brest—Litewsk: Uebereink. v. 8. Juli/26. Juni 71 (RGB. 72 S. 23).
β) Strecke Marienburg—Warschau: Uebereink. v. 22./10. Apr. 76 (RGB. S. 171).

§ 5. Postwesen. 534

Vgl. Art. 48—52 der Reichsverfassung (Nr. 1) sowie wegen Einführung der Postgesetze in Helgoland Art. I Zff. II der VO. v. 22. März 91 (RGB. S. 21).

I. Inländische Gesetzgebung.

1. **Ges. über das Postwesen** des Deutschen Reichs; v. 28. Okt. 71 (RGB. S. 347), 535

geändert in folg. Punkten:

a) § 4 ist ersetzt durch das sog. Eisenbahnpostgesetz v. 20. Dez. 75 (vgl. dieses Gesetz nebst Ausführungsbestimmungen bei Nr. 516).

b) § 14 ist geändert durch § 13 Abs. 2 Zff. 4 des Einführungsgesetzes zur Civilprozeßordnung (RGB. 77 S. 246).

Auf Grund des § 50 des Postgesetzes wurde erlassen die

2. **Postordnung** für das Deutsche Reich; v. 11. Juni 92 (CB. S. 430, Inhaltsverzeichnis S. 428). 536

3. **Ges. über das Posttaxwesen** im Gebiete des Deutschen Reichs; v. 28. Okt. 71 (RGB. S. 358), 537

in Elsaß-Lothringen eingeführt durch Ges. v. 4. Nov. 71 (GB. f. Elsaß-Lothringen 71 S. 348),

geändert

a) bezügl. des Packetporto u. des Porto sowie der Versicherungsgebühr für Sendungen mit Werthangabe durch Ges. v. 17. Mai 73 (RGB. S. 107), in Elsaß-Lothringen eingeführt durch Zff. 5 des Ges. v. 8. Febr. 75 (RGB. S. 69);

b) in Folge der Einführung der Reichsmarkrechnung durch Ges. v. 3. Nov. 74 (RGB. S. 127). Dazu Berichtigung in RGB. 74 S. 134.

538 4. **Ges., betr. die Portofreiheiten** im Gebiete des Nordd. Bundes; v. 5. Juni 69 (BGB. S. 141),

als Reichsgesetz eingeführt

a) in Baden u. Hessen nördl. des Mains durch Art. 80 II Ziff. 4 der Bundesverf. (BGB. 70 S. 649);

b) für den Verkehr zwischen Bayern u. Württemberg untereinander u. mit dem übrigen Reichsgebiet durch Ges. v. 29. Mai 72 (RGB. S. 167);

c) in Südhessen durch Ges. v. 20. Dez. 75 (RGB. S. 323);

d) in Elsaß-Lothringen durch Ges. v. 1. März 72 (GB. f. Elsaß-Lothringen S. 150). Vgl. dazu die Bek. v. 31. Aug. 74 (CB. S. 322).

539 5. **Grundsätze für die Behandlung der portopflichtigen Korrespondenz zwischen Behörden verschiedener Bundesstaaten:** Bek. v. 29. Aug. 70 (BGB. S. 514).

Diese für den Nordd. Bund aufgestellten Grundsätze finden auch Anwendung auf

a) Südhessen, Baden u. Elsaß-Lothringen: Bek. v. 17. Apr. 72 (RGB. S. 108);

b) Bayern u. Württemberg: Bek. v. 8. Juli 73 (RGB. S. 232);

c) Oesterreich-Ungarn: Bek. v. 31. Okt. 73 (RGB. S. 366);

d) die Schweiz: Bek. v. 20. Febr. 78 (CB. S. 95) u Bek. v. 26. Febr. 78 (CB. S. 105).

Anmerkung:

Wegen des Reichspostamts u. der Oberpostdirektionsbezirke vgl. Nr. 119 ff.

Wegen des Rangs, der Titel u. Uniformen der Postbeamten s. Nr. 141 ff., wegen der Kautionen derselben s. Nr. 180 ff., insbes. 188, wegen der Tagegelder, Fuhr- u. Umzugskosten s. Nr. 158 ff., insbes. 166 ff., wegen der Kaiser-Wilhelm-Stiftung für Postbeamte s. Nr. 172.

Wegen der Postdampfschiffverbindungen s. Nr. 575 f.

Wegen der zollamtlichen Behandlung der Postsendungen s. Nr. 1002 f.

II. Verträge.

540 1. **Der Weltpostverein.**

Weltpostvertrag; v. 4. Juli 91 (RGB. 92 S. 503 u. CB. 92 S. 331) mit Schlußprot. v. gl. Tag (RGB. 92 S. 531 u. CB. 92 S. 348).

In Gemäßheit des Art. 19 dieses Hauptvertrags sind abgeschlossen worden:

541 **a)** Uebereink., betr. den Austausch v. Briefen u. Kästchen mit Werthangabe; v. 4. Juli 91 (RGB. 92 S. 535 u. CB. 92 S. 351);

b) Uebereink., betr. den Postanweisungsdienst; v. 4. Juli 91 (RGB. 92 S. 549 u. CB. 92 S. 360); 542

c) Uebereink., betr. den Austausch v. Postpacketen; v. 4. Juli 91 (RGB. 92 S. 560 u. CB. 92 S. 366), mit Schlußprot. v. gl. Tag (RGB. 92 S. 576 u. CB. 92 S. 376); 543

d) Uebereink., betr. den Postauftragsdienst; v. 4. Juli 91 (RGB. 92 S. 579 u. CB. 92 S. 378); 544

e) Uebereink., betr. den Postbezug v. Zeitungen u. Zeitschriften; v. 4. Juli 91 (RGB. 92 S. 588 u. CB. 92 S. 384). 545

2. Sonstige Postverträge. 546

Vorbemerkung: Bezüglich der Länder oder Verwaltungen, welche beim Weltpostvertrag oder den gem. Art. 19 daselbst abgeschlossenen Uebereinkommen betheiligt sind, sind die nachstehend aufgeführten Verträge insoweit außer Kraft getreten, als sie mit den Festsetzungen in den erstgenannten Verträgen (bezw. mit denen des ursprüngl. Postvereinsvertrags v. 9. Okt. 74 [RGB. 75 S. 223], des nachmaligen Weltpostvertrags v. 1. Juni 78 [RGB. 79 S. 83] u. der hiezu gehörigen Uebereinkommen) nicht im Einklange stehen. Die nachfolgenden Verträge sind somit zum größten Theil bedeutungslos geworden.

a) Amerika (Vereinigte Staaten): 547

Konvention, abgeschlossen zwischen den Postverwaltungen des Nordd. Bundes u. der Vereinigten Staaten v. Nord-Amerika behufs der Vervollkommnung des Postdienstes im gegenseitigen Verkehr; v. 21. Okt. 67 (BGB. 68 S. 26) mit Additionalartikel (S. 37). Dazu: Additionalvertrag v. 7./23. Apr. 70 (BGB. S. 594) u. Additionalartikel v. 14. Mai/31. März 71 (RGB. S. 245).

Uebereink. zwischen der deutschen Postverwaltung u. der Postverwaltung der Vereinigten Staaten, betr. den Austausch von Postanweisungen; v. 9. Okt. 79 (CB. 80 S. 110).

b) Belgien: 548

Vertr., betr. den gegenseit. Austausch v. kleinen Packeten u. v. Geldsendungen; v. 26. März 68 (BGB. S. 205). Dazu: Additionalvertrag v. 22. Nov. 74 (RGB. 75 S. 12).

Postvertr. zw. dem Nordd. Bunde u. Belgien; v. 29. Mai 68 (BGB. S. 343).

Uebereink., betr. die Einziehung v. Quittungen, Rechnungen, Anweisungen, Wechseln u. s. w. mittels Postauftrags; v. 8. Okt. 80 (CB. S. 718).

c) Brasilien: 549

Postvertr. v. 30. Sept. 73 (RGB. 74 S. 85).

d) Chili: 550

Postvertr. v. 22. März 74 (RGB. 75 S. 88).

e) Dänemark: 551

Postvertr. mit dem Nordd. Bunde; v. 7./9. Apr. 68 (BGB. S. 157).

552 f) Frankreich:

Postvertr. v. 14. Febr. 72 (RGB. S. 111).

Uebereink., betr. die Einziehung v. Quittungen, Rechnungen, Anweisungen, Wechseln u. s. w. mittels Postauftrags; v. 24. März 80 (CB. S. 542).

553 g) Großbritannien:

Postvertr. v. 25. Apr. 70 (BGB. S. 565).

554 h) Holland:

Uebereink. mit der Allg. Postwagen-Unternehmung van Gend u. Loos zu Rotterdam, betr. den gegenseit. Austausch v. kleinen Packeten, sowie v. Geldsendungen in Packetform; v. 22. März 79 (CB. S. 308).

555 i) Italien:

Postvertr. v. 11. Mai 73 (RGB. S. 222).

556 k) Luxemburg:

Postvertr. v. 19. Juni 72 (RGB. S. 338).

Uebereink., betr. die Einziehung v. Quittungen, Rechnungen, Anweisungen, Wechseln u. s. w. mittels Postauftrags; v. 4./10. Nov. 80 (CB. S. 794).

557 l) Niederlande:

Postvertr. des Nordd. Bundes; v. 1. Sept. 68 (BGB. 70 S. 547).

Uebereink. mit der Generaldirektion der niederländischen Staatseisenbahnen in Utrecht, betr. den gegenseit. Austausch v. Packeten mit u. ohne Werthangabe aus u. nach Großbritannien u. Irland auf dem Wege über Vlissingen; v. 23. Okt. 80 (CB. S. 759).

Uebereink., betr. die Einziehung v. Quittungen mittels Postauftrags; v. 31. Jan./8. Febr. 81 (CB. S. 72).

558 m) Norwegen:

Postvertr. des Nordd. Bundes; v. 17. Febr. 68, mit Schlußprot. v. gl. Tag (BGB. S. 117).

559 n) Oesterreich-Ungarn:

Postvertr. v. 7. Mai 72, mit Schlußprot. (RGB. 73 S. 1).

560 o) Peru:

Postvertr. v. 11. Juni 74 (RGB. 75 S. 161).

561 p) Portugal:

Postvertr. v. 9. Mai 72 (RGB. S. 93).

562 q) Rumänien:

Uebereink., betr. die Einziehung v. Quittungen, Rechnungen, Anweisungen, Wechseln u. s. w. mittels Postauftrags; v. 24. Dez. 80/25. Jan. 81 (CB. 81 S. 76).

563 r) Rußland:

Additionalvertrag zum Postvertr. v. 22./10. Aug. 65; v. 26./14. Mai 72 (RGB. S. 238).

564 s) Schweden:

Postvertr. des Nordd. Bundes; v. 23./24. Febr. 69 (BGB. S. 73). Dazu: Additionalverträge v. 20. März 70 (BGB. S. 87) u. v. 25. Mai 73 (RGB. S. 198).

565 t) Schweiz:

Postvertr. des Nordd. Bundes, Bayerns, Württembergs u. Badens; v. 11. Apr. 68 (BGB. S. 481).

566 u) Spanien:

Postvertr. v. 19. Apr. 72 (RGB. S. 137), mit Schlußprot. v. gl. Tag (S. 149).

§ 6. Telegraphenwesen. 567

Vgl. Art. 48—52 der Reichsverfassung (Nr. 1) sowie wegen Einführung der Gesetze über das Telegraphenwesen in Helgoland Art. I Ziff. III der VO. v. 22. März 91 (RGB. S. 21).

1. **Ges., betr. die Einführung von Telegraphen-Freimarken*)**; v. 16. Mai 69 (BGB. S. 377), 568

als Reichsgesetz eingeführt in Baden u. Südhessen (Art. 80 II Nr. 4 u. Abs. 2 der Bundesverfassung, BGB. 70 S. 649) sowie in Elsaß-Lothringen (Nr. 1 des Ges. v. 8. Febr. 75, RGB. S. 69).

Zu § 2 des Gesetzes v. 16. Mai 69 vgl. § 275 des Reichs-Strafgesetzbuches (Nr. 290).

2. **VO., betr. die gebührenfreie Beförderung von Telegrammen**; v. 2. Juni 77 (RGB. S. 524). 569

3. **Ges. über das Telegraphenwesen** des Deutschen Reiches; v. 6. Apr. 92 (RGB. S. 467). 570

Zu § 6 daselbst:

Bek., betr. die Bedingungen für die Betheiligung an einer Stadt-Fernsprecheinrichtung; v. 28. Juni 92 (CB. S. 508).

4. **Vorschriften über Benutzung der Telegraphen.** 571
   a) Telegraphenordnung; v. 15. Juni 91 (CB. S. 163).
   b) Reglement über die Benutzung der innerhalb des deutschen Reichstelegraphengebietes gelegenen Eisenbahn-Telegraphen zur Beförderung solcher Telegramme, welche nicht den Eisenbahndienst betreffen; v. 8. März 76 (CB. S. 155).

5. **Internationaler Vertrag zum Schutze der unterseeischen Telegraphenkabel**; v. 14. März 84 (RGB. 88 S. 151), mit Zusatzartikel v. gl. Tag (S. 165) u. Erklärung v. 1. Dez. 86/23. März 87 (S. 167). 572

Dem Vertrag sind nachträglich beigetreten
   a) England für eine Anzahl weiterer Kolonien u. Besitzungen lt. Bek. v. 26. Nov. 88 (RGB. S. 292);
   b) Tunis lt. Bek. v. 6. Sept. 89 (RGB. S. 194).

Zur Ausführung des Vertrags ist ergangen: Ges. zur Ausführung des internat. Vertrags &c.; v. 21. Nov. 87 (RGB. 88 S. 169).

Anmerkung:

Wegen der obersten Telegraphenbehörde (Reichspostamt) s. Nr. 119 ff.

Wegen der Bezirke der Oberpostdirektionen s. Nr. 120.

Wegen des Rangs u. der Titel einzelner Telegraphenbeamten s. Nr. 143 f., wegen der Dienstkleidung s. Nr. 145.

Wegen der Kaiser-Wilhelm-Stiftung für Post- u. Telegraphenbeamte s. Nr. 172.

(Der internationale Telegraphenvertrag ist im RGB. bezw. CB. nicht veröffentlicht worden).

*) Telegraphen-Freimarken sind z. Zt. nicht mehr im Gebrauch.

573 # § 7. Seeschiffahrt.

Vgl. Art. 53—55 der Reichsverfassung (Nr. 1).

A. Die Förderung der Seeschiffahrt im Allgemeinen.

574 1. **Die Deutsche Seewarte.**

Ges., betr. die Deutsche Seewarte; v. 9. Jan. 75 (RGB. S. 11).

Dazu: VO., betr. den Geschäftskreis, die Einrichtung u. die Verwaltung der Deutschen Seewarte; v. 26. Dez. 75 (RGB. S. 385).

2. **Postdampfschiffverbindungen**

575 **a)** mit Ostasien u. Australien:

Ges., betr. Postdampfschiffverbindungen mit überseeischen Ländern; v. 6. Apr. 85 (RGB. S. 85), ergänzt durch die Ges. v. 27. Juni 87 (RGB. S. 275) u. v. 20. März 93 (RGB. S. 95).

Dazu: Vertr. mit dem „Norddeutschen Lloyd", v. 3./4. Juli 85 (CB. S. 276), geändert durch Nachtragsvertr. v. 10./15. Mai 93 (CB. S. 146);

576 **b)** mit Ostafrika:

Ges., betr. eine Postdampfschiffverbindung mit Ostafrika; v. 1. Febr. 90 (RGB. S. 19).

Dazu: Vertr. mit der Aktiengesellschaft „Deutsche Ostafrika-Linie", v. 5./9. Mai 90 (CB. S. 122).

B. Die Schiffe.

I. Flagge, Bezeichnung u. Registrirung der Seeschiffe.

Vorbemerkung: Wegen Einführung der nachgenannten Gesetze in Helgoland s. Art. I Ziff. V 1 der VO. v. 22. März 91 (RGB. S. 21).

577 1. **Ges., betr. die Nationalität der Kauffahrteischiffe u. ihre Befugnis zur Führung der Bundesflagge;** v. 25. Okt. 67 (BGB. S. 35).

Aenderungen u. Ergänzungen:

a) § 17 ist neu gefaßt durch § 1 des Ges., betr. die Registrirung u. Bezeichnung der Kauffahrteischiffe (RGB. 73 S. 184, s. Nr. 584).

b) § 2 Abs. 2, § 6 Nr. 5 u. § 12 Abs. 2 Nr. 2 sind geändert durch Ges. v. 23. Dez. 88 (RGB. S. 300).

c) Zu § 2 Abs. 1: Wegen des Rechts der Eingeborenen der Schutzgebiete zur Führung der Reichsflagge vgl. § 7 des Ges. über die Rechtsverhältnisse der deutschen Schutzgebiete (RGB. 88 S. 75, s. Nr. 57).

Geltungsgebiet:

Das Gesetz wurde als Reichsgesetz eingeführt in Baden u. Südhessen (Art. 80 I Nr. 2 der Bundesverfassung, BGB. 70 S. 647), Württemberg (Vertr. v. 25. Nov. 70, BGB. S. 654) u. Bayern (§ 2 I Nr. 2 des Ges. v. 22. Apr. 71, BGB. S. 87).

Ausführungsbestimmungen:

a) Zu § 1:

Vorschriften über die Registrirung u. Bezeichnung der Kauffahrteischiffe; v. 13 Nov. 73 (RGB. S. 367), geändert in § 5 Nr. 1 durch Bek. v. 1. Sept. 92 (RGB. S. 787). 578

VO., betr. die Bundesflagge für Kauffahrteischiffe; v. 25. Okt. 67 (BGB. S. 39). Vgl. auch Nr. 32 ff. 579

b) Zu § 3:

Verzeichnis der Schiffsregister-Behörden: CB. 80 S. 169. 580

c) Zu § 8:

Formular für die Schiffs-Zertifikate: Bek. v. 27. Febr. 89 (CB. S. 227), geändert durch Bek. v. 25. Nov. 91 (CB. S. 320). 581

d) Zu §§ 6 u. 8:

Anweisung für die deutschen Schiffsregister-Behörden wegen Bezeichnung der Ladungsfähigkeit der im Ausland erworbenen, im Inlande noch nicht vermessenen deutschen Schiffe in den Schiffsregistern u. Schiffs-Zertifikaten; v. 13. Febr. 74 (CB. S. 223). 582

e) Zu § 16:

Wegen Verhütung des Mißbrauchs der deutschen Flagge durch seeuntüchtige Schiffe vgl. CB. 75 S. 520 u. CB. 91 S. 176. 583

2. **Ges., betr. die Registrirung u. die Bezeichnung der Kauffahrteischiffe;** v. 28. Juni 73 (RGB. S. 184). 584

Dazu: Ausführungsvorschriften gl. Betr., v. 13. Nov. 73 (s. Nr. 578).

3. **Ges., betr. die Befugnis von Seefahrzeugen, welche der Gattung der Kauffahrteischiffe nicht angehören, zur Führung der Reichsflagge;** v. 15. Apr. 85 (RGB. S. 89). 585

Wegen Bezeichnung ungarischer u. finnländischer Seehandelsschiffe vgl. die Mittheilung in CB. 73 S. 328.

II. Schiffsvermessung.

1. **Schiffsvermessungsordnung:** Bek. v. 20. Juni 88 (RGB. S. 190). 586

Ergänzungs- u. Vollzugsvorschriften:

a) Zu § 21: Verzeichnis der Vermessungs- u. Revisionsbehörden s. Bek. v. 6. Sept. 76 (CB. S. 474).

(An Stelle der Revisionsbehörden ist nunmehr das Schiffsvermessungsamt zu Berlin getreten.)

b) Vorschriften, betr. die Vermessung der Schiffe für die Fahrt durch den Suezkanal; v. 29. Nov. 88 (CB. S. 953). 587

588 c) Bek., betr. die Gebührensätze für die ohne vorgängige Vermessung erfolgende Ertheilung wiederholter Ausfertigungen von Meßbriefen für Seeschiffe; v. 19. Juli 90 (CB. S. 281).

Wegen Bezeichnung der Ladungsfähigkeit im Ausland erworbener, im Inland noch nicht vermessener deutscher Schiffe in den Schiffsregistern u. Schiffszertifikaten s. oben bei Nr. 582.

589 2. **Bestimmungen über Anerkennung der in ausländischen Schiffspapieren enthaltenen Vermessungsangaben in deutschen Häfen** sind auf Grund wechselseitiger Vereinbarungen veröffentlicht worden bezüglich nachgenannter Staaten unter den beigesetzten Daten:

Belgien (28. März 84, CB. S. 107), Chile (11. Jan. 76, CB. S. 26), Dänemark (21. Dez. 72, CB. 73 S. 163; dazu Nachtrag in CB. 79 S. 269), England u. Frankreich (2. Okt. 73, CB. S. 316, geändert bezügl. Frankreichs unterm 21. März 83, CB. S. 82), Italien (21. Apr. 83, CB. S. 127), Niederlande (8. Apr. 77, CB. S. 184), Norwegen (7. Apr. 76, CB. S. 221), Oesterreich (30. Apr. 84, CB. S. 156), Rußland (11. Febr. 82, CB. S. 37), Schweden (CB. 75 S. 688; dazu Nachtrag v. 22. Juli 82, CB. S. 353), Spanien (8. Jan. 80, CB. S. 38; dazu Nachtrag v. 24. Aug. 83, CB. S. 265), Vereinigte Staaten v. Amerika (21. Dez. 72, CB. 73 S. 163). Bezüglich Columbiens vgl. Art. 12 des Freundschaftsvertrags (s. Nr. 791 a).

590 3. **Behandlung deutscher Schiffe in ausländischen Häfen.**

Uebersicht, betr. den Umfang, in welchem deutsche Schiffsmeßbriefe in ausländischen Häfen anerkannt werden; v. 15. Mai 92 (CB. S. 329).

Bezüglich Columbiens vgl. Art. 12 des Freundschaftsvertrags (s. Nr. 791 a).

(Wegen früherer Veröffentlichungen in diesem Betreff vgl. noch bezügl. Dänemarks die dänische Circularverfügung v. 23. Dez. 72 [CB. 73 S. 164], bezügl. Oesterreichs den österreich. Erlaß v. 3. Nov. 72 [CB. 73 S. 165], bezügl. der Vereinigten Staaten v. Nordamerika das Cirkular v. 25. Okt. 72 [CB. 73 S. 166], bezügl. Rußlands die russische VO., betr. Umrechnung verschiedener Tragfähigkeitsangaben der Schiffe in finnische schwere Lasten, v. 2. Apr. 73, CB. S. 196).

C. Das Schiffspersonal.

I. Dessen Rechtsverhältnisse, Rechte u. Pflichten.

Dieselben sind geordnet durch die

591 **Seemannsordnung;** v. 27. Dez. 72 (RGB. S. 409).

Ausführungsvorschriften:

a) Zu § 4:

592 Verzeichnis der Seemannsämter u. der denselben vorgesetzten Landesbehörden; v. 18. Apr. 77 (CB. S. 219). Abänderungen dieses Verzeichnisses wurden veröffentlicht in CB. 1877 S. 421, 1878 S. 184, 1879 S. 331 u. 1880 S. 253.

b) Zu § 12:

593 Einrichtung der Musterrolle: Bek. v. 18. Juli 91 (CB. S. 218).

c) Zu § 23:

Bek., betr. den Tarif der Kosten, welche für die Musterungsverhandlungen von den Seemannsämtern innerhalb des Bundesgebiets zu erheben sind; v. 22. Febr. 73 (CB. S. 62). 594

Bek., betr. die Musterungsgebühren für Hochseefischerei-Fahrzeuge; v. 24. Nov. 85 (CB. S. 525). 595

II. Der Befähigungsnachweis der Seeschiffer, Seesteuerleute u. Maschinisten.

1. **Bek., betr. den Nachweis der Befähigung als Seeschiffer u. Seesteuermann auf deutschen Kauffahrteischiffen;** v. 6. Aug. 87 (RGB. S. 395). 596

Ergänzungs- u. Vollzugsvorschriften:

a) Bek., betr. die Befähigungszeugnisse für Schiffer auf kleiner Fahrt mit Hochseefischerei-Fahrzeugen u. die Berechnung der Steuermannsfahrzeit; v. 15. Juni 88 (RGB. S. 185). 597

(Die daselbst angeführte Bek., betr. die Zulassung als Schiffer auf kleiner Fahrt mit Hochseefischerei-Fahrzeugen, v. 12. März 85 [RGB. S. 82] ist neben der Bek. v. 6. Aug. 87 in Kraft geblieben.)

b) Hinsichtlich der Untersuchung auf Farbenblindheit gilt die Bek. v. 11. Juni 91 (RGB. S. 348). 598

Dazu:

α) Grundsätze für die Untersuchung auf Farbenblindheit: Bek. v. 11. Juni 91 (CB. S. 156);

β) die Stellen für die Untersuchung auf Farbenblindheit wurden bekannt gemacht in CB. 91 S. 271, 287, 315 u. CB. 92 S. 16, 23 u. 426.

c) Zu § 14: Das Verzeichnis der zur Ausfertigung der Befähigungs-Zeugnisse zuständigen Landesbehörden s. in CB. 80 S. 254. 599

Anmerkung: Von den früheren Vorschriften über den Befähigungsnachweis der Seeschiffer ꝛc., v. 25. Sept. 69 (BGB. S. 660), geändert durch Bek. v. 12. März u. 2. Dez. 85 (RGB. S. 82 u. 319), sind, nachdem die §§ 1—13 durch die Bek. v. 6. Aug. 87 aufgehoben wurden, nur noch die ehemaligen Uebergangsbestimmungen (§ 14 ff.) in Kraft geblieben. Zu diesen §§ vgl. noch die Bekanntmachungen v. 19. u. 25. Juni 75 (CB. S. 371 u. 376).

2. **Bek., betr. die Führung von Segel-Lustfahrzeugen;** v. 9. Juni 91 (CB. S. 144). 600

3. **Bek., betr. die Vorschriften über den Befähigungsnachweis u. die Prüfung der Maschinisten** auf Seedampfschiffen der deutschen Handelsflotte; v. 26. Juli 91 (RGB. S. 359). 601

Ausführungsbestimmungen:

a) Zu § 8:

Verzeichnis der Prüfungskommissionen: Bek. v. 23. Dez. 79 (CB. S. 851), geändert bezw. ergänzt in CB. 80 S. 758 u. CB. 90 S. 43.

b) Zu § 23:

Das Verzeichnis der zur Ausstellung der Befähigungszeugnisse zuständigen Landesbehörden s. in CB. 80 S. 254.

Formulare zu den Prüfungs- u. Befähigungszeugnissen der Maschinisten: Bek. v. 22. Aug. 91 (CB. S. 266).

III. Fürsorge für die Seeleute.

602 1. **Ges., betr. die Verpflichtung deutscher Kauffahrteischiffe zur Mitnahme hülfsbedürftiger Seeleute;** v. 27. Dez. 72 (RGB. S. 432).

603 2. **Uebereinkommen wegen gegenseitiger Unterstützung hülfsbedürftiger Seeleute** sind abgeschlossen mit Großbritannien, Frankreich, Schweden u. Norwegen, Dänemark u. Oesterreich-Ungarn. Vgl. Bek. v. 12. Juli 90 (CB. S. 263).

604 3. **Vereinbarung mit Frankreich wegen Auslieferung von Heuerguthaben u. Effekten** deutscher auf französischen Schiffen u. französischer auf deutschen Schiffen angemusterter Seeleute: Bek. v. 10. Apr. 85 (CB. S. 148).

Wegen Unfallversicherung der Seeleute s. Nr. 729 ff.

D. Die Schiffahrtsvorschriften.

I. Allgemeines.

605 1. **Ges., betr. die Schiffsmeldungen bei den Konsulaten** des Deutschen Reiches; v. 25. März 80 (RGB. S. 181).

Dazu:

Ausführungsverordnung gl. Betr. v. 28. Juli 80 (RGB. S. 183) u. Zirkularverfügung an die Konsulate, v. 15. Nov. 80 (CB. S. 804).

606 2. **Ges., betr. die Küstenfrachtfahrt;** v. 22. Mai 81 (RGB. S. 97),

in Helgoland eingeführt durch Art. I Ziff. V 3 der VO. v. 22. März 91 (RGB. S. 21).

Ausführungsbestimmungen:

a) Zu § 2:

Das Recht der Küstenfrachtfahrt wurde eingeräumt den Schiffen von Belgien, Brasilien, Dänemark, Großbritannien, Italien, Schweden u. Norwegen durch VO. v. 29. Dez. 81 (RGB. S. 275), denjenigen der Niederlande durch VO. v. 1. Juni 86 (RGB. S. 179). Vgl. auch Art. 2 Abs. 4 des Freundschafts-Vertrags mit Columbien (s. Nr. 791 a).

b) Zu § 4:

Bek., betr. die durch das Ges. v. 22. Mai 81 nicht berührten Vertragsbestimmungen; v. 29. Dez. 81 (RGB. S. 276). (An Stelle der daselbst angeführten Handelsverträge mit Oesterreich-Ungarn u. Rumänien sind die bei Nr. 815 u. 820 angeführten Verträge getreten; vgl. Art. 11 bezw. Art. 13 daselbst).

Anmerkung:

Wegen der in militärischem Interesse gebotenen Beschränkungen der Schiffahrt ꝛc. in den Reichskriegshäfen s. Ges., betr. die Reichskriegshäfen ꝛc., v. 19. Juni 83 (RGB. S. 105), sowie § 5 des Ges., betr. die Vereinigung v. Helgoland mit dem Deutschen Reich (RGB. 90 S. 207, s. Nr. 50). 607

Wegen der Schiffahrt im Schwarzen Meer s. Nr. 624 ff., im Sulu-Archipel s. Nr. 785.

II. Vorschriften zur Verhütung von Seeunfällen u. über das Verfahren nach denselben.

1. **Bek., betr. die einheitliche Bezeichnung der Fahrwasser u. Untiefen in den deutschen Küstengewässern;** v. 31. Juli 87 (RGB. S. 387). 608

2. **VO., zur Verhütung des Zusammenstoßens der Schiffe auf See;** v. 7. Jan. 80 (RGB. S. 1). 609

   § 10 ist aufgehoben u. ersetzt durch VO. v. 16. Febr. 81 (RGB. S. 28).

   Wegen des Begriffs „Schiffsführer" im Sinne dieser u. der nachgenannten VO. s. VO. v. 29. Juli 89 (RGB. S. 171).

3. **VO. über das Verhalten der Schiffer nach einem Zusammenstoß** v. Schiffen auf See; v. 15. Aug. 76 (RGB. S. 189). 610

   Wegen des Begriffs „Schiffsführer" im Sinn dieser VO. s. die bei Nr. 609 angeführte VO.

4. **Noth- u. Lootsen-Signalordnung** für Schiffe auf See u. auf den Küstengewässern; v. 14. Aug. 76 (RGB. S. 187). 611

5. **Strandungsordnung;** v. 17. Mai 74 (RGB. S. 73). 612

   Ausführungsvorschriften:

   a) Instruktion zur Strandungsordnung; v. 24. Nov. 75 (CB. S. 750).

   b) Zu §§ 1 u. 2: Verzeichnis der von den Regierungen der Bundes-Seestaaten eingesetzten Strandämter u. Strandvogteien s. CB. 80 S. 215. Personelle Aenderungen hierzu s. in CB. 80 S. 260 u. 502. Weitere Aenderungen wurden nicht mehr veröffentlicht.

6. **Ges., betr. die Untersuchung von Seeunfällen;** v. 27. Juli 77 (RGB. S. 549), 613

   ergänzt durch Ges., betr. den Gewerbebetrieb der Maschinisten auf Seedampfschiffen, v. 11. Juni 78 (RGB. S. 109).

Zu §§ 14 u. 15 des Ges. v. 27. Juli 77 vgl. ferner § 66 des Seeunfallversicherungsgesetzes (RGB. 87 S. 354, s. Nr. 729).

Wegen Einführung des Gesetzes in Helgoland s. Art. I Zff. V 2 der VO. v. 22. März 91 (RGB. S. 21).

Ausführungsbestimmungen:

614 a) Zu § 6: Bek., betr. die Bildung der Seeamtsbezirke; v. 1. Dez. 77 (CB. S. 621), geändert bezügl. des Bezirks Emden durch Bek. v. 6. Nov. 87 (CB. S. 545), bezügl. des Bezirks Hamburg durch Bek. v. 2. Nov. 91 (CB. S. 303).

615 b) Zu § 33: Geschäftsordnung für das Oberseeamt; v. 3. Mai 78 (CB. S. 276), mit Nachtrag v. 10. Mai 79 (CB. S. 371).

c) Zirkular-Erlaß an die Konsulate zur Ausführung des Gesetzes; v. 23. Nov. 77 (CB. S. 634).

E. Schiffahrtsabgaben.

616 1. Verordnungen über die Schiffahrtsabgaben in den Bundes-Seestaaten Mecklenburg-Schwerin, Lübeck, Bremen u. Hamburg: CB. 73 S. 184—190 u. S. 193—196.

617 2. Veröffentlichung der Tarife zur Erhebung von Kommunikationsabgaben in den fiskalischen Häfen Preußens: Bek. v. 22. März 75 (CB. S. 203—266).

618 3. Oldenburgische Bek., betr. die Benutzung der Braker Hafenanstalten u. die hierfür zu entrichtenden Gebühren: CB. 75 S. 301.

619 F. Schiffahrtsverträge.

Eine vertragsmäßige Regelung der wechselseitigen Schiffahrtsbeziehungen enthalten die Verträge mit: China (Nr. 791), Columbien (Nr. 791a), Costa Rica (Nr. 792), der Dominikanischen Republik (Nr. 794), Ecuador (Nr. 795), Egypten (Nr. 796), Frankreich (Nr. 797 ff.), Griechenland (Nr. 803), Guatemala (Nr. 804), Hawai (Nr. 805), Honduras (Nr. 806), Japan (Nr. 807), Italien (Nr. 808), dem Kongostaat (Nr. 809), Korea (Nr. 810), Liberia (Nr. 811), Madagaskar (Nr. 812), Marokko (Nr. 813a), Mexiko (Nr. 814), Oesterreich-Ungarn (Nr. 815), Paraguay (Nr. 818), Persien (Nr. 819), Rumänien (Nr. 820), Rußland (Nr. 822), Salvador (Nr. 823), Samoa (Nr. 824), Serbien (Nr. 829), Spanien (Nr. 830), Tonga (Nr. 832), der Türkei (Nr. 833), Uruguay (Nr. 833a) u. Zanzibar (Nr. 834).

Wegen vertragsmäßiger Regelung der Schiffahrt im Schwarzen Meer und auf der Donau s. Nr. 624 ff.

§ 8. Flußschiffahrt und Flößerei. Kanäle.

1. **Ges., betr. die Abgaben von der Flößerei;** v. 1. Juni 70 (BGB. S. 312), 620

geändert durch die §§ 8 u. 12 des Ges. v. 22. Apr. 71 (BGB. S. 87),

als Reichsgesetz eingeführt in Baden u. Südhessen (Art. 80 I Nr. 23 der Bundesverf., BGB. 70 S. 648), in Württemberg (Vertr. v. 25. Nov. 70, BGB. S. 654) u. in Bayern (§§ 8 u. 12 des Ges. v. 22. Apr. 71, BGB. S. 87).

Auf Grund des § 1 sind Flößereiabgaben aufgehoben worden 621
auf der Saale u. Werra (VO. v. 1. Juni 70, BGB. S. 314), auf dem Neckar (VO. v. 19. Febr. 71, BGB. S. 31) u. auf der Enz u. Nagold (VO. v. 13. Febr. 74, RGB. S. 14).

2. **Abgaben auf der Elbe u. Weser.**

a) Ges. wegen Aufhebung der Elbzölle; v. 11. Juni 70 (BGB. S. 416). 622

Vertr. zw. dem Nordd. Bunde u. Oesterreich wegen Aufhebung des Elbzolls; v. 22. Juni 70 (BGB. S. 417).

b) Ges., betr. die Erhebung einer Schiffahrtsabgabe auf der Unterweser; v. 5. Apr. 86 (RGB. S. 67). 623

3. **Donauschiffahrt.** 624

a) Die Schiffahrt auf der Donau u. dem Schwarzen Meere ist geregelt durch den zwischen Deutschland, Oesterreich, Frankreich, Großbritannien, Italien, Rußland u. der Türkei abgeschlossenen, eine Aenderung des Pariser Vertrags enthaltenden Londoner Vertrag 625
v. 13. März 71 (RGB. S. 104), geändert durch den Berliner Vertrag v. 13. Juli 78 (RGB. S. 344, s. Nr. 786).

Vgl. ferner die Zusatzakte zur Schiffahrtsakte für die 626
Donaumündungen; v. 28. Mai 81 (RGB. 82 S. 61).

b) Verordnungen der Europäischen Donaukommission:

Dieselbe hat unterm 8. Nov. 70 ein Schiffahrts- u. Polizei- 627
Reglement für die untere Donau erlassen. Aenderungen dieses im RGB. bezw. CB. nicht abgedruckten Reglements wurden veröffentlicht in CB. 73 S. 146 (VO., betr. den Tiefgang der Flöße auf dem Sulina-Arm, v. 11. Nov. 72) u. in CB. 74 S. 65. Vgl. ferner die VO. der Kommission, betr. die Herausnahme der auf der unteren Donau abandonnirten Schiffsutensilien; v. 11. Nov. 72 (CB. 73 S. 146).

Tarif der an der Sulina-Mündung zu erhebenden Schiff- 628
fahrts-Abgaben; v. 19. Nov. 89 (CB. 90 S. 25).

Wegen der ehemaligen Garantie des Nordd. Bundes für das von der Europ. Donau-Kommission aufgenommene Darlehen zur Herstellung der Fahrbarkeit des Sulina-Armes der Donaumündungen s. bei Nr. 898.

Wegen der internationalen Sanitätsmaßregeln gegen Cholera an der Donaumündung s. Nr. 442a.

4. **Kanäle.**

629 **a)** Vertr. zw. dem Deutschen Reich u. den Niederlanden, betr. die Verbindung des niederländischen Kanalnetzes mit den Kanälen links der Ems auf preußischem Gebiete; v. 12. Okt. 76 (RGB. 77 S. 539).

630 **b)** Ges., betr. die Herstellung des Nord-Ostsee-Kanals; v. 16. März 86 (RGB. S. 58).

Dazu:

α) VO., betr. die Errichtung einer besonderen Kommission für die Herstellung des Nord-Ostsee-Kanals; v. 17. Juli 86 (RGB. S. 233).

β) Allerh. Erl., betr. Abgabentarife für die Kanalstrecke Holtenau—Rendsburg u. die Benutzung der Hafenanlagen zu Holtenau; v. 4. Juni 94 (RGB. S. 464).

Wegen der Statistik des Verkehrs auf deutschen Wasserstraßen s. Nr. 682.

§ 9. Landeskultur.

631 A. Die Landwirthschaft.

I. Maßregeln gegen die Reblaus.

1. **Inländische Gesetzgebung.**

632 **a)** Maßregeln gegen die Verbreitung im Inland:

α) Ges., betr. Maßregeln gegen die Reblauskrankheit; v. 6. März 75 (RGB. S. 175).

Zur Ausführung der inzwischen abgeschlossenen internationalen Reblauskonvention (s. Nr. 639) erging ferner das

β) Ges., betr. die Abwehr u. Unterdrückung der Reblauskrankheit; v. 3. Juli 83 (RGB. S. 149).

Ausführungsvorschriften:

633 Zu § 4:

Das Verzeichnis der Weinbaubezirke des Reichs s. in CB. 93 S. 131.

Zu § 7 Abs. 3: 634

Das Verzeichnis der Gartenbau- u. botanischen Anlagen ꝛc. im Deutschen Reich, welche regelmäßigen Untersuchungen unterliegen u. amtlich als den Anforderungen der internationalen Reblauskonvention entsprechend erklärt wurden s. in Bek. v. 11. Aug. 94 (CB. S. 360).

Entsprechende Verzeichnisse wurden veröffentlicht für Belgien durch Bek. v. 24. Okt. 84 (CB. S. 285) u. für Luxemburg durch Bek. v. 23. März 85 (CB. S. 74).

b) Schutz gegen Einschleppung aus dem Auslande: 635

Die ersten Bestimmungen hierüber brachte die

α) VO., betr. das Verbot der Einfuhr von Reben zum Verpflanzen; v. 11. Febr. 73 (RGB. S. 43).

Der Anwendungskreis dieser Bestimmungen wurde erweitert durch die

β) VO., betr. das Verbot der Einfuhr von Reben u. sonstigen Theilen des Weinstocks; v. 31. Okt. 79 (RGB. S. 303).

Fernere Erweiterungen dieser Vorschriften, insbes. zur Ausführung der inzwischen abgeschlossenen Reblauskonvention (Nr. 639) enthält die

γ) VO., betr. das Verbot der Einfuhr u. der Ausfuhr v. Pflanzen u. sonstigen Gegenständen des Wein- u. Gartenbaues; v. 4. Juli 83 (RGB. S. 153).

§ 2 dieser VO. ist aufgehoben u. ersetzt durch VO., betr. die Einfuhr bewurzelter Gewächse aus den bei der internationalen Reblauskonvention nicht betheiligten Staaten; v. 7. Apr. 87 (RGB. S. 155).

Zu § 2 letztgenannter VO. vgl. Bek. gl. Betr. v. 23. Aug. 87 (RGB. S. 431).

Ausführungsbestimmungen:

Zu § 4 Zff. 1 u. § 5 Zff. 1 u. 3:

Bek., betr. die Einfuhr u. die Ausfuhr von Pflanzen ꝛc.; v. 12. Juli 83 (RGB. S. 242). Das in § 1 dieser Bek. enthaltene Verzeichnis der Zollämter, über welche die Einfuhr erfolgen darf, wurde ergänzt bezügl. Preußens (RGB. 1884 S. 10 u. 11, 1887 S. 517 u. 531, 1888 S. 233, 1889 S. 54, 1891 S. 8), bezügl. Bayerns (RGB. 1887 S. 7, 1892 S. 663), bezügl. Sachsens (RGB. 84 S. 52), bezügl. Badens (RGB. 1884 S. 64, 1886 S. 180, 1888 S. 301), bezügl. Hamburgs (RGB. 83 S. 335), bezügl. Bremens (RGB. 84 S. 15) u. bezügl. Lübecks (RGB. 85 S. 19). 636

Zu § 4 Zff. 2:

Verzeichnis der von auswärtigen Staaten für die Einfuhr der zur Kategorie der Rebe nicht gehörigen Pflänzlinge bestimmten Zollämter: Bek. v. 23. Juli 83 (CB. S. 238), ergänzt bezüglich 637

der Niederlande durch Bek. v. 18. März 84 (CB. S. 61).

Diese Bek. wurde wiederum ergänzt durch Bek. v. 28. Mai 88 (CB. S. 191), v. 22. Mai 92 (CB. S. 389) u. v. 8. März 93 (CB. S. 90);

der Schweiz durch Bek. v. 6. Apr. u. 19. Juli 86 (CB. S. 82 u. 294);

Italiens durch Bek. v. 8. Febr. 89 (CB. S. 201).

Zu § 5 Ziff. 2:

638 Bek., betr. den Verkehr mit Erzeugnissen u. Geräthschaften des Weinbaues in den deutsch-französischen Grenzbezirken; v. 24. Mai 84 (RGB. S. 51).

Bek., gl. Betr. bezügl. der deutsch-schweizerischen Grenzbezirke; v. 24. Aug. 84 (RGB. S. 191).

Bek., gl. Betr. bezügl. der deutsch-luxemburgischen Grenzbezirke; v. 10. Nov. 84 (RGB. S. 219).

Der örtliche Geltungsbereich der bei Nr. 635 angeführten Verordnungen ist bestimmt durch VO. v. 16. Juni 86 (RGB. S. 191).

639 2. **Internationale Reblaus-Konvention;** v. 3. Nov. 81, mit Schlußprot. v. gl. Tag (RGB. 82 S. 125),

ergänzt durch Beifügung eines Abs. 3 zu Art. 3 lt. Deklaration v. 15. Apr. 89, mit Vollziehungsprot. v. gl. Tag (RGB. S. 203).

Der Konvention sind nachträglich beigetreten:

Belgien (Bek. v. 7. Juli 82, RGB. S. 138), Luxemburg (Bek. v. 15. Dez. 82, RGB. S. 139), die Niederlande (Bek. v. 2. Jan. 84, RGB. S. 7), Serbien (Bek. v. 24. Okt. 84, RGB. S. 215), Italien (Bek. v. 28. Jan. 88, RGB. S. 8), Spanien (Bek. v. 6. Juni 91, RGB. S. 348), Rumänien (Bek. v. 19. Jan. 92, RGB. S. 239).

Anmerkung: Wegen der gem. Art. 4 der Konvention mit Frankreich, der Schweiz u. Luxemburg getroffenen Vereinbarungen s. Nr. 638.

II. Sonstige Förderung der Landwirthschaft.

640 **Schutz gegen den Kartoffelkäfer.**

VO., betr. das Verbot der Einfuhr v. Kartoffeln aus Amerika, sowie v. Abfällen u. Verpackungsmaterial solcher Kartoffeln; v. 26. Febr. 75 (RGB. S. 135).

641 Wegen des Schutzes der Vögel s. Nr. 298.

B. Veterinärwesen.

1. Die Thierärzte.

642 Vorschriften über die Prüfung der Thierärzte, veröffentlicht mit Bek. v. 13. Juli 89 (CB. S. 421).

Wegen gegenseit. Zulassung der in den Grenzgemeinden wohnenden Thierärzte zur Ausübung der Praxis vgl. die Uebereinkommen mit Belgien, Oesterreich-Ungarn u. der Schweiz bei Nr. 426.

2. Maßregeln gegen die Rinderpest.

Ges., Maßregeln gegen die Rinderpest betr.; v. 7. Apr. 69 (BGB. S. 105). 643

Aenderungen u. Ergänzungen:

a) § 6 ist aufgehoben durch § 6 des Ges., betr. die Beseitigung v. Ansteckungsstoffen bei Viehbeförderungen auf Eisenbahnen, v. 25. Febr. 76 (s. Nr. 514).

b) Zu § 7: Die Bestrafung der Zuwiderhandlungen wurde reichsgesetzlich geregelt durch

Ges., betr. die Zuwiderhandlungen gegen die zur Abwehr der Rinderpest erlassenen Vieh-Einfuhrverbote; v. 21. Mai 78 (RGB. S. 95). 644

Geltungsgebiet:

Das Ges. v. 7. Apr. 69 wurde als Reichsgesetz eingeführt in Baden u. Südhessen (Art. 80 I Nr. 12 der Bundesverf., BGB. 70 S. 647), in Bayern u. Württemberg (Ges. v. 2. Nov. 71, RGB. S. 372) u. in Elsaß-Lothringen (Ges. v. 11. Dez. 71, RGB. S. 471).

Ausführungsbestimmungen:

a) Zu § 8:

Revidirte Instruktion zum Ges. v. 7. Apr. 69, eingeführt mit Allerh. Erl. v. 9. Juni 73 (RGB. S. 147). 645

Anmerkung: An Stelle der in der Schlußbestimmung erwähnten Bestimmungen über Desinfektion der Eisenbahnwagen ist das Ges. v. 25. Febr. 76 (s. Nr. 514) getreten.

b) Zu § 14:

Bek., betr. die Gebührnisse der zur Durchführung von Absperrungsmaßregeln gegen die Rinderpest verwendeten Militärkommandos u. die Erstattung der entstandenen Mehrkosten aus Reichs-Civilfonds; v. 17. Juni 91 (CB. S. 149). 646

3. Maßregeln gegen sonstige Viehseuchen.

a) Ges., betr. die Abwehr u. Unterdrückung v. Viehseuchen; v. 23. Juni 80 (RGB. S. 153), 647

geändert durch Ges. v. 1. Mai 94 (RGB. S. 405),
in der neuen Fassung bekannt gemacht mit Bek. v. 1. Mai 94 (RGB. S. 409).

Dazu:

α) Instruktion zur Ausführung der §§ 19—29 des Ges. v. 23. Juni 80 ꝛc.; v. 12./24. Febr. 81 (CB. S. 36), geändert bezügl. § 20 letzt. Abs. durch Bek. v. 2. Mai 82 (CB. S. 215).

β) Zu § 10 Abs. 2: Bek., betr. die Anzeigepflicht für die Schweineseuche, die Schweinepest und den Rothlauf der Schweine; v. 2. Apr. 94 (RGB. S. 333) u. Bek., betr. die Anzeigepflicht für die Schweinepest; v. 23. Juli 94 (RGB. S. 510). 647a

648 b) VO., betr. das Verbot der Einfuhr von lebenden Schweinen aus Rußland, Oesterreich-Ungarn u. den Hinterländern Oesterreich-Ungarns; v. 14. Juli 89 (RGB. S. 149);

bezügl. Oesterreich-Ungarns modifizirt durch das

649 c) Viehseuchen-Uebereinkommen zwischen dem Deutschen Reich u. Oesterreich-Ungarn; v. 6. Dez. 91, mit Schlußprotokoll (RGB. 92 S. 90).

Anmerkung:

Wegen Beseitigung von Ansteckungsstoffen bei Viehbeförderungen auf Eisenbahnen s. bei Nr. 514.

Wegen Verladung u. Beförderung lebender Thiere auf Eisenbahnen s. bei Nr. 515.

C. Jagd u. Fischerei.

1. Robbenfang.

650 Ges., betr. die Schonzeit für den Fang von Robben; v. 4. Dez. 76 (RGB. S. 233).

Dazu: VO. gl. Betr. v. 29. März 77 (RGB. S. 409).

2. Fischerei in der Nordsee.

651 Internationaler Vertrag, betr. die polizeiliche Regelung der Fischerei in der Nordsee außerhalb der Küstengewässer; v. 6. Mai 82 (RGB. 84 S. 25 ff. u. S. 48 unten),

geändert bezügl. Art. 8 Abs. 5 durch die Deklaration v. 1. Febr. 89 (RGB. 90 S. 5).

Dazu: Ges. zur Ausführung der intern. Konvention v. 6. Mai 82 ꝛc.; v. 30. Apr. 84 (RGB. S. 48),

eingeführt in Helgoland durch Art. I Zff. V 4 der VO. v. 22. März 91 (RGB. S. 21).

Wegen Unterdrückung des Branntweinhandels unter den Nordseefischern auf hoher See s. Nr. 409.

3. Lachsfischerei im Rhein.

652 Vertrag zwischen Deutschland, den Niederlanden u. der Schweiz, betr. die Regelung der Lachsfischerei im Stromgebiete des Rheins; v. 30. Juni 85, mit Schlußprot. v. gl. Tag (RGB. 86 S. 192).

Anmerkung:

Wegen des Vertrags mit Belgien, betr. die Bestrafung der auf beiderseitigen Gebieten begangenen Fischerei- u. Jagdfrevel s. Nr. 329.

Wegen des Gesetzes über den Schutz der Vögel s. Nr. 298.

§ 10. Handel u. Gewerbe. 653

I. Die Gewerbeordnung nebst Ausführungsbestimmungen.

Die Gewerbeordnung für den Norddeutschen Bund, v. 21. Juni 69 (BGB. S. 245, Druckfehlerberichtigung BGB. 70 S. 512), hat bis zum Jahre 1883 zahlreiche Aenderungen erfahren, welche aus der in Art. 16 des Ges. v. 1. Juli 83 (RGB. S. 176) enthaltenen Zusammenstellung ersichtlich sind. Auf Grund der dem Reichskanzler in dem genannten Art. 16 ertheilten Ermächtigung wurde durch Bek., betr. die Redaktion der Gewerbeordnung für das Deutsche Reich, v. 1. Juli 83 die

Gewerbeordnung für das Deutsche Reich 654

neu bekannt gemacht in RGB. 1883 S. 177.

1. **Seitherige Aenderungen bezw. Ergänzungen:**

a) § 100e ist ergänzt durch Ges. v. 8. Dez. 84 (RGB. S. 255).

b) § 104h bis o eingefügt durch Ges. v. 23. Apr. 86 (RGB. S. 125).

c) § 100f bis m eingefügt sowie § 148 Ziff. 10 geändert durch Ges. v. 6. Juli 87 (RGB. S. 281).

d) § 120a aufgehoben durch § 78 des Ges., betr. die Gewerbegerichte (RGB. 90 S. 160).

e) Vielfache Aenderungen enthält das Ges., betr. die Abänderung der Gewerbeordnung; v. 1. Juni 91 (RGB. S. 261).

Zu Art. 9 dieses Gesetzes: VO., betr. das Inkrafttreten der auf die Sonntagsruhe im Handelsgewerbe bezüglichen Bestimmungen der Gewerbeordnungsnovelle v. 1. Juni 91; v. 28. März 92 (RGB. S. 339). 655

f) § 35 Abs. 3 Satz 1 ist geändert durch Art. III des Ges., betr. Ergänzung der Bestimmungen über den Wucher, v. 19. Juni 93 (RGB. S. 199).

g) Das in § 16 enthaltene Verzeichnis der gewerblichen Anlagen, welche einer besonderen Genehmigung bedürfen, wurde geändert durch 655a

Bek. v. 12. Juli 84 (RGB. S. 118), genehmigt durch den Reichstag lt. Bek. v. 4. Jan. 85 (RGB. S. 2),

Bek. v. 31. Jan. 85 (RGB. S. 8), genehmigt lt. Bek. v. 24. Apr. 85 (RGB. S. 92),

Bek. v. 15. Febr. 86 (RGB. S. 28), genehmigt lt. Bek. v. 1. Apr. 86 (RGB. S. 68),

Bek. v. 16. Juni 86 (RGB. S. 204), genehmigt lt. Bek. v. 5. Jan. 87 (RGB. S. 4),

Bek. v. 16. Juli 88 (RGB. S. 218), genehmigt lt. Bek. v. 2. Jan. 89 (RGB. S. 1).

656 **2. Geltungsgebiet der Gewerbeordnung.**

Die Gewerbeordnung wurde als Reichsgesetz eingeführt

a) in Südhessen durch Art. 80 II Abs. 2 der Bundesverf. (BGB. 70 S. 649);

b) in Württemberg u. Baden durch Ges. v. 10. Nov. 71 (RGB. S. 392);

c) in Bayern mit besonderen Einführungsbestimmungen durch Ges. v. 12. Juni 72 (RGB. S. 170), geändert bezügl. des § 1 Abs. 2 durch Art. 3 Abs. 2 des Ges. v. 23. Juli 79 (RGB. S. 268);

d) in Elsaß-Lothringen mit besonderen Maßgaben durch

α) Ges., betr. die Einführung des § 29 der Gewerbeordnung in Elsaß-Lothringen; v. 15. Juli 72 (RGB. S. 350),

β) Ges., betr. die Einführung der Gewerbeordnung in Elsaß-Lothringen; v. 27. Febr. 88 (RGB. S. 57).

Dazu: Bek., betr. Ausführungsbestimmungen zu dem Ges. v. 27. Febr. 88 rc.; v. 22. Dez. 88 (RGB. S. 301), soweit erforderlich durch den Reichstag genehmigt lt. Bek. v. 4. März 89 (RGB. S. 46). Die in der Bek. v. 22. Dez. 88 angeführten Ausführungsbestimmungen zur Gewerbeordnung sind inzwischen größtentheils durch die nachgenannten, neueren Bestimmungen ersetzt worden.

3. Ausführungsbestimmungen zur Gewerbeordnung.

a) Zu § 6 Abs. 2:

Die VO., betr. den Verkehr mit Arzneimitteln s. bei Nr. 427.

b) Zu § 24:

657 Bek., betr. allgemeine polizeiliche Bestimmungen über die Anlegung von Dampfkesseln; v. 5. Aug. 90 (RGB. S. 163). Die in § 23 daselbst genannten Vorschriften sind inzwischen durch die bei Nr. 505 u. 506 angeführten Vorschriften ersetzt worden.

c) Zu § 29:

Zu Abs. 1: Die Prüfungsvorschriften für Aerzte s. bei Nr. 417 ff., für Zahnärzte bei Nr. 422, für Thierärzte bei Nr. 642, für Apotheker bei Nr. 423 ff.

Zu Abs. 4 vgl. Bek. v. 9. Dez. 69 (s. bei Nr. 420).

d) Zu § 31:

Wegen des Befähigungsnachweises der Seeschiffer, Seesteuerleute u. Maschinisten s. Nr. 596 ff.

e) Zu §§ 44 Abs. 2, 56d, 60 Abs. 4:

658 Bek., betr. Ausführungsbestimmungen zur Gewerbeordnung; v. 31. Okt. 83 (CB. S. 305), geändert bezügl. der Formulare A, B u. C für Wandergewerbscheine durch Bek. v. 8. Nov. 89 (CB. S. 559).

f) Zu § 56b:

Bek., betr. die Gestattung des Feilbietens von Bier im Umherziehen; v. 21. März 90 (RGB. S. 60), geändert durch Bek. gl. Betr. v. 7. Nov. 92 (RGB. S. 1038). 659

g) Zu Titel VI:

Entwurf eines Innungsstatuts auf Grund des Reichsgesetzes v. 18. Juli 81: CB. 82 S. 247. (Wegen der späteren Aenderungen der Innungsgesetzgebung ist der Entwurf nur mit Vorsicht zu benutzen.) 660

h) Zu Titel VII:

Regulativ für die Errichtung einer Kommission für Arbeiterstatistik: Bek. v. 1. Apr. 92 (CB. S. 166), nach Abänderung der §§ 2 u. 8 neu veröffentlicht mit Bek. v. 29. Jan. 94 (CB. S. 19). 661

i) Zu §§ 120e u. 139a:

Bek., betr. die Einrichtung u. den Betrieb der zur Anfertigung von Cigarren bestimmten Anlagen; v. 8. Juli 93 (RGB. S. 218). 662

Bek., betr. die Einrichtung u. den Betrieb der Bleifarben- u. Bleizuckerfabriken; v. 8. Juli 93 (RGB. S. 213). 663

Ges., betr. die Anfertigung (u. Verzollung) von Zündhölzern; v. 13. Mai 84 (RGB. S. 49), wovon § 6 durch das Zolltarifgesetz (s. Nr. 1039) aufgehoben wurde. Dazu: Bek., betr. die Einrichtung u. den Betrieb von Anlagen zur Anfertigung von Zündhölzern unter Verwendung von weißem Phosphor; v. 8. Juli 93 (RGB. S. 209). 664

k) Zu § 139a: 665

Auf Grund dieses Paragraphen sind bezügl. der Beschäftigung von Arbeiterinnen u. jugendlichen Arbeitern besondere Vorschriften erlassen worden für die nachbenannten Fabrikationszweige:

Gummiwaarenfabriken: Bek. v. 21. Juli 88 (RGB. S. 219); 666

Glashütten: Bek. v. 11. März 92 (RGB. S. 317); 667

Drahtziehereien mit Wasserbetrieb: Bek. v. 11. März 92 (RGB. S. 324); 668

Cichorienfabriken: Bek. v. 17. März 92 (RGB. S. 327); 669

Steinkohlenbergwerke: Bek. v. 17. März 92 (RGB. S. 328, s. auch folg. Bek.); 670

Steinkohlenbergwerke, Zink- u. Bleierzbergwerke u. Kokereien im Regierungsbezirk Oppeln: Bek. v. 24. März 92 (RGB. S. 331). Dazu Berichtigung in RGB. 93 S. 3; 671

Rohzuckerfabriken u. Zuckerraffinerien: Bek. v. 24. März 92 (RGB. S. 334); 672

Walz- u. Hammerwerke: Bek. v. 29. Apr. 92 (RGB. S. 602); 673

Hechelräume u. dergl.: Bek. v. 29. Apr. 92 (RGB. S. 604); 674

Spinnereien: Bek. v. 8. Dez. 93 (RGB. S. 264); 675

Ziegeleien: Bek. v. 27. Apr. 93 (RGB. S. 148). 676

Anmerkung:

Wegen wechselseitiger Anerkennung der Gesindedienstbücher im Reichsgebiet s. Bek. v. 10. März 73 (CB. S. 73). 677

Wegen Angabe des Feingehalts auf den Gold- u. Silberwaaren s. Nr. 497.

Wegen Prüfung u. Beglaubigung technischer Geräthe u. dergl. durch die Physikalisch-technische Reichsanstalt s. Nr. 498 ff.

Wegen Unterdrückung des Branntweinhandels unter den Nordseefischern auf See s. Nr. 409.

678 ## II. Handelsverträge.

Eine vertragsmäßige Regelung der wechselseitigen Handelsbeziehungen enthalten die Verträge mit: Belgien (Nr. 790), China (Nr. 791), Columbien (Nr. 791a), Costa Rica (Nr. 792), der Dominikanischen Republik (Nr. 794), Ecuador (Nr. 795), Egypten (Nr. 796), Griechenland (Nr. 803), Guatemala (Nr. 804), Hawai (Nr. 805), Honduras (Nr. 806), Japan (Nr. 807), Italien (Nr. 808), dem Kongostaat (Nr. 809), Korea (Nr. 810), Liberia (Nr. 811), Madagaskar (Nr. 812), Marokko (Nr. 813a), Mexiko (Nr. 814), Oesterreich-Ungarn (Nr. 815), Paraguay (Nr. 818), Persien (Nr. 819), Rumänien (Nr. 820), Rußland (Nr. 822), Salvador (Nr. 823), Samoa (Nr. 824), der Schweiz (Nr. 826), Serbien (Nr. 829), der Südafrikanischen Republik (Nr. 831), Tonga (Nr. 832), der Türkei (Nr. 833), Uruguay (Nr. 833a) u. Zanzibar (Nr. 834).

III. Statistik des Waarenverkehrs.

679 **1. Ges., betr. die Statistik des Waarenverkehrs des deutschen Zollgebiets mit dem Auslande;** v. 20. Juli 79 (RGB. S. 261).

Ausführungsvorschriften:

a) Ausführungsbestimmungen u. Dienstvorschriften zum Ges. v. 20. Juli 79 2c., veröffentlicht unterm 9. Dez. 88 (CB. S. 967 ff. bezw. 997 ff.). Geändert wurden

α) die Ausführungsbestimmungen in § 29 Abs. 2 lt. Veröffentlichung in CB. 90 S. 385,

β) die Ausführungsbestimmungen und die Dienstvorschriften lt. Bek. v. 6. März 92 (CB. S. 139).

b) Zu § 2 Abs. 4:

680 Ein neues statistisches Waarenverzeichnis wurde am 1. Juli 88 in Kraft gesetzt lt. Bek. v. 4. Juni 88 (CB. S. 194). Das Verzeichnis wurde inzwischen geändert durch Bek. v. 24. Dez. 88 (CB. S. 1041), v. 31. Dez. 88 (CB. 89 S. 174 u. S. 197), v. 8. Juli 90 (CB. S. 239 bezw. 242), v. 2. Juli 91 (CB. S. 199 bezw. 200), Bdsrthsbeschl. v. 10. Dez. 91 (CB. 92 S. 2), Bek. v. 28. Jan. 92 (CB. S. 37 bezw. 65), v. 13. Juli 92 (CB. S. 570) u. v. 28. Febr. 93 (CB. S. 42).

Vgl. hierzu auch die Schlußbemerkung zu lit. c.

c) Zu § 11 Abs. 2 Zff. 3:

681 Ein neues Verzeichnis der Massengüter, auf welche die Bestimmungen in § 11 Abs. 2 Zff. 3 des Ges. v. 20. Juli 79 Anwendung findet, ist am 1. Juli 88 in Kraft gesetzt worden lt. Bek. v. 4. Juni 88 (CB. S. 194). Dieses Verzeichnis wurde inzwischen geändert lt. Bek. v. 8. Juni 89 (CB. S. 353), v. 8. Juli 90 (CB. S. 239 u. 243), v. 10. Dez. 91 (CB. 92 S. 2) u. v. 28. Jan. 92 (CB. S. 37 u. 68).

Wegen Herausgabe einer besonderen Handausgabe der unter b u. c genannten Verzeichnisse vgl. Bek. v. 23. März 89 (CB. S. 246).

682 **2. Bestimmungen, betr. die Statistik des Verkehrs auf den deutschen Wasserstraßen:** CB. 81 S. 330.

§ 11. Die Arbeiterversicherung.

I. Eingeschriebene Hülfskassen. 683

Ges. über die eingeschriebenen Hülfskassen; v. 7. Apr. 76 (RGB. S. 125), in Helgoland eingeführt durch Art. 1 Nr. 1 u. 3 der VO. v. 14. Dez. 92 (RGB. S. 1052),

geändert u. ergänzt

a) in vielen Punkten in Folge der Sozialgesetzgebung durch Ges. v. 1. Juni 84 (RGB. S. 55);

b) § 4 Abs. 5 wurde aufgehoben durch Art. 32 des Ges. v. 10. Apr. 92 (RGB. S. 415).

Ausführungsbestimmungen:

Zu § 27: Formulare zu den nach den Gesetzen über die Krankenversicherung u. die eingeschriebenen Hülfskassen zu liefernden Uebersichten u. Rechnungsabschlüssen, veröffentlicht unterm 16. Nov. 92 (CB. S. 671). 683a

II. Obligatorische Krankenversicherung.

1. **Ges., betr. die Krankenversicherung der Arbeiter;** v. 15. Juni 83 (RGB. S. 73), geändert durch Gesetze v. 28. Jan. 85 (RGB. S. 5) u. v. 10. Apr. 92 (RGB. S. 379). 684

Durch Bek., betr. die Redaktion des Krankenversicherungsgesetzes, v. 10. Apr. 92 wurde das Gesetz in der abgeänderten Fassung unter der Ueberschrift

Krankenversicherungsgesetz

neu veröffentlicht in RGB. 1892 S. 417.

Ergänzungs- u. Ausführungsbestimmungen:

a) Zu § 2a:

Bek., betr. Krankenversicherung im Arbeiterverhältnis zur Post- u. Telegraphenverwaltung stehender Personen; v. 7. Okt. 92 (CB. S. 628). 685

b) Zu § 8:

Eine Zusammenstellung der ortsüblichen Tagelöhne gewöhnlicher Tagearbeiter wurde veröffentlicht mit Bek. v. 24. Dez. 92 (CB. S. 716), geändert 686

α) bezügl. Sachsen-Coburg u. Gotha durch Bek. v. 9. Jan. 93 (CB. S. 6); ebendaselbst s. auch Druckfehlerberichtigungen;

β) lt. Veränderungs-Nachweis in CB. 93 S. 361.

c) Zu C u. E:

Entwürfe von Statuten für eine Ortskrankenkasse u. für eine Betriebs- (Fabrik-) Krankenkasse s. in CB. 92 S. 515. 687

d) Zu § 75a:

Ges., betr. die Einführung des § 75a des Krankenversicherungsgesetzes; v. 14. Dez. 92 (RGB. S. 1049).

e) Zu § 79:

688 Formulare zu den nach dem Gesetze zu liefernden Uebersichten u. Rechnungsabschlüssen, veröffentlicht unterm 16. Nov. 92 (CB. S. 671, s. bei Nr. 683a).

689 2. **Ges., betr. die (Unfall- u.) Krankenversicherung der in land- u. forstwirthschaftlichen Betrieben beschäftigten Personen;** v. 5. Mai 86 (RGB. S. 132, s. bei Nr. 711).

Von den die Krankenversicherung betreffenden §§ 133—143 dieses Gesetzes wurden die §§ 134 Abs. 1, 135, 139, 140 aufgehoben durch Art. 32 Abs. 2 des Ges. v. 10. Apr. 92 (RGB. S. 416).

Wegen des Zeitpunktes des Inkrafttretens des Gesetzes s. bei Nr. 719.

Anmerkung: Wegen Einführung der Krankenversicherungsgesetze in Helgoland s. Art. I Nr. 2 u. 12 der VO. v. 14. Dez. 92 (RGB. S. 1052).

III. Unfallversicherung.

690 1. **Unfallversicherungsgesetz;** v. 6. Juli 84 (RGB. S. 69, Inhaltsverzeichnis S. 110),

geändert bezügl. des § 87 Abs. 4 durch Ges. v. 16. Mai 92 (RGB. S. 665),

in Helgoland eingeführt durch Art. I Nr. 4 u. 13 der VO., v. 14. Dez. 92 (RGB. S. 1052).

Ausführungs- u. Ergänzungsbestimmungen:

a) Zu § 1 Abs. 8:

691 Auf eine Anzahl weiterer, auf die Ausführung von Bauarbeiten sich erstreckender Betriebe wurde die Unfallversicherung ausgedehnt lt. Bekanntmachungen v. 22. Jan. 85 (RGB. S. 13), v. 27. Mai 86 (RGB. S. 190) u. v. 14. Jan. 88 (RGB. S. 1).

b) Zu § 5 Abs. 9:

692 Bek., betr. den von Krankenkassen in der Zeit von der 5. bis zur 13. Woche nach dem Unfall zu leistenden, seitens des Betriebsunternehmers zu erstattenden Mehrbetrag an Krankengeld; v. 30. Sept. 85 (CB. S. 481).

c) Zu § 11 Abs. 1:

693 Wegen Anmeldung der versicherungspflichtigen Betriebe sind ergangen die Bekanntmachungen v. 14. Juli 84 (CB. S. 203), v. 11. Febr. 85 (CB. S. 38) u. v. 10. Juni 86 (CB. S. 191).

d) Zu den §§ 12 u. 15:

694 Bek., betr. die Bildung der Berufsgenossenschaften; v. 22. Mai 85 (CB. S. 213).

Dazu sind wegen Aenderungen bezw. Ergänzungen zu vergleichen:

Bek., betr. die berufsgenossenschaftliche Eingliederung derjenigen Gewerbebetriebe, welche sich auf die Ausführung von Schreiner- (Tischler-), Einsetzer-, Schlosser- oder Anschlägerarbeiten bei Bauten erstrecken; v. 20. Dez. 86 (CB. S. 416).

Bek., betr. die Abänderung des Bestandes mehrerer Berufsgenossenschaften; v. 17. Aug. 87 (CB. S. 333).

Bek. gl. Betr., v. 5. Juli 89 (CB. S. 401).

Bek., betr. die Unfallversicherung von Arbeitern u. Betriebsbeamten in Betrieben, die sich auf die Ausführung von Bauarbeiten erstrecken; v. 14. Jan. 88 (RGB. S. 1, s. Nr. 691).

e) Zu § 46 Abs. 3 (Bestimmung der Schiedsgerichtssitze): 695

Bek., betr. die Verlegung des Sitzes des Schiedsgerichts für den Bezirk der Sektion III der Steinbruchsberufsgenossenschaft von Saarbrücken nach Mainz; v. 29. Okt. 86 (CB. S. 376).

Bek., betr. die Aufhebung der Sektionen der Norddeutschen Textil-Berufsgenossenschaft, sowie die Bildung von fünf Schiedsgerichten für diese Genossenschaft; v. 20. Sept. 89 (CB. S. 522).

(Anmerkung: Die in den vorgenannten Bekanntmachungen in Bezug genommene Bek. v. 12. Sept. 85, betr. die Sitze derjenigen berufsgenossenschaftlichen Schiedsgerichte, deren Bezirke über die Grenzen eines Bundesstaates hinausgehen, ist im CB. nicht veröffentlicht worden. Vgl. Amtl. Nachrichten des Reichsversicherungsamtes v. 1885 S. 218).

f) Zu § 50 Abs. 4:

VO. über das Verfahren vor den auf Grund des Unfallversicherungsgesetzes errichteten Schiedsgerichten; v. 2. Nov. 85 (RGB. S. 279). 696

Zu § 27 dieser VO. vgl. wegen des am Schlusse jeden Jahres durch den Vorsitzenden dem Reichsversicherungsamte einzureichenden Geschäftsberichts: Bek. v. 1. Okt. 86 (CB. S. 354) u. Bek. v. 15. Dez. 88 (CB. S. 1039).

g) Zu § 77 Abs. 2:

Wegen Festsetzung des Rechnungsjahres für die Berufsgenossenschaften vgl. Bek. v. 23. Febr. 85 (CB. S. 51). 697

h) Zu Zff. VIII (Das Reichsversicherungsamt):

α) Errichtung des Reichsversicherungsamtes u. Ernennung des Präsidenten: Bek. v. 14. Juli 84 (CB. S. 198). 698

β) Zu § 87: Bek., betr. die Wahl von je zwei nichtständigen Mitgliedern des Reichsversicherungsamtes seitens der Vorstände der Berufsgenossenschaften u. der Vertreter der Arbeiter; v. 1. Mai 86 (CB. S. 121). 699

γ) Zu § 90 Abs. 4: VO., betr. die Formen des Verfahrens u. den Geschäftsgang des Reichsversicherungsamts; v. 5. Aug. 85 (RGB. S. 255), geändert durch VO. v. 13. Nov. 87 (RGB. S. 523). 700

i) Zu § 111 Abs. 2:

Wegen des Zeitpunkts des Inkrafttretens des Gesetzes s. § 1 der VO. v. 25. Sept. 85 (RGB. S. 271).

2. **Ges. über die Ausdehnung der Unfall- (u. Kranken-) Versicherung;** v. 28. Mai 85 (RGB. S. 159). 701

Die die Krankenversicherung betreffenden §§ 15, 16, 17 Abs. 2 sind aufgehoben durch Art. 32 des Ges. v. 10. Apr. 92 (RGB. S. 415).

Wegen Einführung des Gesetzes in Helgoland s. Art. I Nr. 5 der VO. v. 14. Dez. 92 (RGB. S. 1052).

Ausführungs- u. Ergänzungsbestimmungen:

a) Zu den §§ 2—10:

702 Ausführungsbestimmungen für den Betrieb der Reichseisenbahnverwaltung: Bek. v. 20. Sept. 85 (CB. S. 469).

703 Ausführungsbestimmungen für den Betrieb der Reichs-Post- u. Telegraphenverwaltung: Bek. v. 21. März 86 (CB. S. 66).

b) Zu § 5:

704 Regulativ, betr. die Wahlen der Vertreter der Arbeiter u. der von diesen zu wählenden Beisitzer zum Schiedsgericht rc. für den Bereich der preußischen Heeresverwaltung; v. 23. Okt. 85 (CB. S. 505).

705 Regulativ, betr. die Unfallversicherung für den Betrieb der Reichs-Post- u. Telegraphenverwaltung; v. 31. März 86 (CB. S. 76).

c) Zu § 10:

706 Ausführungsvorschriften zur Durchführung der Unfallversicherungsgesetze im Bereich der preußischen Heeresverwaltung; v. 19. Sept. 85, veröffentlicht mit Bek. v. 25. Sept. 85 (CB. S. 475).

d) Zu § 17 Abs. 3:

707 Wegen des Zeitpunkts des Inkrafttretens des Gesetzes s. § 2 der VO. v. 25. Sept. 85 (RGB. S. 271) u. VO. v. 24. Juni 86 (RGB. S. 205).

708 e) Wegen der erstmaligen Anmeldung der unfallversicherungspflichtigen Betriebe gemäß § 11 des Unfallversicherungsgesetzes v. 6. Juli 84 s. Bek. v. 5. Juni 85 (CB. S. 236).

709 f) Wegen Bildung der Berufsgenossenschaften gemäß § 12 u. § 15 des Unfallversicherungsgesetzes v. 6. Juli 84 sind ergangen die Bekanntmachungen v. 15. Sept. 85 (CB. S. 465), v. 15. Apr. 86 (CB. S. 111) u. v. 13. Mai 86 (CB. S. 135).

710 g) Die Sitze der Schiedsgerichte, deren Bezirke über die Grenzen eines Bundesstaates hinausgehen, wurden gemäß § 46 Abs. 3 des Unfallversicherungsgesetzes v. 6. Juli 84 bestimmt

α) bezügl. der Schiedsgerichte der Privatbahn- u. der Straßenbahn-Berufsgenossenschaft, sowie der Reichs- u. Staatsbetriebe durch Bek. v. 25. Sept. 85 (CB. S. 476), geändert bezügl. letzterer durch Bek. v. 3. Apr. 86 (CB. S. 83);

β) bezügl. der Schiedsgerichte der Speditions- rc., der Fuhrwerks- u. Binnenschiffahrts-Berufsgenossenschaften durch Bek. v. 28. Juni 86 (CB. S. 211), geändert durch Bek. v. 10. Jan. 89 (CB. S. 187).

711 3. **Ges., betr. die Unfall- (u. Kranken-) Versicherung der in land- u. forstwirthschaftlichen Betrieben beschäftigten Personen;** v. 5. Mai 86 (RGB. S. 132),

geändert

bezügl. der die Krankenversicherung betreffenden Bestimmungen durch Ges. v. 10. Apr. 92 (RGB. S. 416),

bezügl. des § 95 Abs. 5 durch Ges. v. 16. Mai 92 (RGB. S. 665).

Wegen Einführung des Gesetzes in Helgoland s. Art. I Nr. 7 u. 13 der VO. v. 14. Dez. 92 (RGB. S. 1052).

Ausführungs- u. Ergänzungsvorschriften:

a) Zu § 18:

Bek., betr. die Bildung landwirthschaftlicher Berufsgenossenschaften, v. 18. Dez. 87 (CB. S. 579) u. v. 14. Juni 88 (CB. S. 221). 712

b) Zu § 34:

Bek., betr. die von den Gemeindebehörden innerhalb des Königsreichs Preußen, des Fürstenthums Waldeck u. Pyrmont, sowie des Gebiets der freien u. Hansestadt Lübeck aufzustellenden Verzeichnisse der Unternehmer unfallversicherungspflichtiger land- und forstwirthschaftlicher Betriebe; v. 9. Apr. 88 (CB. S. 139). 713

c) Zu § 50 Abs. 2:

Einrichtung zweier Schiedsgerichte für den Bereich der land- u. forstwirthschaftlichen Berufsgenossenschaft des Großherzogthums Mecklenburg-Schwerin: Bek. v. 23. Nov. 91 (CB. S. 315). 714

d) Zu § 54 Abs. 4:

Wegen des Verfahrens vor den Schiedsgerichten s. Art. III der VO. v. 13. Nov. 87 (RGB. S. 525). 715

e) Zu § 55 Abs. 4:

Wegen des Formulars für die Unfallanzeigen s. Bek. v. 23. März 88 (CB. S. 123). 716

f) Zu § 86 Abs. 2:

Wegen des Rechnungsjahres der landwirthschaftlichen Berufsgenossenschaften s. Bek. v. 2. Nov. 87 (CB. S. 545). 717

g) Zu § 88 Abs. 4:

Formen des Verfahrens u. Geschäftsgang des Reichsversicherungsamtes: Art. II der VO. v. 13. Nov. 87 (RGB. S. 523). 718

h) Zu § 143 Abs. 2:

Wegen des Zeitpunkts der Inkraftsetzung des Gesetzes in den verschiedenen Bundesstaaten vgl. für 719

Preußen, Großh. Sachsen, Waldeck, Pyrmont, Lübeck, Württemberg u. Schaumburg-Lippe: VO. v. 28. März 88 (RGB. S. 125), für Mecklenburg-Schwerin: VO. v. 23. Mai 88 (RGB. S. 175), für Schwarzburg-Sondershausen: VO. v. 26. Juni 88 (RGB. S. 207), für Baden, Bayern u. Königreich Sachsen: VO. v. 21. Juli 88 (RGB. S. 217), für Anhalt: VO. v. 2. Okt. 88 (RGB. S. 235), für Hessen, Mecklenburg-Strelitz, Sachsen-Coburg u. Gotha, Reuß ält. Linie u. Bremen: VO. v. 27. Okt. 88 (RGB. S. 237), für Braunschweig: VO. v. 19. Nov. 88 (RGB. S. 289), für Oldenburg, Sachsen-Altenburg, Schwarzburg-Rudolstadt, Reuß jüng. Linie u. Lippe: VO. v. 17. Dez. 88 (RGB. S. 297), für Hamburg u. Elsaß-Lothringen: VO. v. 16. Apr. 89 (RGB. S. 51), für Sachsen-Meiningen: VO. v. 30. Sept. 89 (RGB. S. 195).

4. **Ges., betr. die Unfallversicherung der bei Bauten beschäftigten Personen;** v. 11. Juli 87 (RGB. S. 287), 720

in Helgoland eingeführt durch Art. I Nr. 8 der VO. v. 14. Dez. 92 (RGB. S. 1052).

Ausführungs- u. Ergänzungsvorschriften:

a) Zu § 10 Abs. 1:

721 Bek., betr. die Berechnung des Kapitalwerthes der von der Tiefbau-Berufsgenossenschaft zu zahlenden Renten; v. 26. Jan. 89 (CB. S. 453).

b) Zu § 11:

722 Wegen der erstmaligen Anmeldung der unfallversicherungspflichtigen Tiefbau- u. anderer Baubetriebe s. Bek. v. 14. Juli 87 (RGB. S. 192).

c) Zu § 12 Abs. 1:

723 Wegen Ausscheidung einzelner Betriebe aus der Tiefbau-Berufsgenossenschaft s. Bek. v. 14. Jan. 88 (RGB. S. 1, s. Nr. 691).

d) Zu § 22 Abs. 1:

724 Bek., betr. die Nachweisungen von Regie-Bauarbeiten; v. 12. Dez. 87 (CB. S. 573).

e) Zu § 24:

725 Prämientarif für die Versicherungsanstalt der Tiefbau-Berufsgenossenschaft, gültig für das Jahr 1894 u. ff.; Bek. v. 25. Nov. 93 (CB. S. 338).

f) Zu § 24:

726 Bek., betr. die Festsetzung des Betrags der auf die Gemeinden bezw. weiteren Kommunalverbände umzulegenden Verwaltungskosten der Versicherungsanstalten der Baugewerks-Berufsgenossenschaften; v. 23. März 89 (CB. S. 246).

727 **g)** Zu § 36 (Sitz der Schiedsgerichte):

Bek., betr. die Bestimmung des Sitzes des Schiedsgerichts für die den beiden Großherzogthümern Mecklenburg gemeinsame Flußbauverwaltung an der Elde, Havel u. Stör; v. 22. Dez. 87 (CB. S. 608).

Bek., betr. die Sitze derjenigen Schiedsgerichte der Tiefbau-Berufsgenossenschaft, deren Bezirke über die Grenzen eines Bundesstaates hinausgehen; v. 28. Dez. 87 (CB. S. 608).

h) Zu § 51 Abs. 2:

728 Wegen des Zeitpunkts des Inkrafttretens des Gesetzes s. § 1 der VO. v. 26. Dez. 87 (RGB. S. 537).

729 5. **Ges., betr. die Unfallversicherung der Seeleute u. anderer bei der Seeschiffahrt betheiligter Personen;** v. 13. Juli 87 (RGB. S. 329, Berichtigung zu § 57 im RGB. 88 S. 182),

in Helgoland eingeführt durch Art. I Nr. 9 der VO. v. 14. Dez. 92 (RGB. S. 1052).

Ausführungs- u. Ergänzungsvorschriften:

a) Zu § 10 Abs. 1:

730 Bek., betr. den von der Krankenkasse in der Zeit von der 5. bis zur 13. Woche nach Eintritt des Unfalls an versicherte Seeleute u. s. w. zu leistenden, seitens des Betriebsunternehmers zu erstattenden Mehrbetrag an Krankengeld; v. 21. Dez. 87 (CB. S. 613).

b) Zu §§ 21 u. 22:

731 Wegen der erstmaligen Anmeldung unfallversicherungspflichtiger Seeschiffahrts- u. verwandter Betriebe s. Bek. v. 21. Juli 87 (CB. S. 211).

c) Zu § 48 ff:

Regulativ, betr. die Wahl der aus den Versicherten oder befahrenen Schiffahrtskundigen zu berufenden Beisitzer zu den Schiedsgerichten; v. 4. Jan. 88 (CB. S. 32). 732

d) Zu § 49 Abs. 3:

Bek., betr. die Sitze derjenigen Schiedsgerichte der See-Berufsgenossenschaft, deren Bezirke über die Grenzen eines Bundesstaates hinausgehen; v. 8. Dez. 87 (CB. S. 563). 733

e) Zu § 56 Abs. 4:

Wegen des Verfahrens vor den Schiedsgerichten s. Art. III der VO. v. 13. Nov. 87 (RGB. S. 523). 734

f) Zu § 59:

Formular für die Beschreibung, die Nachweisung u. die Anzeige der Unfälle: Bek. v. 23. Dez. 87 (CB. S. 609). 735

g) Zu § 100 Abs. 4:

Wegen der Formen des Verfahrens u. des Geschäftsgangs des Reichsversicherungsamtes s. Art. II der VO. v. 13. Nov. 87 (RGB. S. 523). 736

h) Zu § 124 Abs. 2:

Wegen des Zeitpunkts des Inkrafttretens des Gesetzes s. § 2 der VO. v. 26. Dez. 87 (RGB. S. 537). 737

IV. Invaliditäts- u. Altersversicherung.

Ges., betr. die Invaliditäts- u. Altersversicherung; v. 22. Juni 1889 (RGB. S. 97), 738

geändert bezügl. des § 157 durch Ges. v. 8. Juni 91 (RGB. S. 337).

Wegen Einführung des Gesetzes in Helgoland s. Art. I Nr. 10 u. 11 der VO. v. 14. Dez. 92 (RGB. S. 1052).

Ausführungsvorschriften:

a) Zu § 2:

Bek., betr. die Erstreckung der Versicherungspflicht rc. auf die Hausgewerbetreibenden der Tabackfabrikation; v. 16. Dez. 91 (RGB. S. 395). 739

Bek., betr. die Invaliditäts- u. Altersversicherung v. Hausgewerbetreibenden der Textilindustrie; v. 1. März 94 (RGB. S. 324). 739a

b) Zu § 3 Abs. 3:

Wegen Befreiung vorübergehender Beschäftigungen von der Versicherungspflicht u. wegen Entwerthung u. Vernichtung der Marken s. Bek. v. 29. Nov. 90/24. Dez. 91 (RGB. 91 S. 399), geändert u. ergänzt bezügl. Zff. II durch Bek. v. 24. Jan. 93 (RGB. S. 5). 740

c) Zu § 34 Zff. 4:

Ausnahmen von der Regel, daß der Rentenbezug ruht, solange der Berechtigte im Auslande wohnt: Bek. v. 16. Mai 91 (CB. S. 97), ergänzt bezügl. österreichischer Grenzgebiete durch Bek. v. 5. Mai 92 (CB. S. 317). 741

d) Zu §§ 41 u. 42:

742 Zusammenstellung der zur Durchführung der zur Invaliditäts- u. Altersversicherung errichteten Versicherungsanstalten: Bek. v. 15. März 90 (CB. S. 53), ergänzt lt. Bek. v. 21. Dez. 93 (CB. S. 360).

e) Zu § 74 Abs. 5:

743 VO., betr. das Verfahren vor den auf Grund des Gesetzes errichteten Schiedsgerichten; v. 1. Dez. 90 (RGB. S. 193).

f) Zu §§ 99 u. 121:

744 Bek., betr. die für die Invaliditäts- u. Altersversicherung zu verwendenden Beitrags- u. Zusatzmarken; v. 9. Sept. 90 (CB. S. 320).

g) Zu § 101 Abs. 2:

745 Bek., betr. die für die Invaliditäts- u. Altersversicherung zu verwendende Quittungskarte; v. 14. Juni 90 (CB. S. 175), geändert lt. Bek. gl. Betr. v. 13. Juli 93 (CB. S. 233).

h) Zu § 109 ff.:

746 Wegen Entwerthung u. Vernichtung der Marken s. die bei Nr. 740 angeführte Bek. v. 29. Nov. 90/24. Dez. 91.

i) Zu §§ 112—114:

747 Ausführungsbestimmungen auf Grund dieser Paragraphen für den Bereich der Post- u. Telegraphenverwaltung: Bek. v. 9. Dez. 90 (CB. S. 378).

k) Zu § 133 Abs. 3:

748 VO., betr. die Formen des Verfahrens u. den Geschäftsgang des Reichsversicherungsamts in den Angelegenheiten der Invaliditäts- u. Altersversicherung; v. 20. Dez. 90 (RGB. S. 209).

l) Zu § 136 Abs. 2:

749 Vorschriften, betr. die Einziehung der von den Rhedern für die Invaliditäts- u. Altersversicherung der Seeleute zu entrichtenden Beiträge: Bek. v. 24. Nov. 90 (CB. S. 361).

m) Zu § 162 Abs. 2:

750 Wegen des Zeitpunkts des Inkrafttretens des Gesetzes s. VO. v. 30. Dez. 89 (RGB. 90 S. 1) sowie VO. v. 25. Nov. 90 (RGB. S. 191).

Vierter Theil.

Die äußere Verwaltung.

§ 1. Konsulats- u. Gesandtschaftswesen.

Vgl. Art. 56 der Reichsverfassung (Nr. 1).

I. Allgemeine Bestimmungen.

1. **Ges., betr. die Organisation der Bundeskonsulate, sowie die Amtsrechte u. Pflichten der Bundeskonsuln**; v. 8. Nov. 67 (BGB. S. 137). 751

Die §§ 22—24 sowie der durch die §§ 3 u. 12 des Gesetzes v. 22. Apr. 71 (BGB. S. 87) dem § 24 beigefügte Zusatz wurden aufgehoben durch § 48 des Konsulargerichtsbarkeitsgesetzes v. 10. Juli 79 (RGB. S. 197, s. Nr. 755).

Geltungsgebiet:

Das Gesetz wurde als Reichsgesetz eingeführt in Baden u. Südhessen (Art. 80 I Ziff. 4 der Bundesverf., BGB. 70 S. 647), in Württemberg (Vertr. v. 25. Nov. 70, BGB. S. 654) u. in Bayern (§ 3 des Ges. v. 22. Apr. 71, BGB. S. 87).

Ausführungs- u. Ergänzungsvorschriften:

a) Zu § 18:

Zirkularerlaß an die Wahlkonsuln, betr. die Einziehung von Geldern durch die Konsulate; v. 6. Dez. 75 (CB. S. 817). 752

b) Zu § 26:

Zirkularerlaß an die Konsulate, betr. die bei der Unterstützung hülfsbedürftiger Reichsangehöriger zu beobachtenden Grundsätze; v. 1. Apr. 82 (CB. S. 218). 753

2. **Ges., betr. die Gebühren u. Kosten bei den Konsulaten** des Deutschen Reichs; v. 1. Juli 72 (RGB. S. 245). 754

Wegen der Kosten der streitigen Konsulargerichtsbarkeit vgl. jedoch § 44 des Konsulargerichtsbarkeitsgesetzes (s. Nr. 755).

3. **Ges. über die Konsulargerichtsbarkeit**; v. 10. Juli 79 (RGB. S. 197). 755

Dazu: Instruktion zur Ausführung des Gesetzes rc. v. 10. Juli 79; v. 10. Sept. 79 (CB. S. 575), geändert hinsichtl. der Schlußbestimmung durch Nachtrag v. 4. Febr. 82 (CB. S. 111) u. ergänzt durch Nachtrag v. 27. Nov. 91, betr. die Aufnahme v. Wechselprotesten (CB. 91 S. 319).

Wegen Geltung des Gesetzes in den Schutzgebieten s. Nr. 56 ff.

Anmerkung:

Wegen der standesamtlichen Funktionen der Konsuln s. Nr. 379.

Wegen der Untersuchung von Seeunfällen s. Nr. 613.

Wegen der Schiffsmeldungen bei den Konsulaten s. Nr. 605.

Wegen des Urlaubs u. der Stellvertretung der gesandtschaftlichen u. Konsularbeamten s. Nr. 140, wegen der Tagegelder, Fuhr- u. Umzugskosten derselben s. Nr. 157.

II. Bestimmungen bezüglich einzelner Staaten, insbesondere Konsularverträge.

756 1. **Amerika** (Vereinigte Staaten):

Konsularkonvention zwischen Deutschland u. den Vereinigten Staaten; v. 11. Dez. 71, mit Schlußprot. v. 29. Apr. 72 (RGB. 72 S. 95).

2. **Bosnien u. die Herzegowina:**

757 Ges., betr. die Konsulargerichtsbarkeit in Bosnien u. der Herzegowina; v. 7. Juni 80 (RGB. S. 146) u. VO. gl. Betr. v. 23. Dez. 80 (RGB. S. 191).

3. **Columbien:**

757a Vgl. Art. 21 des Freundschafts-, Handels- und Schiffahrtsvertrags v. 23. Juli 92 (s. Nr. 791 a).

4. **Brasilien:**

758 Konsularvertrag zw. dem Deutschen Reich u. Brasilien; v. 10. Jan. 82 (RGB. S. 69).

5. **Costa Rica:**

759 Vgl. Art. 26 ff. des Freundschafts-, Handels- u. Schiffahrtsvertrags v. 18. Mai 75 (s. Nr. 792).

6. **Dominikanische Republik:**

760 Vgl. Art. 20—28 des Handels-, Schiffahrts- u. Konsularvertrags v. 30. Jan. 85 (s. Nr. 794).

7. **Ecuador:**

761 Vgl. Art. 2 des Freundschaftsvertrags v. 28. März 87 (s. Nr. 795).

8. **Egypten:**

762 Ges., betr. die Einschränkung der Gerichtsbarkeit der deutschen Konsuln in Egypten; v. 30. März 74 (RGB. S. 23), geändert durch Ges. v. 5. Juni 80 (RGB. S. 145).

Dazu: VO. gl. Betr. v. 23. Dez. 75 (RGB. S. 381), geändert durch VO. v. 23. Dez. 80 (RGB. S. 192).

9. **Griechenland:**

763 Konsularvertrag zw. dem Deutschen Reich u. Griechenland; v. 26. Nov. 81 (RGB. 82 S. 101).

10. **Guatemala:**
Vgl. Art. 21 ff. des Freundschafts-, Handels-, Schiffahrts- u. Konsularvertrags v. 20. Sept. 87 (s. Nr. 804). 764

11. **Hawaiische Inseln:**
Vgl. Art. 10 ff. des Freundschafts-, Handels-, Schiffahrts- u. Konsularvertrags v. 25. März/19. Sept. 79 (s. Nr. 805). 765

12. **Herzegowina** s. Bosnien.

13. **Honduras:**
Vgl. Art. 21 ff. des Freundschafts-, Handels-, Schiffahrts- u. Konsularvertrags v. 12. Dez. 87 (s. Nr. 806). 766

14. **Italien:**
Konsularvertrag zw. dem Nordd. Bunde u. Italien, v. 21. Dez. 68 (BGB. 69 S. 113), auf das Deutsche Reich ausgedehnt durch den Konsularvertrag v. 7. Febr. 72 (RGB. S. 134) u. ergänzt durch Zusatzvertrag, betr. die Befugniß der beiderseitigen Konsuln zur Vornahme v. Eheschließungen, v. 4. Mai 91 (RGB. S. 113). 767

15. **Japan:**
Vgl. Art. 2 des Freundschafts-, Handels- u. Schiffahrtsvertrags v. 20. Febr. 69 (s. Nr. 807). 768

16. **Korea:**
Vgl. Art. 2 f. des Handels-, Freundschafts- u. Schiffahrtsvertrags v. 26. Nov. 83 (s. Nr. 810). 769

17. **Liberia:**
Vgl. Art. 7 des Freundschafts-, Handels- u. Schiffahrtsvertrags v. 31. Okt. 67 (s. Nr. 811). 770

18. **Madagaskar:**
Vgl. Art. II der Konvention v. 15. Mai 83 (s. Nr. 812). 771

19. **Marokko:**
Wegen Ausübung des Schutzrechts daselbst durch die Konsuln u. diplomatischen Vertreter s. die internationale Konvention v. 3. Juli 80 (s. Nr. 813). 772

20. **Mexiko:**
Vgl. Art. 19 ff. des Freundschafts-, Handels- u. Schiffahrtsvertrags v. 5. Dez. 82 (s. Nr. 814). 773

21. **Oesterreich-Ungarn:**
Vgl. Art. 20 ff. des Handels- u. Zollvertrags v. 6. Dez. 91 (s. Nr. 815). 774

22. **Paraguay:**
Wegen der Stellung der beiderseitigen Konsuln u. diplomatischen Vertreter s. den Meistbegünstigungsvertrag v. 21. Juli 87 (s. Nr. 818). 775

23. **Persien:**

776 Vgl. Art. 2 f. des Freundschafts-, Handels- u. Schiffahrtsvertrags v. 11. Juni 73 (s. Nr. 819).

24. **Rußland:**

777 Konsularvertrag zw. dem Deutschen Reich u. Rußland; v. 8. Dez./26. Nov. 74 (RGB. 75 S. 145).

Vgl. hierzu wegen event. Kündigung des Vertrags das Schlußprot. zum Handelsvertrag (RGB. 94 S. 235, s. Nr. 822).

Wegen Regelung der Hinterlassenschaften s. bei Nr. 821.

25. **Salvador:**

778 Vgl. Art. 23 ff. des Freundschafts-, Handels- und Schiffahrtsvertrags v. 13. Juni 70 (s. Nr. 823).

26. **Samoa:**

779 Ges., betr. die Konsulargerichtsbarkeit in Samoa u. die Uebernahme einer Bürgschaft seitens des Reichs für die durch Errichtung einer anderweiten Rechtspflege dortselbst erwachsenden antheilmäßigen Kosten; v. 6. Juli 90 (RGB. S. 139).

Dazu: VO., betr. die Konsulargerichtsbarkeit in Samoa; v. 29. Okt. 90 (RGB. S. 189).

27. **Serbien:**

780 Konsularvertrag zw. dem Deutschen Reich u. Serbien; v. 6. Jan. 83 (RGB. S. 62).

Die serbischerseits bereits erfolgte Kündigung des Vertrags wurde zurückgenommen; s. CB. 93 S. 168.

28. **Spanien:**

781 Konsularkonvention zw. d. Nordd. Bunde u. Spanien; v. 22. Febr. 70 (BGB. S. 99), auf das Reich erstreckt durch die Konsularkonvention v. 12. Jan. 72 (RGB. S. 211).

29. **Südafrikanische Republik:**

782 Vgl. Art. 8 ff. des Freundschafts- u. Handelsvertrags v. 22. Jan. 85 (s. Nr. 831).

30. **Tunis:**

783 Ges., betr. die Konsulargerichtsbarkeit in Tunis; v. 27. Juli 83 (RGB. S. 263). Dazu: VO. v. 21. Jan. 84 (RGB. S. 9).

31. **Uruguay:**

783a Vgl. Art. 5 des Handels- u. Schiffahrtsvertrags v. 20. Juni 92 (s. Nr. 833a).

32. **Zanzibar:**

784 Vgl. Art. III des Freundschafts-, Handels- u. Schiffahrtsvertrags v. 20. Dez. 85 (s. Nr. 834).

§ 2. Verträge vermischten Inhalts.

(Die Verträge, welche ausschließlich einzelne Verwaltungszweige betreffen, sind jeweils unter diesen aufgeführt.)

I. Internationale Verträge.

1. **Handel u. Schiffahrt im Sulu-Archipel.** 785

Protokoll zur Regelung des Handels- u. Schiffahrtsverkehrs im Sulu-Archipel, vereinbart zw. Deutschland, Großbritannien u. Spanien unterm 11. März 77 (CB. S. 271).

2. **Regelung der orientalischen Fragen.**

Berliner Vertrag, abgeschlossen zw. Deutschland, Oesterreich-Ungarn, 786
Frankreich, Großbritannien, Italien, Rußland u. der Türkei; v. 13. Juli 78 (RGB. S. 307).

Wegen der internationalen Regelung der Schiffahrt auf der Donau und dem Schwarzen Meere s. Nr. 624 ff.

3. **Die Verhältnisse in Afrika.**

a) General-Akte der Berliner Konferenz; v. 26. Febr. 85 787
(RGB. S. 215).

Dieselbe regelt insbesondere die Rechte u. Pflichten der Nationen im Gebiet des Kongobeckens, die Schiffahrt auf dem Kongo u. Niger u. die Besitzergreifung afrikanischer Küstengebiete.

b) General-Akte der Brüsseler Antisklaverei-Konferenz nebst 788
Deklaration; v. 2. Juli 90 (RGB. 92 S. 605).

Zur Ausführung der Art. 50—59 in Deutsch-Ostafrika: VO., betr. Ausführungsbestimmungen zu der General-Akte 2c.; v. 17. Febr. 93 (RGB. S. 13).

(Der unterm 20. Dez. 41 zw. Preußen, Großbritannien, Oesterreich, Frankreich u. Rußland wegen Unterdrückung des Handels mit afrikanischen
Negern abgeschlossene Vertrag war durch Uebereinkommen v. 29. März 79 789
[RGB. 80 S. 100] mit einer Abänderung auf das Deutsche Reich ausgedehnt worden. Wegen des Verhältnisses dieses Vertrags zur Generalakte vgl. Art. 24 u. 96 daselbst.)

Anmerkung:

Wegen Garantieleistung der europäischen Hauptmächte für die Zinsen 2c. einer egyptischen Staatsanleihe s. Nr. 897.

Wegen Unterdrückung des Branntweinhandels auf hoher See s. Nr. 409.

II. Verträge mit einzelnen Staaten.

1. **Belgien:**

Handels- u. Zollvertrag zw. dem Deutschen Reich u. Belgien; v. 790
6. Dez. 91, mit Schlußprot. v. gl. Tag (RGB. 92 S. 241—287).

Wegen Zolltarifirung baumwollener gerauhter Putztücher (Nr. 2 des Tarifs B) s. Bek. v. 14. Mai 94 (CB. S. 268).

2. China:

791 Zusatz-Konvention zu dem deutsch-chinesischen Freundschafts-, Schiffahrts- u. Handelsvertrag v. 2. Sept. 61, nebst erläuternden Spezialbestimmungen; v. 31. März 80 (RGB. 81 S. 261).

3. Columbien:

791a Freundschafts-, Handels- u. Schiffahrtsvertrag zw. dem Deutschen Reich u. dem Freistaate Columbien; v. 23. Juli 92 (RGB. 94 S. 471—489).

4. Costa Rica:

792 Freundschafts-, Handels- u. Schiffahrtsvertrag zw. Deutschland und dem Freistaate Costa Rica; v. 18. Mai 75, mit Protokoll v. 21. Nov. 76 (RGB. 77 S. 13).

5. Dänemark:

793 Uebereink. zw. d. Deutschen Reich u. Dänemark über die Aufhebung des Abschosses u. Abfahrtsgeldes; v. 5. Febr. 91 (RGB. S. 346).

6. Dominikanische Republik:

794 Handels-, Schiffahrts- u. Konsularvertrag mit dem Deutschen Reich; v. 30. Jan. 85 (RGB. 86 S. 3).

7. Ecuador:

795 Freundschaftsvertrag zw. dem Deutschen Reich u. dem Freistaat Ecuador; v. 28. März 87 (RGB. 88 S. 136).

8. Egypten:

796 Handelsvertrag mit dem Deutschen Reich; v. 19. Juli 92 (RGB. 93 S. 17—91).

9. Frankreich:

Der Friedensschluß:

797 a) Friedens-Präliminarien zw. dem Deutschen Reich u. Frankreich; v. 26. Febr. 71 (RGB. S. 215), theilweise geändert durch den

798 b) Friedensvertrag zw. dem Deutschen Reich u. Frankreich; v. 10. Mai 71 (RGB. S. 223), nebst Zusatzartikeln v. gl. Tag (S. 234), Prot. über die Unterzeichnung v. gl. Tag (S. 238), Prot., betr. den Beitritt Bayerns, Württembergs u. Badens v. 15. Mai 71 (S. 238) u. Prot. über Austausch der Ratifikationen, v. 20. Mai 71 (S. 240).

Der Friedensvertrag wurde ergänzt durch nachbenannte Uebereinkommen:

α) Zu Art. 6:

799 Prot., betr. die Festsetzung der Diözesangrenzen zw. Deutschland u. Frankreich; v. 7. Okt. 74 (RGB. S. 123).

β) Zu Art. 7:

Wegen Zahlung der Kriegsentschädigung u. Räumung des Okkupationsgebietes s. Uebereink. v. 21. Mai 71 (RGB. S. 243), die Separatkonvention v. 12. Okt. 71 (RGB. S. 369) sowie die Spezialkonvention v. 29. Juni 72 (RGB. S. 266). 800

γ) Zusätzliche Uebereinkunft zu dem Friedensvertrage; v. 12. Okt. 71 (RGB. S. 363). 801

Dazu: Deklaration des Art. 11 der zusätzlichen Uebereinkunft ꝛc.; v. 8. Okt. 73 (RGB. S. 365).

δ) Zusatz-Konvention zu dem am 10. Mai 71 zu Frankfurt a. M. geschlossenen Friedensvertrag, unterzeichnet Frankfurt a. M., den 11. Dez. 71 (RGB. 72 S. 7). 802

10. Griechenland:

Handels- u. Schiffahrtsvertrag mit dem Deutschen Reich; v. 9. Juli 84 (RGB. 85 S. 23). 803

11. Guatemala (Republik):

Freundschafts-, Handels-, Schiffahrts- u. Konsularvertrag mit dem Deutschen Reich; v. 20. Sept. 87, nebst Prot. v. 22. Juni 88 (RGB. S. 238). 804

12. Hawaiische Inseln (Königreich):

Freundschafts-, Handels-, Schiffahrts- u. Konsularvertrag mit dem Deutschen Reich; v. 25. Sept./19. Sept. 79, nebst Deklaration v. 10. Febr. 80 (RGB. S. 121 ff.). 805

13. Honduras (Republik):

Freundschafts-, Handels-, Schiffahrts- u. Konsularvertrag mit dem Deutschen Reich; v. 12. Dez. 87, nebst Deklaration v. 2. Juli 88 (RGB. S. 262). 806

14. Japan:

Freundschafts-, Handels- u. Schiffahrtsvertrag zw. dem Nordd. Bunde u. den zu diesem Bunde nicht gehörigen Mitgliedern des Deutschen Zoll- u. Handelsvereins einerseits u. Japan anderseits; v. 20. Febr. 69 (BGB. 70 S. 1). Dem Vertrage sind beigefügt: Bestimmungen, unter welchen der Handel Deutschlands in Japan getrieben werden soll (BGB. 70 S. 10), geändert lt. Bek. v. 19. Jan. 70 (BGB. S. 31). 807

Wegen des Zeitpunkts des Inkrafttretens dieser „Bestimmungen" s. Bek. v. 20. Dez. 69 (BGB. 70 S. 25).

15. Italien:

Handels-, Zoll- u. Schiffahrtsvertrag mit dem Deutschen Reich; v. 6. Dez. 91, nebst Schlußprot. v. gl. Tag (RGB. 92 S. 97—193). 808

16. Kongostaat:

Uebereink. zw. dem Deutschen Reich u. der Internationalen Gesellschaft des Kongo; v. 8. Nov. 84 (RGB. 85 S. 211). 809

17. **Korea:**

810 Handels-, Freundschafts- u. Schiffahrtsvertrag zw. dem Deutschen Reich u. dem Königreich Korea; v. 26. Nov. 83, nebst Schlußprot. v. gl. Tag (RGB. 84 S. 211).

18. **Liberia** (Republik):

811 Freundschafts-, Handels- u. Schiffahrtsvertrag mit dem Nordd. Bunde; v. 31. Okt. 67, nebst Zusatzprot. v. gl. Tag (BGB. 68 S. 197).

19. **Madagaskar:**

812 Konvention zw. dem Deutschen Reich u. dem Königreich Madagaskar; v. 15. Mai 83 (RGB. 85 S. 166).

20. **Marokko:**

813 a) Konvention über die Ausübung des Schutzrechts in Marokko; v. 3. Juli 80 (RGB. 81 S. 103).

813a b) Handelsvertrag mit dem Deutschen Reich; v. 1. Juni 90 (RGB. 91 S. 378).

21. **Mexiko** (Vereinigte Staaten):

814 Freundschafts-, Handels- u. Schiffahrtsvertrag mit dem Deutschen Reich; v. 5. Dez. 82 (RGB. 83 S. 247).

22. **Oesterreich-Ungarn:**

815 a) Handels- u. Zollvertrag zw. dem Deutschen Reich u. Oesterreich-Ungarn; v. 6. Dez. 91, mit Schlußprot. v. gl. Tag (RGB. 92 S. 3—89).

816 Zu § 12 ff. des Zollkartells: Ges., betr. die Bestrafung der Zuwiderhandlungen gegen die österreichisch-ungarischen Zollgesetze; v. 17. Juli 81 (RGB. S. 247).

817 b) Abkommen zw. dem Deutschen Reich u. Oesterreich-Ungarn bezügl. der Uebernahme Auszuweisender: Bek. v. 2. Sept. 75 (CB. S. 475).

23. **Paraguay:**

818 Meistbegünstigungsvertrag zw. dem Deutschen Reich u. dem Freistaate Paraguay; v. 21. Juli 87, mit Prot. v. gl. Tag (RGB. 88 S. 178).

24. **Persien:**

819 Freundschafts-, Handels- u. Schiffahrtsvertrag mit dem Deutschen Reich; v. 11. Juni 73 (RGB. S. 351), mit Zusatzakte v. 6. Juni 73 (RGB. S. 363).

25. Rumänien:

Handels-, Zoll- u. Schiffahrtsvertrag mit dem Deutschen Reich; v. 21. Okt. 93, nebst Schlußprot. u. Protokoll v. gl. Tag, sowie Notenaustausch (RGB. 94 S. 1—106). 820

26. Rußland:

a) Konvention über die Regelung von Hinterlassenschaften zw. d. Deutschen Reich u. Rußland; v. 12. Nov./31. Okt. 74 (RGB. 75 S. 136). 821

b) Handels- u. Schiffahrtsvertrag zw. Deutschland u. Rußland; v. 10. Febr./29. Jan. 94, mit Schlußprot. v. gl. Tag u. Notenaustausch (RGB. 94 S. 153—258). 822

c) Uebereink. zw. d. Reich u. Rußland, betr. die gegenseit. Uebernahme früherer Angehöriger der beiden Länder; v. 10. Febr./29. Jan. 94, (CB. S. 81). 822a

27. Salvador:

Freundschafts-, Handels- u. Schiffahrtsvertrag zw. d. Nordd. Bunde sowie dem Zollverein u. dem Freistaate Salvador; v. 13. Juni 70 (RGB. 72 S. 377), auf 10 weitere Jahre verlängert durch Konvention v. 12. Jan. 88 (RGB. 89 S. 191). 823

28. Samoa:

Freundschaftsvertrag mit d. Deutschen Reich; v. 24. Jan. 79 (RGB. 81 S. 29). 824

29. Schweiz:

a) Niederlassungsvertrag mit dem Deutschen Reich; v. 31. Mai 90, nebst Schlußprot. v. gl. Tag (RGB. 90 S. 131). 825

Das in Zff. 4 des Schlußprotokolls erwähnte Zusatzprotokoll v. 21. Dez. 81 zum Niederlassungsvertrag v. 27. Apr. 76 ist abgedruckt in CB. 82 S. 16; das demselben beigefügte Verzeichnis wurde geändert lt. Bek. v. 28. Apr. 82 (CB. S. 215).

b) Handels- u. Zollvertrag mit d. Deutschen Reich; v. 10. Dez. 91, mit Schlußprot. v. gl. Tag (RGB. 92 S. 195—238). 826

Dazu:

α) Notenwechsel, betr. Aufrechterhaltung von Bestimmungen des Karlsruher Protokolls v. 27. Aug. 69 neben dem Handelsvertrag v. 10. Dez. 91: CB. 92 S. 82. 827

β) Wegen Auslegung des Wortes „Christophle" im Tarif B zum Handelsvertrag v. 10. Dez. 91 s. CB. 92 S. 487. 828

30. Serbien:

Handels- u. Zollvertrag mit d. Deutschen Reich; v. 21./9. Aug. 92, nebst Schlußprot. v. gl. Tag u. Erklärung v. 24. Juni 93 (RGB. 93 S. 269—316). 829

31. Spanien:

830 Wegen Regelung des Handels- u. Schiffahrtsverkehrs im Sulu-Archipel s. Nr. 785.

32. Südafrikanische Republik:

831 Freundschafts- u. Handelsvertrag mit d. Deutschen Reich; v. 22. Jan. 85 (RGB. 86 S. 209).

33. Tonga:

832 Freundschaftsvertrag zw. d. Deutschen Reich u. dem Könige von Tonga; v. 1. Nov. 76 (RGB. 77 S. 517).

34. Türkei:

833 Freundschafts-, Handels- u. Schiffahrtsvertrag mit d. Deutschen Reich; v. 26. Aug. 90, nebst Protokoll u. Vollziehungsprotokoll v. gl. Tag (RGB. 91 S. 117—260).

Wegen vorläufiger Nichtanwendung des Zolltarifs in Bezug auf die Einfuhr nach der Türkei s. die auf Grund der Nr. 1 des Vollziehungsprotokolls erlassene Bek. v. 23. Mai 91 (CB. S. 141).

35. Uruguay:

833a Handels- u. Schiffahrtsvertrag zw. dem Deutschen Reich u. der Orientalischen Republik Uruguay; v. 20. Juni 92 (RGB. 94 S. 505).

36. Zanzibar:

834 Freundschafts-, Handels- und Schiffahrtsvertrag zw. dem Deutschen Reich u. dem Sultan v. Zanzibar; v. 20. Dez. 85 (RGB. 86 S. 261—284).

Dazu: Bek., betr. die Ermäßigung des in dem Handelsvertrage mit Zanzibar erwähnten, in Zanzibar vom Tabak zu erhebenden Zolles; v. 11. Aug. 86 (RGB. S. 285).

Fünfter Theil.

Militärwesen. 835

Vgl. Art. 53—55 u. 57—68 der Reichsverfassung (Nr. 1), sowie wegen der Militärkonvention mit Württemberg Nr. 27.

Wegen Einführung der Gesetze über das Militärwesen u. die Kriegsmarine in Helgoland s. Art. I Zff. IV der VO. v. 22. März 91 (RGB. S. 21).

I. Organisation u. Wehrpflicht.

1. **Ges., betr. die Verpflichtung zum Kriegsdienst;** v. 9. Nov. 67 (BGB. 836
S. 131).

Aenderungen:

a) § 3 letzt. Abs., § 13 Nr. 6 u. 8 u. § 16 sind aufgehoben durch Art. II § 35 des Ges. über Aenderungen der Wehrpflicht v. 11. Febr. 88 (s. Nr. 846) u. ersetzt durch die §§ 24, 22 u. 23 daselbst.

b) § 9 ist ersetzt durch Ges., betr. die Ersatzvertheilung, v. 26. Mai 93 837
(RGB. S. 185).

c) § 6 ist geändert durch § 4 des Ges. über die Friedenspräsenzstärke, v. 3. Aug. 93 (RGB. S. 234, s. Nr. 848).

Geltungsgebiet: 838

Das Gesetz wurde als Reichsgesetz eingeführt:

a) in Baden u. Südhessen durch Art. 80 I Nr. 5 der Bundesverf. (BGB. 70 S. 647),

b) in Württemberg durch den Vertr. v. 25. Nov. 70 (BGB. S. 654),

c) in Bayern mit besonderen Maßgaben durch Ges. v. 24. Nov. 71 (RGB. S. 398),

d) in Elsaß-Lothringen mit besonderen Uebergangsbestimmungen durch § 2 des Ges., betr. die Einführung v. Bestimmungen über das Reichskriegswesen in Elsaß-Lothringen; v. 23. Jan. 72 (RGB. S. 31).

2. **Reichs-Militärgesetz;** v. 2. Mai 74 (RGB. S. 45). 839

Aenderungen u. Ergänzungen:

a) Ges., betr. Ergänzungen u. Aenderungen des Reichs-Militärgesetzes; 840
v. 6. Mai 80 (RGB. S. 103).

Art. I §§ 1—3 dieses Gesetzes sind inzwischen aufgehoben worden durch § 3 des Ges. v. 11. März 87 (s. Nr. 842) bezw. durch Art. II § 35 des Ges., betr. Aenderungen der Wehrpflicht (s. Nr. 846).

841 b) § 30 Nr. 3a u. b ist geändert durch Ges., betr. Aenderungen des Reichs-Militärgesetzes; v. 31. März 85 (RGB. S. 81).

842 c) Der noch in Geltung befindliche Teil des § 2 ist aufgehoben worden durch § 3 des Ges. über die Friedenspräsenzstärke; v. 11. März 87 (RGB. S. 117).

(Die §§ 1 u. 2 dieses Gesetzes sind inzwischen aufgehoben worden durch das ebenfalls veraltete Ges. gl. Betr. v. 15. Juli 90, RGB. S. 140, vgl. Nr. 848).

d) Die §§ 23—29 u. § 69 wurden aufgehoben durch Art. II § 35 des Ges. über Aenderungen der Wehrpflicht; v. 11. Febr. 88 (s. Nr. 846).

843 e) § 3 Abs. 2 u. 3 u. § 5 Abs. 1 u. 3 wurden neu gefaßt durch Ges., betr. Aenderungen des Reichs-Militärgesetzes, v. 27. Jan. 90 (RGB. S. 7).

f) § 9 wurde ersetzt durch Art. II des Ges. über die Ersatzvertheilung, v. 26. Mai 93 (s. Nr. 837).

Ausführungsbestimmungen:

Zu § 66:

844 Bestimmungen zur Ausführung des § 66 des Reichsmilitärgesetzes rücksichtlich der Reichsbeamten; v. 8. Mai 88 (CB. S. 169).

845 3. **Ges., betr. die Ausübung der militärischen Kontrole über die Personen des Beurlaubtenstandes,** die Uebungen derselben, sowie die gegen sie zulässigen Disziplinarstrafmittel; v. 15. Febr. 75 (RGB. S. 65).

846 4. **Ges., betr. Aenderungen der Wehrpflicht;** v. 11. Febr. 88 (RGB. S. 11), geändert durch Ges. über die Friedenspräsenzstärke, v. 3. Aug. 93 (s. Nr. 848).

847 5. **Ges., betr. die Wehrpflicht der Geistlichen;** v. 8. Febr. 90 (RGB. S. 23).

848 6. **Ges., betr. die Friedenspräsenzstärke des deutschen Heeres;** v. 3. Aug. 93 (RGB. S. 233).

7. Zur Ausführung der vorgenannten Gesetze wurde erlassen die

849 **Deutsche Wehrordnung;** v. 22. Nov. 88 (CB. 89 S. 1—167, Inhaltsverzeichnis S. 168).

Die Wehrordnung gilt nicht für Bayern lt. Bündnisvertrag v. 23. Nov. 70 (s. Nr. 24).

Aenderungen u. Ergänzungen:

a) Abänderungen u. Ergänzungen v. 14. März 90 (CB. S. 63; betrifft die §§ 25 Nr. 9, 29 Nr. 4a u. b, 32 Nr. 2f., 40 Nr. 3a, 64 Nr. 5a, 117 Nr. 4 sowie die Anlage 1).

b) Berichtigungen des Textes in Folge v. Organisationsveränderungen: Bek. v. 20. März 90 (CB. S. 69).

c) Muster 15 zu § 84 ist ergänzt durch Bek. v. 30. Jan. 92 (CB. S. 79).

d) Die §§ 51—55, 58, 60, 68, 73, 74, 76, 81, das Verzeichnis der Abkürzungen u. das Inhaltsverzeichnis wurden geändert durch Erlaß v. 3. Juni 93 (CB. S. 157); hierzu vgl. Berichtigung in CB. 93 S. 170.

e) Die Landwehr-Bezirkseintheilung (Anlage 1 zu § 1) wurde geändert lt. Bek. v. 3. Apr. 89 (CB. S. 253), v. 14. März 90 (CB. S. 64), v. 10. Febr. 91 (CB. S. 33), v. 30. Jan. 92 (CB. S. 78), v. 9. Juni u. 1. Dez. 93 (CB. S. 188 u. 346) u. v. 22. Jan. u. 16. Mai 94 (CB. S. 16 u. 269). Vgl. ferner die Druckfehlerberichtigung in CB. 89 S. 255). 850

f) Zahlreiche Aenderungen enthält der Erl. v. 20. Nov. 93 (CB. S. 318). Dazu s. Berichtigung in CB. 94 S. 270.

Ausführungsbestimmungen:

a) Zu § 2 Ziff. 5:

Verzeichnis der Civilvorsitzenden der im Deutschen Reich bestehenden Ersatzkommissionen: Bek. v. 20. Juni 90 (CB. S. 181), geändert lt. Bekanntmachungen v. 31. Jan. u. 7. Juli 91 (CB. S. 30 u. S. 209), v. 23. Jan. u. 13. Okt. 92 (CB. S. 35 u. S. 631), v. 28. Jan., 20. Mai u. 19. Juli 93 (CB. S. 20, 151 u. 227), v. 20. Apr. 94 (CB. S. 117). 851

Vgl. ferner die Druckfehlerberichtigung in CB. 90 S. 323).

b) Zu § 42 Ziff. 2:

Ermächtigungen von Aerzten im Auslande zur Ausstellung von Zeugnissen für Militärpflichtige, die sich dauernd im Auslande aufhalten, sind z. Zt. ertheilt für 852

Amerika: CB. 80 S. 474 u. CB. 93 S. 235, Großbritannien: CB. 76 S. 422, Japan: CB. 92 S. 709, Kalifornien: CB. 76 S. 367, Mexiko: CB. 93 S. 205, Peru: CB. 77 S. 427, Rumänien: CB. 84 S. 308, Rußland: CB. 76 S. 4 (geändert bezügl. O. Z. 1 in CB. 92 S. 133, bezügl. O. Z. 4 in CB. 90 S. 5), ferner CB. 76 S. 204, Schutzgebiet von Togo: CB. 94, S. 297, Argentinien, Uruguay u. Paraguay: CB. 88 S. 859.

c) Zu § 90 Ziff. 3:

Gesammtverzeichnis derjenigen Lehranstalten, die zur Ausstellung v. Zeugnissen über die Befähigung zum einjährig-freiwilligen Militärdienst berechtigt sind: CB. 94 S. 299. 853

d) Zu § 90 Ziff. 7:

Behandlung der Gesuche um ausnahmsweise Anerkennung der Zeugnisse ausländischer Lehranstalten rücksichtlich der Befähigung zum einjährig-freiwilligen Dienst: Bek. v. 13. Mai 89 (CB. S. 287). 854

Anmerkung:

Wegen der Schutztruppe in Deutsch-Ostafrika s. Nr. 64 f.

Wegen Vorbereitung des Kriegszustandes in Elsaß-Lothringen s. Nr. 49.

Wegen des Reichskriegsschatzes s. Nr. 901, des Reichsfestungsbaufonds s. Nr. 904, des Reichsinvalidenfonds s. Nr. 902.

Wegen des Reichsmarineamtes s. Nr. 126 ff.

II. Naturalleistungen für die bewaffnete Macht.

1. **Ges., betr. die Quartierleistung für die bewaffnete Macht während des Friedenszustandes;** v. 25. Juni 68 (BGB. S. 523). 855

Aenderungen u. Ergänzungen:

a) Der Servistarif (Beil. Litt. B) u. die Klasseneintheilung der Orte (Beil. Litt. C) sind ersetzt durch Ges., betr. die Revision des Servistarifs u. der Klasseneintheilung der Orte, v. 3. Aug. 78 (RGB. S. 243). Wegen der abermaligen erneuten Feststellung der Klasseneintheilung s. unter b. 856

857 b) § 3 Abs. 2 ist ersetzt u. eine abermalige neue Klasseneintheilung der Orte erfolgt durch Ges., betr. den Servistarif u. die Klasseneintheilung der Orte, v. 28. Mai 87 (RGB. S. 159). Diese neue Klasseneintheilung ist inzwischen in einzelnen Punkten geändert worden durch VO. v. 29. Juni 88 (RGB. S. 209) u. v. 28. März 92 (RGB. S. 340).

858 c) Die Bestimmungen über das Maß der zu leistenden Quartierbedürfnisse (Beil. Litt. A) sind geändert u. ergänzt durch Ges. v. 21. Juni 87 (RGB. S. 245).

859 Geltungsgebiet:

Das Gesetz wurde als Reichsgesetz eingeführt in

a) Baden durch Ges. v. 22. Nov. 71 (RGB. S. 400),

b) Bayern mit besonderen Maßgaben durch Ges. v. 9. Febr. 75 (RGB. S. 41),

c) Württemberg durch Ges. v. 9. Febr. 75 (RGB. S. 48).

Die Einführung in Südhessen u. Elsaß-Lothringen ist durch Gesetze erfolgt, die im RGB, bezw. CB. nicht veröffentlicht wurden.

An Stelle der den Gesetzen unter a bis c beigefügten Klasseneintheilungen der Orte ist nunmehr die allgemeine Ortsklasseneintheilung (s. Nr. 857) getreten.

Ausführungsbestimmungen:

860 a) Instruktion zur Ausführung des Gesetzes, betr. die Quartierleistung 2c.; v. 31. Dez. 68, genehmigt durch Allerh. Erl. v. gl. Tag (BGB 69 S. 1),

geändert u. ergänzt in folgenden Punkten:

α) § 15 Abs. 3 ist geändert durch Allerh. Erl. v. 3. Sept. 70 (BGB. S. 514);

β) § 15 ist ergänzt u. die Muster zu Quartierbescheinigungen u. zur Servisliquidation (Litt. E u. F) sind geändert durch Allerh. Erl., betr. die Einführung eines vereinfachten Liquidationsverfahrens hinsichtl. des Servises für Kantonnements- u. Marschquartier, v. 29. Jan. 85 (RGB. S. 9);

860a γ) das Formular zu den Marschrouten (Litt. A) ist geändert durch die Instruktion zur Ausführung des Ges. v. 13. Febr. 75 (s. Nr. 863); vgl. daselbst Abs. 3 der Bestimmungen zu § 6 des Ges.

b) Zu § 19:

861 Wegen des Uebergangs einer Gemeinde in eine andere Servisklasse in Folge der Einverleibung ihres Bezirks in eine andere Gemeinde s. Bek. v. 15. Juni 91 (CB. S. 149).

862 **2. Ges. über die Naturalleistungen für die bewaffnete Macht im Frieden;** v. 13. Febr. 75 (RGB. S. 52).

Die §§ 3 Abs. 4, 5 Abs. 1, 9 Zff. 1—3, 14 Abs. 1, 16 Abs. 1 sind geändert u. § 4 ergänzt durch Art. II des Ges. v. 21. Juni 87 (RGB. S. 245).

Ausführungsbestimmungen:

863 a) Instruktion zur Ausführung des Gesetzes über die Naturalleistungen 2c., genehmigt mit Allerh. Erl. v. 30. Aug. 87 (RGB. S. 433).

Diese Instruktion wurde geändert:

α) bezügl. Abschn. III lit. A durch Allerh. Erl. v. 28. Juli 89 (RGB. S. 175);

β) bezügl. Abschn. I zu § 5 u. bezügl. der Beilagen B 5 u. 6 u. D 3 durch Allerh. Erl. v. 15. Okt. 90 (RGB. S. 181).

b) Zu § 9 Zff. 2:

Festsetzung der für die Naturalverpflegung zu vergütenden Beträge für das Jahr 1894: Bek. v. 18. Dez. 93 (CB. S. 355). 864

c) Zu § 15:

α) Friedens-Transport-Ordnung: 865

VO., betr. die Militär-Transport-Ordnung für Eisenbahnen im Frieden; v. 11. Febr. 88 (RGB. S. 23—54, Inhaltsverzeichnis S. 52), geändert bezw. ergänzt bezügl. § 35 durch VO. v. 29. Juli 89 (RGB. S. 172) u. v. 26. Mai 90 (RGB. S. 71).

Zu § 35 Zff. 7 der Friedens-Transport-Ordnung: Bek. v. 7. März 88 (CB. S. 106); das hierzu gehörige Verzeichnis der Sprengstoffe ꝛc. wurde geändert bezw. ergänzt durch Bek. v. 10. Aug. 89 (CB. S. 480), v. 3. Juni 90 (CB. S. 147) u. v. 2. Nov. 92 (CB. S. 641).

β) Militärtarif für Eisenbahnen: Bek. v. 28. Jan. 87 (RGB. S. 97). 866

3. **Ges. über die Kriegsleistungen;** v. 13. Juni 73 (RGB. S. 129). 867

Ausführungsbestimmungen:

a) VO., betr. die Ausführung des Ges. über die Kriegsleistungen; v. 1. Apr. 76 (RGB. S. 137), 868

geändert u. ergänzt:

α) unter I 5 zu § 12 durch Art. I der VO. v. 6. Juni 85 (RGB. S. 197),

β) bezügl. Abschn. I u. Beilage A 2 durch Art. I der VO. v. 14. Apr. 88 (RGB. S. 142), welche wiederum ergänzt wurde durch VO. v. 27. Juni 90 (RGB. S. 75). Wegen Aenderung des Fouragesatzes für schwere Pferde kaltblütigen Schlages s. Bek. v. 3. Nov. 93 (CB. S. 310);

γ) die Beilagen B u. C wurden in berichtigter Fassung veröffentlicht durch Bek. v. 24. Juli 94 (CB. S. 341).

b) VO., betr. die Form der Marschrouten für Kriegsverhältnisse; v. 18. Apr. 82 (RGB. S. 47), 869

geändert durch Art. II der VO. v. 14. Apr. 88 (RGB. S. 142), welche wiederum bezügl. des Art. II § 1 geändert wurde durch VO. v. 27. Juni 90 (RGB. S. 75).

c) Zu den §§ 28—31:

α) Kriegs-Transport-Ordnung: 870

VO., betr. die Militär-Transport-Ordnung für Eisenbahnen im Kriege; v. 26. Jan. 87 (RGB. S. 9—96, Inhaltsverzeichnis S. 93), geändert bezügl. Anlage XI durch Bek. v. 10. Aug. 89 (RGB. S. 177).

β) Militärtarif für Eisenbahnen: Bek. v. 28. Jan. 87 (s. Nr. 866). 871

Anmerkung:

Wegen Beschränkung des Grundeigenthums in der Umgebung v. Festungen s. Nr. 210.

Wegen Verkehrsbeschränkungen u. dergl. in den Reichskriegshäfen s. Nr. 607.

Wegen Beschränkung des Brieftaubenverkehrs im Kriege s. Nr. 894a.

III. Die Rechtsverhältnisse der Militärpersonen im allgemeinen, insbes. deren Dienstbezüge.

872 1. **VO., betr. die Tagegelder u. Reisekosten** der Personen des Soldatenstandes des preußischen Heeres; v. 15. Juli 73 (CB. S. 248).

§ 13 dieser VO. ist aufgehoben durch § 10 der nachgenannten VO. v. 23. Mai 78.

873 2. **VO., betr. die Umzugskosten** der Personen des Soldatenstandes des preußischen Heeres; v. 23. Mai 78 (CB. S. 326).

Anmerkung:

Wegen der Wohnungsgeldzuschüsse der Offiziere u. Aerzte s. Nr. 169.

Die Rechtsverhältnisse der Militärbeamten sind im allgemeinen einheitlich mit denen der Civilbeamten geregelt. Vgl. daher wegen der allgemeinen Rechtsverhältnisse: das Reichsbeamtengesetz (Nr. 133), wegen der Tagegelder, Fuhr- u. Umzugskosten: Nr. 158 ff, insbes. Nr. 163—165, wegen der Kautionen: Nr. 180 ff., insbes. Nr. 185, wegen der Wohnungsgeldzuschüsse: Nr. 169 f.

Wegen der Klasseneintheilung der Militärbeamten s. Nr. 359.

Wegen der Kommunalsteuerpflicht der Militärpersonen s. Nr. 909.

Wegen des Militärstrafrechts s. Nr. 292 ff., wegen des Militärstrafverfahrens s. Nr. 357 ff.

874 IV. Die Versorgung der Militärpersonen u. ihrer Angehörigen.

1. Für die Angehörigen der Armeen vor 1870.

a) Für die Militärpersonen der ehemaligen Schleswig-Holsteinischen Armee:

875 α) Ges., betr. die Bewilligung v. lebenslänglichen Pensionen u. Unterstützungen an Offiziere u. obere Militärbeamte der vormaligen Schleswig-Holsteinischen Armee, sowie an deren Wittwen u. Waisen; v. 14. Juni 68 (BGB. S. 335),

als Reichsgesetz eingeführt in Baden u. Südhessen durch Art. 80 I Nr. 9 der Bundesverf. (BGB. 70 S. 647), in Württemberg durch den Vertr. v. 25. Nov. 70 (BGB. S. 654), in Bayern durch § 2 I Nr. 5 des Ges. v. 22. Apr. 71 (BGB. S. 87).

β) Ges., betr. die Bewilligung v. lebenslänglichen Pensionen u. Unterstützungen an Militärpersonen der Unterklassen der vormaligen Schleswig-Holsteinischen Armee, sowie an deren Wittwen u. Waisen; v. 3. März 70 (BGB. S. 39), 876

als Reichsgesetz eingeführt in Baden u. Südhessen durch Art. 80 I Nr. 21 der Bundesverf. (BGB. 70 S. 648), in Württemberg durch den Vertr. v. 25. Nov. 70 (BGB. S. 654), in Bayern durch § 2 I Nr. 11 des Ges. v. 22. Apr. 71 (BGB. S. 87).

b) Für die Angehörigen aller Armeen vor 1870:

Ges., betr. die Gewährung von Unterstützungen an Invalide aus den Kriegen vor 1870 u. an deren Hinterbliebene; v. 14. Jan. 94 (RGB. S. 107). 877

2. **Militär-Pensionsgesetz.**

Ges., betr. die Pensionirung u. Versorgung der Militärpersonen des Reichsheeres u. der Kaiserlichen Marine, sowie die Bewilligungen für die Hinterbliebenen solcher Personen; v. 27. Juni 71 (RGB. S. 275). 878

(Dieses Gesetz enthält hinsichtlich der Hinterbliebenen-Versorgung nur Bestimmungen bezügl. der im Kriege oder in Folge des Krieges verstorbenen Militärpersonen, während das bei Nr. 882 genannte Ges. v. 17. Juni 87 die allgemeine Fürsorge für die Hinterbliebenen der Militärpersonen regelt).

Aenderungen u. Ergänzungen:

a) Ges., betr. einige Abänderungen u. Ergänzungen des Ges. v. 27. Juni 71 2c.; v. 4. Apr. 74 (RGB. S. 25), geändert durch Ges., betr. einige Abänderungen u. Ergänzungen der Militär-Pensionsgesetze v. 27. Juni 71 u. 4. Apr. 74 2c.; v. 22. Mai 93 (RGB. S. 171, s. Nr. 879a). 879

b) Die §§ 9 u. 21 sind geändert durch Ges., betr. die Abänderung des Militär-Pensionsgesetzes; v. 21. Apr. 86 (RGB. S. 78).

c) Die §§ 50 u. 93 sind geändert, §§ 50, 56, 93 ergänzt durch Ges., betr. einige auf die Marine bezügliche Abänderungen u. Ergänzungen des Ges. v. 27. Juni 71 2c.; v. 24. März 87 (RGB. S. 149).

d) Zahlreiche Aenderungen enthält endlich das Ges., betr. einige Abänderungen u. Ergänzungen der Militär-Pensionsgesetze v. 27. Juni 71 u. 4. Apr. 74 2c.; v. 22. Mai 93 (RGB. S. 171). 879a

Geltungsgebiet: 880

Das Ges. v. 27. Juni 71 sowie das Ergänzungsgesetz v. 4. Apr. 74 wurde auf Elsaß-Lothringen ausgedehnt durch Ges., betr. die Einführung v. Reichsgesetzen in Elsaß-Lothringen; v. 8. Febr. 75 (RGB. S. 69).

Ausführungsbestimmungen:

Bek., betr. die Ausführung der §§ 101—108 des Militär-Pensionsgesetzes v. 27. Juni 71 u. der §§ 15, 16 u. 22 der Novelle v. 4. Apr. 74; v. 22. Febr. 75 (CB. S. 142), geändert bezügl. des Schemas für die Quittungsbücher der Militärpensionäre der Unterklassen durch Bek. v. 9. Mai 77 (CB. S. 252). 881

3. Militär-Hinterbliebenen-Gesetz.

882 Ges., betr. die Fürsorge für die Wittwen u. Waisen von Angehörigen des Reichsheeres u. der Kaiserlichen Marine; v. 17. Juni 87 (RGB. S. 237),

geändert durch Ges., betr. den Erlaß der Wittwen- u. Waisengeldbeiträge von Angehörigen der Reichs-Civilverwaltung, des Reichsheeres u. der Kaiserlichen Marine; v. 5. März 88 (RGB. S. 65).

Zu § 27 des Ges. v. 17. Juni 87: Bek. v. 12. Sept. 87 (CB. S. 341).

4. Unterstützung von Familien eingezogener Mannschaften.

883 a) Ges., betr. die Unterstützung von Familien in den Dienst eingetretener Mannschaften; v. 28. Febr. 88 (RGB. S. 59).

884 b) Ges., betr. die Unterstützung von Familien der zu Friedensübungen einberufenen Mannschaften; v. 10. Mai 92 (RGB. S. 661).

Dazu: Bek., betr. die Ausführungsvorschriften zu dem Ges. v. 10. Mai 92 rc.; v. 2. Juni 92 (RGB. S. 668).

5. Civilversorgung der Militärpersonen.

885 Grundsätze für die Besetzung der Subaltern- u. Unterbeamtenstellen bei den Reichs- u. Staatsbehörden mit Militäranwärtern, nebst Erläuterungen: Bek. v. 25. März 82 (CB. S. 123).

Aenderungen u. Ergänzungen:

a) Anlage D (Verzeichnis der den Militäranwärtern im Reichsdienst vorbehaltenen Stellen) wurde geändert in folgenden Punkten:

α) II 6 ist weggefallen durch Bek. v. 21. März 86 (CB. S. 67);

β) II 24 ist weggefallen durch Bek. v. 3. Apr. 87 (CB. S. 89);

γ) II 14, 23, 27 sind geändert, II 21a eingeschaltet durch Bek. v. 5. Aug. 88 (CB. S. 672). Der auf Zff. III bezügliche Teil dieser Bek. ist durch die Bek. unter ε ersetzt;

δ) II 25 ist weggefallen durch Bek. v. 6. Juli 89 (CB. S. 400);

ε) Ziffer III ist ersetzt durch Bek. v. 29. Nov. 89 (CB. S. 578), welche wiederum geändert ist durch Bek. v. 23. Mai 90 (CB. S. 143);

ζ) II 1, 7, 11 sind geändert durch Bek. v. 2. Juni 91 (CB. S. 117);

η) II 13 ist geändert durch Bek. v. 16. Juni 92 (CB. S. 467).

b) Zff. 1 der Anmerkung zu § 10 Zff. 4 ist geändert lt. Bek. v. 19. März 94 (CB. S. 78).

Ausführungsbestimmungen:

a) Zu § 8 Abs. 3:

886 Gesammtverzeichnis der den Militäranwärtern in den Bundesstaaten vorbehaltenen Stellen: Bek. v. 24. Juni 87 (CB. S. 217).

Dieses Verzeichnis wurde ergänzt bezw. geändert durch folgende Nachträge: Bek. v. 9. Aug. 88 (CB. S. 802), v. 8. Aug. 89 (CB. S. 460), v. 28. Nov. 89 (CB. S. 578), v. 9. Juli 90 (CB. S. 243), v. 22. Juli 91 (CB. S. 231), v. 1. Sept. 92 (CB. S. 606, geändert durch Bek. v. 9. Nov. 92, CB. S. 649) u. v. 16. Nov. 93 (CB. S. 328, Berichtigung hierzu s. CB. 94 S. 10).

b) Gesammtverzeichnis der Privateisenbahnen u. durch Private betriebenen Eisenbahnen, welchen die Verpflichtung auferlegt ist, bei Besetzung von Beamtenstellen Militäranwärter vorzugsweise zu berücksichtigen: Bek. v. 9. Nov. 92 (CB. S. 649). Dazu Nachtragsverzeichnis: Bek. v. 16. Nov. 93 (CB. S. 336). 887

c) Zu § 12 der Grundsätze:

α) Verzeichnis der Behörden, welche hinsichtlich der in Anlage D der „Grundsätze" aufgeführten Stellen des Reichsdienstes als Anstellungsbehörden anzusehen sind: Bek. v. 28. Juli 86 (CB. S. 306). 888

Das Verzeichnis wurde geändert durch Bek. v. 6. Aug. 88 (CB. S. 672), v. 29. Nov. 89 (CB. S. 579, geändert durch Bek. v. 17. März 92, CB. S. 158) u. v. 2. Juni 91 (CB. S. 117).

β) Verzeichnis derjenigen Behörden, an welche die Bewerbungen um Stellen der bayerischen Militärverwaltung zu richten sind: Bek. v. 28. Juli 86 (CB. S. 314). Das Verzeichnis wurde geändert durch Bek. v. 24. Sept. 91 (CB. S. 285). 889

Wegen Berichtigung der preußischen Zusatzbestimmungen zu den Anstellungsgrundsätzen v. 7./21. März 82 s. CB. 89 S. 400, CB. 90 S. 43 u. CB. 93 S. 355. 890

Anmerkung:

Wegen der Fürsorge für Beamte u. Personen des Soldatenstandes in Folge von Betriebsunfällen s. Nr. 171.

Wegen Zurückbeförderung der Hinterbliebenen der im Auslande angestellten Militärbeamten u. Personen des Soldatenstandes s. Nr. 178.

Wegen der Aufnahmebedingungen für das Potsdam'sche große Militär-Waisenhaus s. CB. 88 S. 17. 891

Wegen der Generalstabsstiftung (zur Unterstützung von Mitgliedern des Generalstabs) s. Nr. 894.

Wegen der Verwaltung des Reichs-Invalidenfonds s. Nr. 902.

Wegen der Ehrenzulagen an die Inhaber des Eisernen Kreuzes s. Nr. 893.

V. Vermischtes.

1. Die Kriegsdenkmünze für die Feldzüge 1870 u. 1871. 892

Allerh. Erl., betr. die Stiftung einer Kriegsdenkmünze für die Feldzüge 1870 u. 1871; v. 20. Mai 71 (RGB. S. 111),

ergänzt durch

a) Allerh. Erl., betr. die Verleihung des Anspruchs auf die Kriegsdenkmünze für Nichtkombattanten an die nach dem Statut nicht berechtigten Offiziere, Aerzte, Beamten u. Mannschaften der deutschen Armeen u. der Marine; v. 22. Mai 71 (RGB. S. 113);

b) Allerh. Erl., betr. die Verleihung des Anspruchs auf die Kriegsdenkmünze für Nichtkombattanten an Hof- u. Civil-Staatsbeamte, an Angestellte der Privat-Eisenbahngesellschaften, an die Johanniter- u. Maltheserritter ꝛc.; v. 22. Mai 71 (RGB. S. 113);

c) Allerh. Erl., betr. die Verleihung der Kriegsdenkmünze für Kombattanten an Offiziere, Aerzte ꝛc. der Marine; v. 14. März 72 (RGB. S. 84).

Wegen Aufbringung der Kosten der Kriegsdenkmünze s. Ges. v. 24. Mai 71 (RGB. S. 103).

893 2. **Die Ehrenzulage der Inhaber des Eisernen Kreuzes.**

Ges., betr. die Gewährung einer Ehrenzulage an die Inhaber des Eisernen Kreuzes v. 1870/71; v. 2. Juni 78 (RGB. S. 99).

Zu § 2: Allerh. Erl., betr. die Bestimmung der Auszeichnungen, die neben dem Besitz des Eisernen Kreuzes 2. Klasse zum Bezug der Ehrenzulage berechtigen; v. 19. Nov. 78 (RGB. S. 361).

894 3. **Die Generalstabsstiftung.**

Auf Grund des Gesetzes, betr. die Verwendung eines Theils des Reingewinns aus dem von dem großen Generalstabe redigirten Werke „Der deutsch-französische Krieg 1870/71", v. 31. Mai 77 (RGB. S. 523) wurde die Stiftung errichtet durch

Allerh. Erl., betr. die Generalstabsstiftung, v. 21. März 78 (RGB. S. 13, mit Statut S. 14).

Der Stiftung wurde der ganze Reingewinn aus dem genannten Werke sowie derjenige aus sonstigen kriegsgeschichtlichen Werken des Generalstabs überwiesen durch die Gesetze v. 12. Juli 84 (RGB. S. 119) u. v. 12. Apr. 88 (RGB. S. 141).

894a 4. **Ges., betr. den Schutz der Brieftauben** u. den Brieftaubenverkehr im Kriege; v. 28. Mai 94 (RGB. S. 463).

Sechster Theil.

Finanzverwaltung. 895

Vgl. Art. 69—73 der Reichsverfassung (Nr. 1).

1. Kapitel.

Allgemeine Bestimmungen.

I. Die Schulden des Reichs.

1. Die Buchschulden des Reichs.

Ges., betr. das Reichsschuldbuch; v. 31. Mai 91 (RGB. S. 321). 896

Dazu:

a) VO. über die Inkraftsetzung des Ges., betr. das Reichsschuldbuch; v. 24. Jan. 92 (RGB. S. 303).

b) Ausführungsbestimmungen zu dem Ges. v. 31. Mai 91: Bek. v. 27. Jan. 92 (CB. S. 25). Hierzu vgl. ferner Bek. v. 7. März 92 (CB. S. 157).

2. Bürgschaften des Reichs.

Ges., betr. die Bürgschaft des Reichs für die Zinsen ꝛc. einer 897 egyptischen Staatsanleihe; v. 14. Nov. 86 (RGB. S. 301).

Wegen der ehemaligen Garantie des Nordd. Bundes für das v. der 898 europäischen Donaukommission aufgenommene Darlehen zur Herstellung der Fahrbarkeit des Sulinaarmes der Donaumündungen s. Ges. v. 11. Juni 68 (BGB. 69 S. 33).

3. Die Reichsschulden-Verwaltung. 899

Dieselbe ist der Preußischen Hauptverwaltung der Staatsschulden übertragen. Vgl. Ges. v. 19. Juni 68, betr. die Verwaltung der nach Maßgabe des Gesetzes v. 9. Nov. 67 aufzunehmenden Bundesanleihe (BGB. 68 S. 339).

Die Verwaltung der späteren Anlehen des Reichs wurde ebenfalls durch die betreffenden Anleihegesetze jeweils der Preußischen Hauptverwaltung der Staatsschulden übertragen.

Wegen des Aufgebots u. der Amortisation verlorener oder vernichteter Schuldurkunden des Nordd. Bundes oder des Deutschen Reiches s. Nr. 371.

II. Das Vermögen des Reichs.

900 **1. Die Reichshauptkasse.**

Ursprünglich führte die Preußische General-Staatskasse als „Generalkasse des Norddeutschen Bundes" die Centralkassengeschäfte des Bundes. Vgl. Bek. des Bundeskanzlers v. 21. Jan. 68 (BGB. S. 1).

Nach Gründung des Reichs erhielt die Kasse die Bezeichnung „Reichshauptkasse" durch Bek. des Reichskanzlers v. 1. Juni 71 (RGB. S. 126); dieselbe wird nunmehr von der Reichsbankhauptkasse in Berlin geführt: Bek. v. 29. Dez. 75 (CB. S. 821).

901 **2. Der Reichskriegsschatz.**

Ges., betr. die Bildung eines Reichskriegsschatzes; v. 11. Nov. 71 (RGB. S. 403).

Zu § 3: VO., betr. die Verwaltung des Reichskriegsschatzes; v. 22. Jan. 74 (RGB. S. 9).

902 **3. Der Reichs-Invalidenfonds.**

Ges., betr. die Gründung u. Verwaltung des Reichs-Invalidenfonds; v. 23. Mai 73 (RGB. S. 117),

geändert bezw. ergänzt

a) bezügl. des § 3 u. der Zusammensetzung der Reichsschulden-Kommission durch Ges. v. 23. Febr. 76 (RGB. S. 24);

b) bezügl. des § 1 durch Ges. v. 11. Mai 77 (RGB. S. 495), welches wiederum geändert wurde durch Art. 26 des Ges. v. 22. Mai 93 (RGB. S. 183).

Vgl. ferner das Ges., betr. die Uebernahme bisher aus Landesfonds gezahlter Pensionen auf das Reich, v. 17. Juni 78 (RGB. S. 127) sowie das Ges., betr. die Gewährung von Unterstützungen an Invalide aus den Kriegen vor 1870 u. an deren Hinterbliebene, v. 14. Jan. 94 (RGB. S. 107, s. Nr. 877);

c) durch Ges. wegen Abänderung der Gesetze v. 23. Febr. 76 u. v. 23. Mai 73; v. 30. März 79 (RGB. S. 119);

d) in § 12 ist an Stelle des Reichs-Oberhandelsgerichts das Reichsgericht getreten. Vgl. Ges., betr. den Uebergang von Geschäften auf das Reichsgericht, v. 16. Juni 79 (RGB. S. 157).

903 Zu § 11 des Gesetzes:

Bek., betr. die Geschäftsanweisung für die Verwaltung des Reichs-Invalidenfonds; v. 11. Juni 74 (RGB. S. 104).

4. **Der Reichs-Festungsbaufonds.**
Ges., betr. die Geldmittel zur Umgestaltung u. Ausrüstung von deutschen Festungen; v. 30. Mai 73 (RGB. S. 123). 904

Vgl. hierzu § 16 der Geschäftsanweisung für die Verwaltung des Reichs-Invalidenfonds (Nr. 903).

5. **Der Reichstagsgebäudefonds.**
Ges. v. 8. Juli 73 (RGB. S. 217), geändert durch Ges. v. 11. Mai 77 (RGB. S. 495). 905

Vgl. hiezu § 16 der Geschäftsanweisung für die Verwaltung des Reichs-Invalidenfonds (Nr. 903).

Schlußbemerkung:

Wegen des Rechnungshofs für das Deutsche Reich s. Nr. 131 f.

Wegen des Reichsschatzamts s. Nr. 130.

Wegen der Festsetzung des Etatsjahres s. Nr. 30, wegen der Einnahmen u. Ausgaben der Schutzgebiete s. Nr. 58.

---

2. Kapitel.

Steuerwesen. 906

Vgl. Art. 33—40 der Reichsverfassung (Nr. 1).

---

§ 1. Allgemeine Bestimmungen.

1. **Ges. wegen Beseitigung der Doppelbesteuerung;** v. 13. Mai 70 (BGB. S. 119), 907
als Reichsgesetz eingeführt in:
a) Baden u. Südhessen durch Art. 80 I Nr. 22 der Bundesverf. (BGB. 70 S. 648),
b) Württemberg durch Vertr. v. 25. Nov. 70 (BGB. S. 654),
c) Bayern durch § 2 II des Ges. v. 22. Apr. 71 (BGB. S. 88).

Die Schutzgebiete gelten als Inland im Sinne des Gesetzes; s. § 6 Abs. 3 des Ges. über die Rechtsverhältnisse der Schutzgebiete (Nr. 57).

2. **Ges., betr. die Besteuerung der Dienstwohnungen** der Reichsbeamten; v. 31. Mai 81 (RGB. S. 99). 908

3. **Kommunalsteuerpflicht der Militärpersonen.** 909
VO., betr. die Einführung der in Preußen geltenden Vorschriften über die Heranziehung der Militärpersonen zu Kommunalauflagen im ganzen Bundesgebiet; v. 22. Dez. 68 (BGB. S. 571), geändert durch Ges., betr. die Heranziehung von Militärpersonen zu den Gemeindeabgaben, v. 28. März 86 (RGB. S. 65).

4. **Behandlung der Steuerkredite.**

910 Bdsrthsbeschl., betr. die Termine für Einzahlung kreditirter Reichssteuern; v. 20. Febr. 82 (CB. S. 91).

911 Bestimmungen über die Behandlung der Zoll- u. Steuerkredite, sowie der Steuervergütungs- u. Berechtigungsscheine im Falle des Eintritts einer drohenden Kriegsgefahr: Bek. v. 18. Juli 91 (CB. S. 223).

Anmerkung:

912 Wegen des Minimalbetrags bei Erhebung von Steuergefällen s. Bdsrthsbeschl. v. 13. Nov. 75 (CB. S. 749).

Wegen des steueramtlichen Verschlusses von Schiffen auf dem Rhein u. seinen Nebenflüssen s. Nr. 995.

Wegen der Nachweisungen der Straffälle in Bezug auf Steuern u. Zölle des Reichs s. Nr. 1035.

Wegen des Wegfalls der Jahresübersichten über die Einnahmen an Zöllen u. gemeinschaftlichen Steuern s. Nr. 1036.

§ 2. Die einzelnen Steuern.

I. Stempelabgabe für Werthpapiere, Kaufgeschäfte 2c. u. Lotterieloose.

913 Das Ges., betr. die Erhebung von Reichsstempelabgaben, v. 1. Juli 81 (RGB. S. 185) wurde geändert durch Ges. v. 29. Mai 85 (RGB. S. 171), neu veröffentlicht mit Bek. v. 3. Juni 85 (RGB. S. 179), wiederum geändert durch Ges. v. 27. Apr. 94 (RGB. S. 369) u. sodann unter der Bezeichnung

Reichsstempelgesetz vom 27. April 1894

neu veröffentlicht mit Bek., betr. die Redaktion des Reichsstempelgesetzes, v. 27. Apr. 94 (RGB. S. 381).

Ausführungsbestimmungen:

913a a) Ausführungsvorschriften zum Reichsstempelgesetz v. 27. Apr. 94 (CB. S. 121).

914 Zu Nr. 14 dieser Ausführungsvorschriften:

Verzeichniß der Waaren, für welche an inländischen Börsen Terminpreise notirt werden: Bek. v. 30. Okt. 85 (CB. S. 511), geändert bezw. ergänzt bezügl. folg. Plätze:

Berlin: CB. 1886 S. 32 u. 1889 S. 533,

Cöln u. Frankfurt: CB. 85 S. 524,

Leipzig: CB. 1886 S. 416 u. 1890 S. 116,

Hamburg: CB. 1887 S. 171, 1888 S. 10, 1891 S. 63, 1893 S. 167, 1894 S. 9,

Magdeburg: CB. 1889 S. 601, 1891 S. 83,

Mannheim: CB. 89 S. 601.

b) Bestimmungen über die Erhebung u. Verrechnung der nach dem Reichsstempelgesetz zu entrichtenden Abgaben; v. 27. Apr. 94 (CB. S. 121 u. 152 ff.).

Wegen Ermächtigung des Reichskanzlers zur Abänderung gewisser Bestimmungen der Vorschriften zur Ausführung des Reichsstempelgesetzes s. Bek. v. 16. März 82 (CB. S. 107).

c) Zu § 39 des Gesetzes:

Verzeichnis derjenigen Beamten, denen die periodische Prüfung der Bank- 2c. Anstalten übertragen ist: CB. 82 S. 10. Vgl. hierzu Nr. 1 der Ausführungsvorschriften (CB. 94 S. 121, s. Nr. 913 a).

Wegen der Steuerfreiheit der vor dem 1. Mai 1894 vorschriftsmäßig versteuerten, inländischen Werthpapiere s. Bdsrthsbeschl. v. 9. Juli 94 (CB. S. 358).

II. Wechselstempelsteuer.

Ges., betr. die Wechselstempelsteuer im Norddeutschen Bunde; v. 10. Juni 69 (BGB. S. 193), 915

geändert bezügl. der §§ 2 u. 3 durch Ges., betr. die Abänderung des Ges. v. 10. Juni 69; v. 4. Juli 79 (RGB. S. 151).

Geltungsgebiet: 916

Die Giltigkeit des Gesetzes wurde ausgedehnt auf

a) Baden, Südhessen u. Hohenzollern durch Art. 80 I Nr. 16 bezw. Art. 80 vorletzt. Abs. der Bundesverf. (BGB. 70 S. 648 u. 649). Wegen Einführung der Ausführungserlasse in Hohenzollern s. Bek. v. 30. Dez. 70 (BGB. S. 666);

b) Württemberg durch Vertr. v. 25. Nov. 70 (BGB. S. 654);

c) Bayern durch § 4 des Ges. v. 22. Apr. 71 (BGB. S. 88).

Durch Ges. v. 14. Juli 91 (im RGB. nicht abgedruckt) wurde das Gesetz auch in Elsaß-Lothringen eingeführt.

Ausführungsbestimmungen:

1. Bek. zur Ausführung des Gesetzes, betr. die Wechselstempelsteuer; v. 23. Juli 71 (RGB. S. 267), 917

geändert bezw. ergänzt in folg. Punkten:

a) An Stelle v. Zff. I (zu § 3 des Ges.) gilt nunmehr die Bek., betr. die Berechnung der Stempelabgabe von ausländischen Werthpapieren u. der Wechselstempelabgabe von den in einer anderen als der Reichswährung ausgedrückten Summen; v. 1. Febr. 82 (CB. S. 26), ergänzt bezügl. der österreich. Gulden Gold (Bek. v. 6. Febr. 84, CB. S. 27) u. der österreich. Kronen (Bek. v. 18. Mai 93, CB. S. 143).

b) An Stelle v. Zff. II (zu § 13 Nr. 2 des Ges.) gilt nunmehr die Bek., betr. die Abänderung der Vorschriften über die Verwendung der Wechselstempelmarken; v. 16. Juli 81 (RGB. S. 245).

c) Zff. III (zu § 24 Nr. 1 des Ges.) ist ergänzt durch Bek. v. 18. Febr. 90 (CB. S. 39).

2. Zu § 22 des Gesetzes:

918 Bek., betr. den Debit der Bundesstempelmarken u. gestempelten Blankets zur Entrichtung der Wechselstempelsteuer, sowie das Verfahren bei Erstattung verdorbener Stempelmarken u. Blankets; v. 13. Dez. 69 (BGB. S. 695),

theilweise ersetzt durch

919 Bek., betr. die Ausgabe neuer Stempelmarken u. gestempelter Blankets zur Entrichtung der Wechselstempelsteuer; v. 13. Juni 79 (RGB. S. 153), welche wiederum geändert wurde

a) bezügl. des letzten Absatzes durch Bek. v. 24. März 80 (RGB. S. 94);

b) durch Ausgabe neuer Stempelmarken: Bek., betr. die Ausgabe neuer Stempelmarken zur Entrichtung der Wechselstempelsteuer; v. 22. Nov. 81 (RGB. S. 271), geändert durch Bek. v. 15. März 86 (RGB. S. 60);

c) durch Ausgabe neuer Wechselblankets: Bek., betr. die Ausgabe neuer gestempelter Wechselblankets; v. 10. Juli 82 (RGB. S. 122);

d) durch Abschaffung von einzelnen Kategorien der Stempelmarken u. Stempelblankets: Bek. v. 9. Juni 84 (RGB. S. 68) u. v. 28. Okt. 90 (CB. S. 343).

e) An Stelle der im Abs. 6 angeführten Bek. v. 11. Juli 73 ist die Bek. v. 16. Juli 81 (RGB. S. 245) getreten.

920 Wegen des Fortfalls der Veröffentlichung statistischer Jahresübersichten über die Einnahmen an Wechselstempelsteuer s. Bdsrthsbeschl. v. 16. Apr. 91 (CB. S. 95).

III. Spielkartenstempel.

921 **Ges., betr. den Spielkartenstempel;** v. 3. Juli 78 (RGB. S. 133).

Ausführungsbestimmungen:

922 1. Bek. zur Ausführung des Ges., betr. den Spielkartenstempel; v. 6. Juli 78 (CB. S. 403).

Ergänzungsvorschriften hierzu:

a) Zu Zff. II Abs. 4:

Bek. zur Ausführung des Ges. v. 3. Juli 78; v. 2. Nov. 78 (CB. S. 614), ergänzt bezügl. Zff. III durch Bek., betr. die Behandlung der sog. Gaigelspiele, v. 11. Nov. 78 (CB. S. 632), durch Bek. v. 24. Apr. 79 (CB. S. 327) u. Bek. v. 15. Juli 79 (CB. S. 489).

Das Verzeichnis der zur Abstempelung u. Nachstempelung v. Spielkarten ermächtigten Zoll- u. Steuerstellen (CB. 78 S. 615) hat inzwischen zahlreiche Abänderungen erfahren.

b) Zu Zff. V D:

Wegen Wahrung der Funktionen als Reichsbevollbemächtigter bezw. Stations-Kontroleur in Bezug auf die Erhebung u. Verwaltung des Spielkartenstempels im bremischen u. hamburgischen Freihafengebiet s. CB. 79 S. 260.

c) Zu Anlage A:

Zusätzliche Bestimmung zum Regulativ über den Betrieb der Spielkartenfabriken: Zff. II der Bek. v. 15. Apr. 79 (CB. S. 286).

Zur Ergänzung des § 4 des gleichen Regulativs s. Bek. v. 7. Aug. 79 (CB. S. 516) u. Bek. v. 16. März 86 (CB. S. 59).

Ausführungsbestimmungen zu § 9 des Regulativs: Zff. IV der Bek. v. 2. Nov. 78 (CB. S. 614, s oben bei a).

d) Zu Anlage B:

Erläuterung der Vorschrift in Zff. 6 Abs. 4: Zff. 1 der Bek. v. 15. Apr. 79 (CB. S. 286).

2. Verschiedene Bundesrathsbeschlüsse. 923

Wegen der steueramtlichen Behandlung vom Auslande eingehender, loser Spielkarten s. CB. 81 S. 15.

Wegen des Begriffs der „Spielkarten“ s. CB. 82 S. 342 oben.

Wegen Berechnung des Stempels v. sog. Widderkarten s. CB. 83 S. 333 oben.

Ein Verzeichnis der Bundesstaaten u. Bundesgebietstheile, in welchen der Spielkartenstempel nicht von der Landesregierung verwaltet wird, s. in CB. 79 S. 302.

IV. Salzsteuer.

Ges., betr. die Erhebung einer Abgabe von Salz; v. 12. Okt. 67 (BGB. S. 41), nebst der Uebereinkunft der Staaten des Zollvereins wegen Erhebung einer Abgabe von Salz, v. 8. Mai 67 (S. 49). 924

Ausführungsvorschriften:

1. Ausführungsbestimmungen, betr. das Gesetz über die Erhebung einer Abgabe von Salz; v. 5. Juli 88, angekündigt durch Bek. v. 18. Juli 88 (CB. S. 484), abgedruckt in CB. 88 S. 613—670, 925

geändert in folg. Punkten:

a) § 15 Zff. 5 ist geändert durch Bdsrthsbeschl. v. 27. Nov. 90 (CB. S. 387 oben);

b) § 10 ist ergänzt lt. Bek. v. 24. März 91 (CB. S. 62);

c) § 19 Zff. 1 u. 2 ist geändert durch Bdsrthsbeschl. v. 10. Dez. 91 (CB. 92 S. 2);

d) Anlage II ist ergänzt durch Bdsrthsbeschl. v. 13. Juli 93 (CB. S. 235).

Man beachte ferner

zu Muster 3 u. 4 (Begleitscheine über inländisches Salz) die Bek. v. 9. Aug. 88 (CB. S. 755);

zu Anlage II Zff. 15 Abs. 1 den Bdsrthsbeschl. v. 2. Juli 81, betr. die Strafbarkeit bei unberechtigtem Bezuge denaturirten Bestellsalzes (CB. 81 S. 279).

2. Verschiedene Bundesrathsbeschlüsse: 926

Wegen der Salzabgabe-Vergütung für Proviant deutscher Kriegsschiffe s. CB. 76 S. 554.

Wegen Anschreibung der Soole u. Mutterlauge in der Salzabgabestatistik s. CB. 76 S. 628.

Wegen Abänderung der (im CB. nicht abgedruckten) Uebersichten über die Einnahme an Salzsteuer s. CB. 77 S. 176).

V. Brausteuer.

927 **Ges. wegen Erhebung der Brausteuer;** v. 31. Mai 72 (RGB. S. 153, Druckfehlerberichtigung in der besond. Beilage zu Nr. 16 des RGB. v. 1872),

geändert bezügl. § 44 Abs. 2 durch Ges. v. 23. Dez. 76 (RGB. S. 237).

(Das Brausteuergesetz gilt nicht in Bayern, Württemberg, Baden u. Elsaß-Lothringen).

Ausführungsvorschriften:

928 1. Ausführungsvorschriften zu dem Ges. wegen Erhebung der Brausteuer v. 31. Mai 72; v. 5. Juli 88, angekündigt durch Bek. v. 18. Juli 88 (CB. S. 484), abgedruckt in CB. 88 S. 677—747,

ergänzt bezügl. Anlage II lt. Bek. v. 22. Juni 92 (CB. S. 468).

929 2. Wegen Steuerfreiheit des zur Bereitung von Meth verwendeten Honigs u. Zuckers s. Bdsrthsbeschl. v. 22. Dez. 92 (CB. 93 S. 10).

Anmerkung:

Wegen einer Uebersicht der hinsichtlich des Bieres in den einzelnen Staaten zur Erhebung kommenden Uebergangsabgaben u. bewilligten Ausfuhrvergütungen s. bei Nr. 985 f.

930 Wegen Erhebung der Uebergangsabgabe von Bier im Gebiete der Brausteuergemeinschaft s. Bdsrthsbeschl. v. 25. März 74 (CB. S. 127).

VI. Tabacksteuer.

931 **Ges., betr. die Besteuerung des Tabacks;** v. 16. Juli 79 (RGB. S. 245),

geändert bezügl. der §§ 12, 16 u. 19 durch Ges. v. 5. Apr. 85 (RGB. S. 83).

Ausführungsbestimmungen:

932 1. Bek., betr. die Besteuerung des Tabacks; v. 25. März 80 (CB. S. 153—164). Dazu s. Nachtrag in CB. 88 S. 748, angekündigt durch Bek. v. 18. Juli 88 (CB. S. 484).

933 2. Dienstvorschriften, betr. die Besteuerung des Tabacks; v. 29. Mai 80 (CB. S. 327—385),

geändert bezw. ergänzt:

a) bezügl. der §§ 18, 23, 28, 33 u. der Muster 1. u. 4 durch Nachtrag, angekündigt durch Bek. v. 18. Juli 88 (CB. S. 484), veröffentlicht in CB. 88 S. 748;

b) bezügl. der Muster zu Versendungsscheinen I u. II über inländischen Taback lt. Bek. v. 9. Aug. 88 (CB. S. 755);

c) bezügl. des § 27 durch Bdsrthsbeschl. v. 24. März 91 (CB. S. 74).

3. Anleitung zur Aufstellung der Uebersichten über die Besteuerung des Tabacks; v. 7. Juni 80 (CB. S. 420—440), 934

geändert bezügl. Muster 2 durch Nachtrag, angekündigt mit Bek. v. 18. Juli 88 (CB. S. 484), veröffentlicht in CB. 88 S. 750.

Wegen der von den Direktivbehörden an den Ausschuß des Bundesraths für Rechnungswesen einzusendenden Uebersichten der Einnahme an Tabacksteuer s. Zff. 2 des Bdsrthsbeschl. v. 24. März 91 (CB. S. 74).

4. Zu §§ 17 u. 18:

Regulativ, betr. die Niederlagen für unversteuerten inländischen Taback; v. 29. Mai 80 (CB. S. 386), 935

ergänzt bezügl. § 8 durch Bdsrthsbeschl. v. 5. Febr. 91 (CB. S. 44).

5. Zu § 20:

Regulativ, betr. die Kreditirung der Tabackgewichtssteuer; v. 26. Juni 80 (CB. S. 468), 936

ergänzt bezügl. § 1 durch Nachtrag, angekündigt mit Bek. v. 18. Juli 88 (CB. S. 484), veröffentlicht in CB. 88 S. 750.

6. Zu § 27:

Bek., betr. die Verwendung von Surrogaten bei der Tabackfabrikation; v. 27. Nov. 79 (CB. S. 753), 937

ergänzt bezw. geändert durch Nachtrag, angekündigt mit Bek. v. 18. Juli 88 (CB. S. 484), veröffentlicht in CB. 88 S. 750.

7. Zu §§ 30 u. 31:

Regulativ, betr. die Ausfuhrvergütung für Taback, veröffentlicht mit Bek. v. 27. Aug. 88 (CB. S. 834), 938

durch den Bundesrath genehmigt lt. Bek. v. 24. Okt. 88 (CB. S. 920).

VII. Zuckersteuer.

Ges., betr. die Besteuerung des Zuckers; v. 31. Mai 91 (RGB. S. 295). 939

Dazu:

1. Ausführungsbestimmungen zu dem Zuckersteuergesetz v. 31. Mai 91, veröffentlicht mit Bek. v. 30. Apr. 92 (CB. S. 185—304), 940

geändert bezw. ergänzt in folg. Punkten:

a) § 104 sowie Anlage F § 7 sind ergänzt lt. Bek. v. 18. Mai 93 (CB. S. 143);

b) Zff. II der Anlage D ist ergänzt durch Bdsrthsbeschl., betr. die steuerfreie Ablassung von Rohzucker zur Herstellung von Ultramarin; v. 26. Jan. 93 (CB. S. 26);

c) die §§ 99, 103, 106 sind geändert lt. Bek. v. 21. Febr. 94 (CB. S. 57).

Ein neues Verzeichnis der Zuckersteuerstellen im deutschen Zollgebiet nach dem Stande v. 1. Apr. 94 s. in CB. 94 S. 103.

2. Bestimmungen über die Zuckerstatistik, veröffentlicht mit Bek. v. 30. Apr. 92 (CB. S. 185 u. 305 ff.). 941

942 # VIII. Branntweinsteuer.

1. **Gesetze:**

a) Die Maischbottich- u. Branntweinmaterialsteuer wurde eingeführt durch

943 Ges., betr. die Besteuerung des Branntweins in verschiedenen zum Nordd. Bunde gehörenden Staaten u. Gebietstheilen; v. 8. Juli 68 (BGB. S. 384).

Dieses Gesetz wurde durch § 40 des Branntweinsteuergesetzes v. 24. Juni 87 (s. Nr. 949) mit den daselbst bezeichneten Aenderungen u. Ergänzungen für das ganze Gebiet der Branntweinsteuergemeinschaft eingeführt u. ist in der Folge durch die bei Nr. 950 angeführten Verordnungen auch in Bayern, Württemberg, Baden u. Hohenzollern in Kraft gesetzt worden.

Man beachte ferner

944 wegen des Zeitpunkts des ehemal. Inkrafttretens des Ges. v. 8. Juli 68 in den einzelnen Theilen seines ursprüngl. Geltungsgebiets: die Verordnungen v. 29. Juli u. 19. Okt. 68 (BGB. S. 465 u. 513), v. 5. Juni 69 (BGB. S. 241) u. v. 29. Dez. 71 (RGB. S. 483);

945 wegen der ehemaligen Einführung des Ges. v. 8. Juli 68 in Elsaß-Lothringen: Ges. v. 16. Mai 73 (RGB. S. 111);

946 wegen Einführung der ehemaligen norddeutschen Branntweinsteuergesetzgebung in Hessen südlich des Mains: Vertrag v. 9. Apr. 68 (BGB. S. 466);

947 wegen des Inkrafttretens des Ges. v. 8. Juli 68 in den nachträglich in die Zollgrenze eingeschlossenen Gebietstheilen: Ges. v. 16. Nov. 74 (RGB. S. 134).

b) Eine Ergänzung des unter a genannten Gesetzes bildet das

948 Ges., betr. die Steuerfreiheit des Branntweins zu gewerblichen Zwecken; v. 19. Juli 79 (RGB. S. 259).

Wegen Einführung des Gesetzes in Bayern, Württemberg, Baden u. Hohenzollern s. bei Nr. 950.

c) Die Verbrauchsabgabe wurde eingeführt u. die Maischbottich- u. Branntweinmaterialsteuer abgeändert durch

949 Ges., betr. die Besteuerung des Branntweins; vom 24. Juni 87 (RGB. S. 253),

geändert bezw. ergänzt in folgenden Punkten:

α) §§ 4 u. 25 sind aufgehoben durch Ges. v. 7. Apr. 89 (RGB. S. 49);

β) §§ 2, 11, 26, 41, 42, 44 sind geändert bezw. ergänzt durch Ges. v. 8. Juni 91 (RGB. S. 338).

950 Gemäß § 47 u. § 49 des Gesetzes wurde dasselbe auch eingeführt in Baden, Württemberg, Hohenzollern u. Bayern durch die Verordn. v. 9., 23., 25. u. 27. Sept. 87 (RGB. S. 485, 487, 489, 491).

2. **Ausführungsbestimmungen** zu den vorgenannten Gesetzen:

a) Vorläufige Bestimmungen zur Ausführung der Reichsgesetze, betr. die Besteuerung des Branntweins, v. 24. Juni 87 u. v. 8. Juli 68 u. betr. die Steuerfreiheit des Branntweins zu gewerblichen Zwecken v. 19. Juli 79, veröffentlicht mit Bek. v. 27. Sept. 87 (CB. S. 351—504). 951

Die Anlagen C u. D wurden erst mit Bek. v. 1. März 88 (CB. S. 80) veröffentlicht.

Vgl. zu Anlage U die Druckfehlerberichtigung in CB. 89 S. 246.

Aenderungen u. Ergänzungen dieser vorläuf. Bestimmungen: 952

α) Die Bestimmungen der Bek. v. 27. Sept. 87 (CB. S. 351) wurden eingeschränkt u. zwar Zff. 1 durch Nr. 15 der Bek. v. 21. Juni 88 (CB. S. 228), Zff. 2 durch Nr. 1 der Bek. v. 18. Juni 91 (CB. S. 154).

β) Nr. 1 der vorläufigen Bestimmungen

ist ersetzt lt. Bek. v. 27. Dez. 93 (CB. S. 360).

γ) Zu Nr. 3:

Anlage C (CB. 88 S. 80) ist geändert durch Zff. 1 der Bek. v. 31. März 90 (CB. S. 77).

δ) Nr. 4

ist geändert bezw. ergänzt durch Bek. v. 3. Aug. 89 (CB. S. 451).

Wegen Behandlung der den Brennereien gelieferten Kunstschlösser im Fall der Betriebseinstellung s. Bek. v. 24. Dez. 89 (CB. 90 S. 1). 953

ε) Zu Nr. 6:

aa) Abschn. III (Abfertigung zum Lager oder zur Versendung) ist ergänzt 954

durch Zff. III der Bek. v. 24. Dez. 87 (CB. S. 613);

durch Litt. B (betr. die Regelung der Branntweinsteuer-Berechtigungsscheine) der Bek. v. 19. Juli 88 (CB. S. 456). Wegen anderweiter abändernder Bestimmungen über Branntweinsteuer-Berechtigungsscheine u. Steuervergütungsscheine für Branntwein s. die Bek. v. 28. März u. v. 25. Nov. 89 (CB. S. 245 u. 568), sowie Zff. 6 a. E. der Bestimmungen über Behandlung der Steuervergütungs- u. Berechtigungsscheine 2c. im Falle des Eintritts einer drohenden Kriegsgefahr (CB. 91 S. 225, s. Nr. 911) u. endlich bezügl. Anrechnung u. Einlösung der Scheine den Bdsrthsbeschl. v. 4. Mai 94 (CB. S. 268); 955

durch Bek., betr. die Abfertigung v. Branntwein mit Versendungsschein I, v. 2. Juli 89 (CB. S. 387). 956

bb) Das Regulativ, betr. die Steuerfreiheit des Branntweins zu gewerblichen 2c. Zwecken (Anlagen R—R 8, S. 419 ff.) wurde geändert bezw. ergänzt 957

durch Bek., betr. die Denaturirung des Branntweins, v. 21. Juni 88 (CB. S. 227), geändert bezw. ergänzt lt. Bek., betr. die Steuerfreiheit des zur Herstellung v. Lacken u. Polituren verwendeten Branntweins, v. 18. Dez. 89 (CB. S. 589), sowie durch Zff. 3 der Bek. v. 31. März 90 (CB. S. 78), endlich bezügl. Anlage C lt. Bek. v. 24. Apr. 74 (CB. S. 118);

durch Zff. 2 u. 3 der Bek. v. 5. Juni 89 (CB. S. 320);

durch Zff. 2 der Bek. v. 31. März 90 (CB. S. 77) u.

durch Bdsrthsbeschl. v. 27. Okt. 92 (CB. S. 667).

958 Ein Verzeichnis der gem. § 9 des Regulativs zur Zusammensetzung des allgem. Denaturirungsmittels ermächtigten Fabriken ist im CB. 88 S. 1 veröffentlicht; dasselbe hat Abänderungen bezw. Ergänzungen erfahren in CB. 1888 S. 10, 79, 1039, 1889 S. 532, 1890 S. 145, 357, 1893 S. 26, 153, 235.

Wegen der steuerfreien Verwendung undenaturirten Branntweins zu Heil- 2c. Zwecken s. bei Nr. 963.

959 cc) Das Branntwein-Reinigungs-Regulativ (Anlage T) wurde ergänzt u. geändert lt. Bek. v. 14. Juli 90 (CB. S. 250) u. sodann ersetzt durch die neue Branntwein-Reinigungsordnung, veröffentlicht mit Bek. v. 9. März 93 (CB. S. 48—89).

960 ζ) Nr. 7

ist ersetzt durch Litt. C II der Bek. v. 19. Juli 88 (CB. S. 459), welche wiederum bezügl. Litt. f. geändert wurde durch Bek. v. 10. Nov. 92 (CB. S. 667).

Zu Litt. b vgl. ferner wegen des Begriffs des „feineren Trinkbranntweins" die Zff. III der gleichen Bek. v. 19. Juli 88 (CB. S. 460).

Wegen des nunmehrigen Verfahrens bei Ermittelung des Alkoholgehaltes s. die Anleitung v. 5. Juni 89 (s. Nr. 975).

η) Nr. 8 II a

ist geändert u.

961 ϑ) Nr. 9a (zu § 42)

eingefügt lt. Bek. v. 27. Dez. 87 (CB. S. 614), wiederum geändert u. ergänzt bezügl. Zff. II durch Bek., betr. die Berechnung des durchschnittlichen Maischraumes, v. 14. März 88 (CB. S. 117).

Vgl. ferner die Ausführungsbestimmungen zum Ges. v. 8. Juni 91 (Nr. 977).

b) Zu § 11 des Ges. v. 24. Juni 87:

962 Branntwein-Gebühren-Ordnung: Bek. v. 17. Juni 92 (CB. S. 423), geändert bezügl. § 3 unter h 2 β lt. Bek. v. 11. Apr. 94 (CB. S. 91).

963 Vorschriften für die steuerfreie Verwendung von undenaturirtem Branntwein zu heilwissenschaftlichen u. gewerblichen Zwecken: Bek. v. 8. Dez. 92 (CB. S. 694).

c) Zu § 13 des Ges. v. 24. Juni 87:

964 Wegen Abfindung kleiner Brennereien, welche Abfälle nicht eigener Biererzeugung verarbeiten, s. Bdsrthsbeschl. v. 5. Juni 89 (CB. S. 388).

965 d) Zu § 42 des Ges. v. 24. Juni 87 (in der ursprüngl. Fassung vor dem Ges. v. 8. Juni 91):

Zff. II der Bek. v. 24. Dez. 87 (CB. S. 613). Vgl. hierzu die Ausführungsbestimmungen zum Ges. v. 8. Juni 91 (Nr. 977).

e) Ueber die Kontingentirung der Brennereien:

966 Vorschriften für die Veranlagung der Brennereien zum Kontingent: Bek. v. 1. Juli 90 (CB. S. 215).

967 Bestimmungen über die Veranlagung der Hefenbrühe oder Brauereiabfälle verarbeitenden Brennereien: Bek. v. 18. Juni 91 CB. S. 154).

968 Behandlung der im Betriebsjahr 1891/92 an Stelle von Kartoffeln Mais oder Dari verarbeitenden landwirthschaftlichen Brennereien hinsichtlich der Kontingentirung: Bek. v. 28. Okt. 91 (CB. S. 301).

Bestimmungen über die Kontingentirung der Brennereien für das Betriebsjahr 1893/94: Bek. v. 6. Aug. 93 (CB. S. 248). 969

Vorschriften, betr. die Veranlagung der Brennereien zum Kontingent für die Kontingents-Periode 1893/96: Bek. v. 26. Jan. 94 (CB. S. 23). 970

Wegen Unzulässigkeit der Uebertragung der für eine bestimmte Brennerei zu dem niedrigeren Verbrauchsabgabensatze bemessenen Jahresmenge Branntwein auf eine andere Brennerei s. Bdsrthsbeschl. v. 13. Dez. 88 (CB. 89 S. 187). 971

f) Export-Bonifikationen:

Ueber solche bei Ausfuhr v. Branntwein u. Branntweinfabrikaten s. Litt. C I der Bek. v. 19. Juli 88 (CB. S. 458), geändert durch Bek. v. 28. März u. 25. Nov. 89 (CB. S. 245 u. 568) sowie lt. Zff. 6 a. E. der Bestimmungen über Behandlung der Steuervergütungs- u. Berechtigungsscheine ꝛc. bei drohender Kriegsgefahr (CB. 91 S. 225, s. Nr. 911). 972

Wegen Vergütung der Maischbottich- u. Materialsteuer bei der Ausfuhr s. Bek. v. 21. Febr. 89 (CB. S. 224). 973

Bestimmung des zulässigen Fuselgehalts im Branntwein, für welchen Steuervergütung bezw. Abgabenfreiheit beansprucht wird: Bek. v. 21. Juni 90 (CB. S. 180). 974

g) Anleitung zur Ermittelung des Alkoholgehalts im Branntwein, veröffentlicht mit Bek. v. 5. Juni 89 (CB. S. 320), 975

geändert u. ergänzt durch Bek. v. 25. März 90 (CB. S. 72), v. 8. Dez. 91 (CB. S. 331 ff. u. 341 ff.) u. v. 7. Aug. 93 (CB. S. 251). Vgl. ferner die Berichtigung in CB. 90 S. 16.

h) Vorschriften über das Ausspülen u. Auslaugen entleerter Branntweingebinde ꝛc.: Bek. v. 21. Febr. 93 (CB. S. 38). 976

i) Ausführungsbestimmungen zum Ges. v. 8. Juni 91, betr. die Abänderung des Branntweinsteuergesetzes v. 24. Juni 87: Bek. v. 2. Juli 91 (CB. S. 198). 977

k) Statistik:

Bestimmungen, betr. die Statistik der Branntweinbrennereien u. der Branntweinbesteuerung, veröffentlicht mit Bek. v. 12. Febr. 89 (CB. S. 209), geändert u. ergänzt lt. Zff. 4 der Bek. v. 5. Juni 89 (CB. S. 320) u. durch Bdsrthsbeschl. v. 27. Okt. 92 (CB. S. 667). 978

Bestimmungen, betr. die Veröffentlichung periodischer Mittheilungen über den jeweiligen Stand der Branntweinproduktion u. Versteuerung: Bek. v. 21. Juni 90 (CB. S. 180). 979

Man beachte ferner

wegen des Begriffs des Betriebsjahres im Sinne des Branntweinsteuergesetzes: Zff. I der Bek. v. 27. Dez. 87 (CB. S. 614); 980

wegen des Branntweinverkehres zwischen der deutschen Branntweinsteuergemeinschaft u. Luxemburg s. Bek. v. 22. Dez. 75 (CB. S. 812), den Bdsrthsbeschl. v. 17. Mai 88 (CB. S. 219) u. die Bek., betr. die Uebergangsstraßen für Branntweinsendungen in CB. 88 S. 905, geändert in CB. 90 S. 13). 981

982 ## 3. Kapitel.

Zollwesen.

Vgl. Art. 33—40 der Reichsverfassung (Nr. 1).

I. Der Zollvereinigungsvertrag v. 8. Juli 1867.

983 **Vertr. zw. dem Nordd. Bunde, Bayern, Württemberg, Baden u. Hessen, die Fortdauer des Zoll- u. Handelsvereins betr.**; v. 8. Juli 67, mit Schlußprot. v. gl. Tage (BGB. 67 S. 81 ff.).

Ausdrückliche Abänderungen

sind erfolgt:

1. durch die Reichsverfassung (s. Nr. 1), deren Art. 40 die Bestimmungen des Vertrags in Kraft gelassen hat, soweit sie nicht durch die Vorschriften der Reichsverfassung abgeändert sind.
2. Zff. II § 4d des Art. 5 wurde aufgehoben durch § 5 des Ges. v. 19. Juli 79 (RGB. S. 259, s. Nr. 948).

984 3. Die Vorschrift des Art. 5 Zff. I wurde eingeschränkt durch Ges., betr. die Abänderung des Zollvereinigungsvertrags v. 8. Juli 67; v. 27. Mai 85 (RGB. S. 109).

4. An Stelle der Anlage B zu Nr. 5 des Schlußprot. ist nunmehr getreten die

985 Bek., betr. die Uebersicht der Uebergangsabgaben u. Ausfuhrvergütungen, welche von Staaten, wo innere Steuern auf die Hervorbringung oder Zubereitung gewisser Erzeugnisse gelegt sind, erhoben bezw. bewilligt werden; v. 29. Dez. 83 (RGB. 84 S. 3), geändert durch Bek.,
986 betr. die Uebergangsabgabe für geschrotetes Malz u. die Steuerrückvergütung für ausgeführtes Bier in Bayern, v. 29. Mai 90 (RGB. S. 69), ferner durch die neue Branntweinsteuergesetzgebung (s. Nr. 949 ff.) sowie durch Bek. v. 22. Juni 92 (CB. S. 468).

987 5. Zu Zff. 2 des Schlußprot. u. der zugehörigen Anlage A sind die Aenderungen bezw. Ergänzungen zu vergleichen, welche in Nr. 29—31 der Anweisung zur Ausführung des Vereinszollgesetzes (s. Nr. 993) enthalten sind.

Ausführungs- und Ergänzungsvorschriften:

988 1. Aenderungen der Zollgrenze (Art. 6):

Solche sind enthalten:

a) in der Bek., betr. die Ausführung des Art. 6 des Zollvereinigungsvertrags; v. 18. Nov. 68 (BGB. S. 518);
b) in CB. 1875 S. 716, 1878 S. 4, 1879 S. 473, 1880 S. 16, 1881 S. 464, 1883 S. 223, 1884 S. 155, 1885 S. 27 u. 193, 1888 S. 486, 913 (Zollanschluß v. Hamburg u. Bremen) u. 949, 1889 S. 555, 1890 S. 368, 1892 S. 165, 322 u. 682;

c) in dem Vertr. zw. d. Deutschen Reich u. Oesterreich-Ungarn, betr. den Anschluß der österreichischen Gemeinde Mittelberg an das Zollsystem des Deutschen Reichs; v. 2. Dez. 90 (RGB. 91 S. 59), nebst Schlußprot. (S. 65) u. VO. über die Nachbesteuerung der Waarenbestände u. die Abstempelung der Spielkarten in der Gemeinde Mittelberg (S. 70). Wegen des nunmehrigen Laufs der dortigen Zollgrenze s. CB. 91 S. 155. 989

2. Zollanschluß v. Hamburg u. Bremen insbesondere: 990

a) Ges., betr. die Ausführung des Anschlusses der freien u. Hansestadt Hamburg an das deutsche Zollgebiet; v. 16. Febr. 82 (RGB. S. 39).

b) Ges., betr. den Beitrag des Reichs zu den Kosten des Anschlusses der freien Hansestadt Bremen an das deutsche Zollgebiet; v. 31. März 85 (RGB. S. 79).

3. Sicherung der Zollgrenze bei Hamburg u. Bremen (Art. 7): 991

a) Ges., betr. die Sicherung der Zollgrenze in den vom Zollgebiet ausgeschlossenen hamburgischen Gebietstheilen; v. 1. Juli 69 (BGB. S. 370).

b) Ges., betr. die Sicherung der gemeinschaftlichen Zollgrenze in den vom Zollgebiet ausgeschlossenen bremischen Gebietstheilen; v. 28. Juni 79 (RGB. S. 159).

II. Das Vereinszollgesetz.

Vereinszollgesetz; v. 1. Juli 69 (BGB. S. 317), 992

geändert bezügl. § 108 Abs. 2 Satz 1 durch Ges., betr. die Abänderung des Vereinszollgesetzes; v. 18. Apr. 89 (RGB. S. 53).

Druckfehlerberichtigungen s. in BGB. 69 S. 634 u. BGB. 70 S. 516.

Ausführungsbestimmungen:

1. Anweisung zur Ausführung des Vereinszollgesetzes; v. 5. Juli 88, angekündigt CB. S. 484, abgedruckt S. 489, 993

ergänzt bezw. geändert bezügl. Zff. 11a u. b lt. Bek. v. 13. Febr. 94 (CB. S. 52).

Zu dem Muster für Deklarationen zum Waareneingang (CB. 88 S. 497) vgl. Bek. v. 9. Aug. 88 (CB. S. 755).

2. Zu § 10:

Bestimmungen über die auf Grund des § 10 V. Z. Ges. für Rechnung des Reichs zu erhebenden Gebühren, sowie über die an Zollbeamte für außergewöhnliche Dienstleistungen auf Kosten des Reichs zu gewährenden besonderen Vergütungen: Bek. v. 20. Aug. 89 (CB. S. 501). 994

3. Zu § 29 Abs. 5:

Ausnahme von der Regel der Gewährung eines Gewichtsabzugs bei Verzollung havarirter Waaren: Bek. v. 24. Apr. 94 (CB. S. 118).

4. Zu § 43:

995 Regulativ über den zoll- oder steueramtlichen Verschluß von Schiffen, welche den Rhein u. seine konventionellen Nebenflüsse befahren: Bek. v. 19. Dez. 89 (CB. S. 590).

5. Zu § 58:

996 Begleitscheinregulativ, v. 5. Juli 88, angekündigt in CB. S. 484, abgedruckt S. 501.

6. Zu § 73:

997 a) Eisenbahn-Zollregulativ; v. 5. Juli 88, angekündigt in CB. S. 484, abgedruckt S. 573,

geändert bezw. ergänzt bezügl. § 23 Abs. 3 u. 4 lt. Bek. v. 13. Febr. 94 (CB. S. 52).

Zu den Mustern für Begleitzettel u. Ladungsverzeichnisse (S. 593 u. 597) s. Bek. v. 9. Aug. 88 (CB. S. 755).

Vgl. ferner Druckfehlerberichtigungen in CB. 88 S. 860 (Nr. 2) u. CB. 89 S. 246.

998 b) Bestimmungen über die zollamtliche Abfertigung der zur unmittelbaren Durchfuhr durch das deutsche Zollgebiet mit der Eisenbahn bestimmten Passagiereffekten: Bek. v. 30. Juni 92 (CB. S. 472).

Wegen der zollsicheren Einrichtung der Eisenbahnwagen im internationalen Verkehr s. Nr. 526.

7. Zu § 90:

999 a) Normativbestimmungen für die Hafenregulative: Bek. v. 25. Juli 88 (CB. S. 761), ergänzt bezügl. Anlage E 1 (Nachweisung der zu den gewöhnlichen Schiffsutensilien zu rechnenden zollfreien Inventarienstücke) lt. Bek. v. 19. Aug. 89 (CB. S. 483), v. 29. Dez. 90 (CB. 91 S. 1) u. v. 24. Juni 91 (CB. S. 161), sowie durch Bdsrthsbeschl. v. 3. März u. 2. Juni 92 (CB. S. 153 u. 468) u. v. 17. Mai 93 (CB. S. 167).

1000 b) Zollregulativ für die Unterelbe, sowie sonstige Bestimmungen aus Anlaß des Zollanschlusses von Hamburg: Bek. v. 11. Juli 88 (CB. S. 430).

1001 c) Zollregulativ für die Unterweser: Bek. v. 27. Aug. 88 (CB. S. 861), durch den Bundesrath genehmigt lt. Bek. v. 24. Okt. 88 (CB. S. 920).

8. Zu § 91:

1002 Postzollregulativ, v. 5. Juli 88, angekündigt durch Bek. v. 18. Juli 88 (CB. S. 484), abgedruckt mit der Anweisung zur Ausführung des Regulativs in CB. 88 S. 605.

Vgl. Druckfehlerberichtigungen in CB. 88 S. 860 (Nr. 3 u. 4).

1003 Wegen Maßregeln gegen Einschmuggelung v. Spitzen auf dem Postwege im Grenzbezirke des Hauptzollamts Waldmünchen s. CB. 82 S. 457.

9. Zu § 106 (öffentliche Niederlagen):

1004 Niederlageregulativ, v. 5. Juli 88, angekündigt CB. S. 484, ababgedruckt S. 551.

§ 23 Abs. 8 ist aufgehoben lt. Bek. v. 26. Apr. 93 (CB. S. 120).

Zu Anlage D (Muster für Waarenabmeldungen) s. Bek. v. 9. Aug. 88 (CB. S. 755).

Druckfehlerberichtigung s. in CB. 88 S. 860 (Nr. 1).

Wegen der Bestimmungen über den Tabackprobenverkehr (aus öffentlichen u. Privatlagern) s. bei Nr. 1012.

10. Zu den §§ 108 u. 109 (Privatläger):

a) Privatlager-Regulativ, 1005

veröffentlicht mit Bek. v. 24. Juni 88 (CB. S. 233),
geändert

α) bezügl. des § 9 Abs. 5 durch Litt. A Nr. 3a der Bestimmungen über die auf Grund des § 10 des Vereinszollgesetzes zu erhebenden Gebühren u. s. w. (CB. 89 S. 501, s. Nr. 994);

β) bezügl. der §§ 16 u. 23 Abs. 3 durch Bdsrthsbeschl. v. 28. Jan. 92 (CB. S. 91);

γ) bezügl. des § 16 lt. Bek. v. 15. Dez. 92 (CB. S. 713);

δ) bezügl. der Anlage C durch Bdsrthsbeschl. v. 12. Febr. 91 (CB. S. 47) u. v. 17. Dez. 91 (CB. 92 S. 5).

b) Weinlager-Regulativ, 1006

veröffentlicht mit Bek. v. 24. Juni 88 (CB. S. 233 u. 253 ff.),
geändert

α) bezügl. § 2 Abs. 1 u. § 10 lt. Bek. v. 15. Juli 90 (CB. S. 263),

β) bezügl. des § 3 Zff. I lt. Bek. v. 7. Dez. 92 (CB. S. 690).

Wegen Zollbehandlung der in Theilungslagern befindlichen spanischen Weine s. Bek. v. 16. Juli 94 (CB. S. 334). 1006a

c) Getreide-Privattransitlager:

Regulativ für Privattransitlager von den in Nr. 9 des Zolltarifs aufgeführten Waaren ohne Mitverschluß der Zollbehörde; v. 27. Apr. 92 (CB. S. 121 u. 243 ff.). 1007

Gemäß § 16 des Regulativs wurden durch Bdsrthsbeschl. v. 30. Juni 80 (CB. S. 490) die Orte bestimmt, an denen gemischte Privat-Transitläger ohne amtlichen Mitverschluß gestattet werden dürfen. Dieses Verzeichnis wurde in der Folge eingeschränkt in CB. 89 S. 198 (betr. Hadersleben), anderseits ergänzt lt. Veröffentlichungen in CB. 80 S. 758 (Elsfleth u. Nordenhamm) u. S. 810 (Straßburg), CB. 82 S. 21 (Pillau, Konstanz), CB. 84 S. 265 (Friedrichshafen), CB. 88 S. 906 (Altona), CB. 91 S. 208 (Hamburg), S. 226 (Frankfurt a. M.), S. 303 (Bremen), CB. 92 S. 15 (Duisburg), S. 165 (Mainz), S. 468 (Köln, Düsseldorf, Ruhrort), S. 588 (Worms), S. 713 (Freiburg i. Br.), CB. 93 S. 123 (Berlin, Stuttgart, Ulm, Heilbronn). 1008

d) Privat-Transitlager für Bau- u. Nutzholz:

Regulativ für Privat-Transitlager von Bau- u. Nutzholz ohne Mitverschluß der Zollbehörde; v. 24. Mai 80 (CB. S. 399), 1009

ergänzt bezügl. § 14 lt. Bek. v. 18. Juli 88 (CB. S. 484 u. 751).

Gemäß § 14 des Regulativs wurde durch Bdsrthsbeschl. v. 21. Juni 80 (CB. S. 499) bestimmt, an welchen Orten gemischte Lager gestattet werden dürfen; dieses Verzeichnis wurde ergänzt in CB. 80 S. 724 (Tilsit) u. S. 770 (München) sowie CB. 83 S. 231 (Hamburg). 1010

e) Theilungslager der Kaiserlichen Marine-Verpflegungsämter: 1011

Bestimmungen für die Bewilligung solcher Lager: Bek. v. 8. Juli 89 (CB. S. 410).

Vgl. ferner wegen der Bestimmungen über den Tabackprobenverkehr aus öffentlichen u. Privatlagern: Bek. v. 27. Aug. 88 (CB. S. 832), durch den Bundesrath genehmigt lt. Bek. v. 24. Okt. 88 (CB. S. 920). 1012

11. Zu § 110:

1013 Konten-Regulativ, veröffentlicht mit Bek. v. 22. Dez. 87 (CB. S. 585),

geändert bezügl. des § 6 durch Bdsrthsbeschl. v. 28. Jan. 92 (CB. S. 91), bezügl. des Artikels „künstliche Zähne" (§ 2) lt. Bek. v. 11. Apr. 94 (CB. S. 92).

12. Zu § 111 (Deklarationsschein-Regulativ):

1014 Regulativ, betr. die zollamtliche Behandlung von Waarensendungen aus dem Inlande durch das Ausland nach dem Inlande; v. 25. März 78 (CB. S. 211).

13. Zu §§ 113 u. 114 (Retourwaaren):

1015 Wegen der Freipässe für Musterstücke s. CB. 75 S. 687 u. CB. 83 S. 40.

1016 Wegen Abfertigung von Taschenuhren auf Musterpässe s. CB. 88 S. 429.

1017 Wegen zollamtlicher Behandlung von Musterstücken französischer u. niederländischer Handlungsreisenden s. Bek. v. 4. Juli 93 (CB. S. 203).

1017a Bestimmungen über zollfreien Einlaß der von der Weltausstellung in Antwerpen zurückgelangenden deutschen Güter: Bek. v. 26. Mai 94 (CB. S. 278).

14. Zu § 115 (Veredelungsverkehr):

1018 a) Wegen des zollfreien Einlasses v. Kokosgarn s. CB. 84 S. 319.

1019 b) Wegen der Zollbehandlung der im Veredelungs- u. Schiffsbauverkehr eingehenden, im Inlande verbleibenden Umschließungen s. Bek. v. 24. Dez. 89 (CB. 90 S. 1).

1020 c) Zollregulativ für Reisstärkefabriken: Bek. v. 2. Juli 91 (CB. S. 180). Dazu Berichtigung in CB. 91 S. 226.

d) Hierher gehört endlich das

1021 Ges., betr. die Vergütung des Kakaozolles bei der Ausfuhr v. Kakaowaaren; v. 22. Apr. 92 (RGB. S. 601).

Dazu: Ausführungsbestimmungen, veröffentlicht mit Bek. v. 30. Juni 92 (CB. S. 479), berichtigt in CB. 92 S. 572 u. 582).

15. Zu § 118 (Zollerlaß aus Billigkeitsgründen):

1022 Wegen des Zollerlasses für zur Kur eingeführte, vor der Wiederausfuhr krepirte Pferde s. CB. 81 S. 443.

1023 Wegen Zollfreiheit der Embleme der ausländischen diplomatischen Vertreter u. Konsuln s. CB. 83 S. 177.

1024 Wegen Zollfreiheit der Geschenke eines fremden Staatsoberhauptes s. CB. 89 S. 589.

1025 Wegen Zollfreiheit für Kränze aus künstlichen Blumen, die mit Leichen eingehen s. CB. 90 S. 173.

1026 Wegen Zollerlasses für zu Grunde gegangene Gegenstände s. CB. 91 S. 314.

Wegen zollfreien Einlasses v. Ausstattungsgegenständen v. Inländern s. Nr. 1050.

16. Zu den §§ 119—124 (Kontrolen im Grenzbezirke):

a) Zu § 119:

Von der Transportkontrole in einzelnen Grenzbezirken handeln die folg. Veröffentlichungen im CB.: 1873 S. 147 (Memel), S. 229 (Luxemburg), 1875 S. 821 (Luxemburg), S. 796 (Myslowitz), 1880 S. 167 (Provinz Schlesien), S. 178 (Rheinprovinz), S. 500 (Vreden), S. 591 (Provinz Schlesien), 1882 S. 2 (Unterelbe), S. 158 (Nordhorn u. Vreden, bezügl. Nordhorn ersetzt durch CB. 90 S. 34), S. 211 (Memel u. Tilsit), 1883 S. 145 (Prov. Schlesien), S. 321 (Schleswig-Holstein), 1884 S. 265 (Emmerich), S. 303 (Vreden), 1885 S. 492 (Ostpreußen), 1886 S. 305 (Emmerich), S. 359 (Nordhorn u. Reg.-Bez. Oppeln, bezügl. Nordhorn ersetzt CB. 90 S. 34), 1887 S. 171 (Cleve u. Kaldenkirchen), 1888 S. 572 (Ostpreußen), 1889 S. 243 (Cleve, geändert CB. 89 S. 532 u. 90 S. 151), S. 258 (Inowrazlaw), S. 305 (Kaldenkirchen u. Nordhorn, bezügl. Nordhorn ersetzt CB. 90 S. 34), S. 319 (Aachen u. Vreden, geändert bezügl. Vreden CB. 90 S. 109), S. 400 (hamburgische General-Zolldirektion), S. 446 (Unterelbe, Harburg, Stade, Itzehoe, Tönning, Tondern), S. 519 (Emmerich, geändert CB. 90 S. 113 u. 282), S. 555 (Reg.-Bez. Gumbinnen, Neidenburg, Memel), 1890 S. 34 (Geestemünde, Nordhorn, Emden, Leer), S. 71 (Vreden), S. 387 (rheinische Grenzbezirke u. Aachen), 1891 S. 263 (Kaldenkirchen). 1027

b) Zu § 124 (Kontrole der Gewerbetreibenden):

Abs. 1:

Das Verbot des Hausirhandels mit Schweinen in einzelnen Grenzbezirken betreffen die Bekanntmachungen in CB. 85 S. 492 (Neidenburg), CB. 86 S. 188 (Johannisburg), S. 305 (Thorn), S. 367 (Prostken, Eydtkuhnen, Tilsit, Memel), CB. 87 S. 115 (Eydtkuhnen.) 1028

Abs. 2:

Wegen des Hausirhandels mit baumwollenen ꝛc. Waaren im Grenzbezirke des Hauptzollamts zu Liebau s. CB. 73 S. 74. 1029

Abs. 3:

Von der speziellen Zollkontrole (insbes. Buch- u. Lagerkontrole) in den einzelnen Grenzbezirken handeln Bekanntmachungen im CB. 75 S. 796 (Myslowitz), CB. 80 S. 676 (Vreden) u. S. 810 (Liebau), CB. 82 S. 97 (Sebaldsbrück u. Geestemünde), S. 382 (Emmerich, Cleve, Kaldenkirchen, Aachen, Malmedy, Eupen) u. S. 429 (Crefeld, Vreden), CB. 84 S. 21 (Nordhorn), CB. 85 S. 1 (Mittelwalde), S. 495 (Ratibor) u. S. 492 (Neidenburg, Prostken, Eydtkuhnen, Tilsit), CB. 86 S. 344 (Prov. Posen), CB. 88 S. 572 (Gumbinnen, Neidenburg, Memel; hierzu vgl. CB. 89 S. 555), CB. 89 S. 243 (Emmerich, Kaldenkirchen, Cleve, geändert CB. 89 S. 532 u. 90 S. 151), S. 258 (Inowrazlaw), S. 305 (Nordhorn, Kaldenkirchen), S. 319 (Aachen, Vreden, geändert CB. 90 S. 109), S. 519 (Emmerich, eingeschränkt CB. 90 S. 113 u. 282), CB. 90 S. 139 (Prov. Westfalen), CB. 91 S. 263 (Kaldenkirchen). 1030

17. Zu § 125 (Kontrolen im Binnenlande):

Wegen Aufhebung der Binnenkontrole in Sigmaringen s. CB. 73 S. 68. 1031

Schlußbemerkung:

Wegen der zollamtlichen Behandlung fremdherrlicher Kriegsschiffe in deutschen Häfen s. Bdsrthsbeschl. v. 12. Okt. 78 (CB. S. 623). 1032

1033 Wegen der Bestimmungen über die Behandlung der Zollkredite ꝛc. im Falle drohender Kriegsgefahr s. Bek. v. 18. Juli 91 (CB. S. 223).

1034 Wegen der zollamtlichen Anschreibung des Gewichts nach Kilogrammen s. Bdsrthsbeschl. v. 16. Juni 80 (CB. S. 493).

1035 Wegen der Bestimmungen, betr. die Aufstellung von Nachweisungen der Straffälle bezügl. der Zölle u. Steuern des Reichs s. Bdsrthsbeschl. v. 26. Juni 80 (CB. S. 494), ergänzt durch Bdsrthsbeschl. v. 7. Febr. 83 (CB. S. 47).

1036 Wegen des Wegfalls der Jahresübersichten über die Einnahmen an Zöllen u. gemeinschaftlichen Steuern s. Bek. v. 22. Juli 83 (CB. S. 237).

1037 Wegen des Wegfalls der Uebersichten der gewährten Zollnachlässe s. Bdsrthsbeschl. v. 1. Febr. 77 (CB. S. 114).

III. Das Zolltarifgesetz.

1038 Das Ges., betr. den Zolltarif des deutschen Zollgebiets u. den Ertrag der Zölle u. der Tabacksteuer, v. 15. Juli 79 (RGB. S. 207) wurde geändert durch Gesetze v. 6. Juni 80 (RGB. S. 120), v. 19. u. 21. Juni 81 (RGB. S. 119 u. 121), v. 23. Juni 82 (RGB. S. 59), v. 13. Mai 84 (RGB. S. 49) u. v. 22. Mai 85 (RGB. S. 93).

Auf Grund der in § 5 des letzterwähnten Gesetzes ertheilten Ermächtigung wurde der Text des Gesetzes unter der Bezeichnung

1039 **Zolltarifgesetz** vom $\frac{\text{15. Juli 1879}}{\text{22. Mai 1885}}$

neu veröffentlicht mit Bek., betr. die Redaktion des Zolltarifgesetzes; v. 24. Mai 85 (RGB. S. 111).

Seitherige Aenderungen:

1040 **a)** § 5 ist ergänzt durch Ges. v. 18. Apr. 86 (RGB. S. 123).

1041 **b)** § 7 Zff. 1, 3 u. 4 ist geändert durch Ges., betr. die Abänderung des Zolltarifgesetzes; v. 14. Apr. 94 (RGB. S. 335).

1042 **c)** Der Zolltarif ist bezügl. Nr. 9, 25c, q u. s geändert durch Ges., betr. die Abänderung des Zolltarifs; v. 21. Dez. 87 (RGB. S. 533).

Zu § 2 dieses Gesetzes vgl. Ausführungsbestimmungen, veröffentlicht mit Bek. v. 22. Dez. 87 (CB. S. 606).

1043 **d)** Die Zollsätze für Branntwein (Nr. 25b) sind geändert durch § 44 des Branntweinsteuergesetzes v. 24. Juni 87 in der Fassung des Ges. v. 8. Juni 91 (RGB. S. 340, s. Nr. 949).

Zu Nr. 25x des Tarifs (Zucker) vgl. nunmehr das neue Zuckersteuergesetz (s. Nr. 939).

Zu § 3 des Zolltarifgesetzes s. die Berichtigung in RGB. 85 S. 253.

Ausführungsbestimmungen:

1. Zum Gesetz:

a) Zu § 1:

1044 Wegen Anwendung der vertragsmäßigen Zollsätze auf die Erzeugnisse der deutschen Kolonien u. Schutzgebiete s. Bek. v. 16. Juni 93 (CB. S. 197).

b) Zu § 2 (Berechnung der Tara):

α) Bestimmungen über die Tara, veröffentlicht mit Bek. v. 30. Mai 88 (CB. S. 184), 1045

geändert in folg. Punkten:

§ 1B, § 2, § 7 Ziff. 2 sind ergänzt durch Bek. v. 29. Juli 92 (CB. S. 581);

§ 7 Abs. 2 ist aufgehoben lt. Bek. v. 26. Apr. 93 (CB. S. 120);

§ 2 ist ergänzt durch Bek. v. 31. Juli 93 (CB. S. 244);

§ 1 ist ergänzt lt. Bek. v. 25. Nov. 93 (CB. S. 327).

β) Die gemäß § 2 Abs. 2 des Gesetzes vom Bundesrath festgestellten Tarasätze wurden mit dem Zolltarifgesetz in besonderer amtlicher Ausgabe veröffentlicht. Vgl. CB. 85 S. 269. Seitherige Abänderungen in den Tarasätzen enthalten die Veröffentlichungen in CB. 1886 S. 59 u. 403, 1887 S. 153, 1888 S. 127, 1889 S. 174, 1890 S. 55, 1891 S. 160, 1892 S. 162 u. 582, 1893 S. 313, 1894 S. 335. 1046

c) Zu § 3:

Von der daselbst ertheilten Ermächtigung hat der Bundesrath Gebrauch gemacht. Vgl. CB 79 S. 829, CB. 86 S. 411 (Bdsrthsbeschl. v. 17. Nov. u. v. 2. Dez.), CB. 81 S. 248 (Ziff. IV), CB. 88 S. 926. Die Zuständigkeit der einzelnen Aemter hat inzwischen vielfach gewechselt. 1047

d) Zu § 4:

Wegen Ausnahme von der Zollbefreiung nach § 4 Litt. a s. § 4 letzt. Abs. des Post-Zollregulativs (Nr. 1002). 1048

Wegen Erhebung von Zollbeträgen unter 5 Pfennig in einzelnen Grenzbezirken s. CB. 83 S. 57. 1049

e) Zu § 5:

α) Ziff. 2:

Wegen zollfreien Einlasses v. Ausstattungsgegenständen von Inländern s. Bdsrthsbeschl. v. 3. Mai 88 (CB. S. 174). 1050

β) Ziff. 10:

Schiffsbau-Regulativ v. 17. Juli 89 (CB. S. 431), ergänzt bezügl. Anlage A I durch Bek. v. 29. Dez. 90 (CB. 91 S. 1) u. Bdsrthsbeschl. v. 1. Juni 94 (CB. S. 288), bezügl. Anlage A II durch Bek. v. 14. Juni 90 (CB. S. 173) u. durch Bdsrthsbeschl. v. 3. März 92 (CB. S. 153). 1051

Wegen Zollbehandlung der im Schiffsbauverkehr eingehenden, im Inlande verbleibenden Umschließungen s. Bek. v. 24. Dez. 89 (CB. 90 S. 1, s. Nr. 1019). 1052

Vgl. auch Nr. 1062.

f) Zu § 6:

VO., betr. die Erhebung eines Zollzuschlags für aus Spanien u. den spanischen Kolonien kommende Waaren; v. 25. Mai 94 (RGB. S. 455). 1052a

Dazu: Bekanntmachungen gl. Betr. v. 25. Mai 94 (CB. S. 273 u. 275).

g) Zu § 7:

1053 α) Ausführungsbestimmungen zu dem Ges., betr. die Abänderung des Zolltarifgesetzes, v. 14. Apr. 94; v. 27. Apr. 94 (CB. S. 121 u. 178 ff.).

β) Zu Zff. 1:

Wegen des Regulativs für Getreide-Privattransitlager s. bei Nr. 1007.

γ) Zu Zff. 2:

Wegen des Regulativs für Privattransitlager v. Bau- u. Nutzholz s. bei Nr. 1009.

1054 Bestimmungen, betr. Erleichterungen in den Abfertigungsformen für in Flößen eingehendes Bau- u Nutzholz; v. 24. Mai 80 (CB. S. 394), ergänzt bezügl. Zff. III lt. Litt. b der Zusammenstellung in CB. 88 S. 751, angekündigt CB. 88 S. 484.

δ) Zu Zff. 3:

1055 Regulativ, betr. die Gewährung einer Zollerleichterung bei der Ausfuhr v. Mühlen- oder Mälzereifabrikaten; v. 27. Apr. 94 (CB. S. 121 u. 207 ff.).

1055a Anweisung zur zollamtlichen Prüfung v. Mühlenfabrikaten: Bek. v. 18. Juli 94 (CB. S. 335).

1056 Wegen des Ausschlusses der aus den Mühlenfabrikaten bereiteten Backwaaren v. der Zollerleichterung s. Bdsrthsbeschl. v. 6. Febr. 90 (CB. S. 39).

ε) Zu Zff. 3a:

1057 Wegen Ermächtigung der obersten Landesfinanzbehörden zur Erlassung der betr. Ausführungsbestimmungen s. Nr. 1 des Bdsrthsbeschl. v. 2. Juli 85 (CB. S. 380), erweitert durch Beschl. v. 18. Febr. 86 (CB. S. 47).

2. Zum Tarif:

1058 a) Das alphabetisch geordnete „amtliche Waarenverzeichnis zum Zolltarif",

welches zur richtigen Anwendung desselben dient, erschien im Jahre 1888 in neuer Fassung in besonderer amtlicher Ausgabe. Vgl. Bek. v. 29. Mai 88 (CB. S. 183). Die seitherigen Abänderungen u. Ergänzungen des Verzeichnisses sind enthalten in CB. 89 S. 171 (vgl. hierzu Bek. v. 2. Febr. 89, CB. S. 197), CB. 90 S. 78 (Zff. 4 der Bek. v. 31. März 90) u. S. 239, CB. 91 S. 199, CB. 92 S. 2 (Nr. 2 u. 3), S. 37, 86 u. 570, CB. 93 S. 42, CB. 94 S. 75.

Wegen des statistischen Waarenverzeichnisses s. Nr. 680.

b) Zu Nr. 2c u. 22a u. b (Baumwoll- u. Leinengarn):

1059 Instruktion für die Zollbeamten, betr. die Nummernermittelung der nach Pos. 2c 1, 2, 3 bezw. 22a, b des Zolltarifs mit Staffelzöllen belegten baumwollenen bezw. leinenen Garne: CB. 79 S. 829 u. 842 ff., geändert lt. Bek. v. 7. Juni 82 (CB. S. 267).

1060 Wegen Behandlung v. Differenzen zwischen Deklaration u. Revisionsbefund bezügl. der Feinheitsnummern bei einzuführendem Garn s. Bdsrthsbeschl. v. 12. Apr. 81 (CB. S. 147).

c) Zu Nr. 13c (Bau- u. Nutzholz):

1061 Wegen des Maßstabs für die Verzollung von Bau- u. Nutzholz s. Bdsrthsbeschl. v. 29. Jan. 80 (CB. S. 61).

d) Zu Nr. 15 d (See- u. Flußschiffe):

Wegen Zollbehandlung von im Inlande bleibenden Bestandtheilen der See- u. Flußschiffe s. Bdsrthsbeschl. v. 14. März 89 (CB. S. 246). 1062

Wegen der einzelnen zu den gewöhnlichen Schiffsutensilien gehörigen Inventarienstücke s. Nr. 999.

e) Zu Nr. 20 (Kurze Waaren, Quincaillerien rc.):

Instruktion für die Prüfung der Echtheit anscheinender Vergoldungen oder Versilberungen: CB. 85 S. 385. 1063

f) Zu Nr. 25 b (Branntwein):

Anleitung zur Bestimmung des Extraktgehalts von Branntwein: Bek. v. 17. Febr. 93 (CB. S. 36). 1064

g) Zu Nr. 25 g 2 (Seefische):

Wegen zollfreier Einfuhr von Produkten der deutschen Seefischerei s. Bdsrthsbeschl. v. 24. Febr. 87 (CB. S. 78) u. v. 3. Febr. 93 (CB. S. 36). 1065

h) Zu Nr. 25 q (Mühlenfabrikate):

Wegen der Anweisung zur zollamtlichen Prüfung v. Mühlenfabrikaten s. bei Nr. 1055 a. 1066

i) Zu Nr. 25 r 2 (Austern):

Wegen Zollbehandlung der Austernsetzlinge s. Bdsrthsbeschl. v. 4. Juli 89 (CB. S. 446). 1066a

k) Zu Nr. 25 s (Reis):

Zollregulativ für Reisschälmaschinen: Bek. v. 27. Aug. 88 (CB. S. 832), geändert lt. Bek. v. 14. Juli 94 (CB. S. 326). Das Zollregulativ wurde durch den Bundesrath genehmigt lt. Bek. v. 24. Okt. 88 (CB. S. 920). 1067

Wegen des Zollregulativs für Reisstärkefabriken s. Nr. 1020.

l) Zu Nr. 25 t (Salz):

Vgl. hierzu § 19 ff. des Salzsteuergesetzes, sowie die Ausführungsbestimmungen (Nr. 924 ff.). 1068

m) Zu Nr. 25 v (Taback):

Vgl. die Tabacksteuergesetzgebung (Nr. 931 ff.), sowie die Bestimmungen über den Tabackprobenverkehr (Nr. 1012). 1069

n) Zu Nr. 26 (Talge, Fette):

Wegen Zollbehandlung von Talg zu gewerblichen Zwecken s. Bdsrthsbeschl. v. 18. Juni 85 (CB. S. 273). 1070

Instruktion für: 1. die zolltechnische Unterscheidnug des Talgs u. der unter Nr. 26 i des Zolltarifs fallenden Kerzenstoffe; 2. die Untersuchung der Konsistenz thierischer Fette; 3. die Denaturirung des Talgs schmalzartiger Konsistenz: Bek. v. 2. Juni 92 (CB. S. 408). 1071

o) Zu Nr. 29 (Petroleum):

Wegen Zollbehandlung der für die Leuchtöl-Fabrikation nicht verwendbaren Mineralöle s. Bdsrthsbeschl. v. 13. Juli 79 (CB. S. 498). 1072

Wegen Zuständigkeit der Zollbehörden zur zollfreien Abfertigung von Petroleum u. anderen Mineralölen s. Bdsrthsbeschl. v. 29. Dez. 79 (CB. 80 S. 32). 1073

Bestimmungen, betr. die zollfreie Ablassung von Petroleum für gewerbliche Zwecke: Bek. v. 2. Dez. 85 (CB. S. 527). 1074

Wegen Zollbehandlung von Mineralöl zu Raffinations- rc. Zwecken s. Bdsrthsbeschl. v. 25. Juni 91 (CB. S. 211), ergänzt durch Bdsrthsbeschl. v. 25. Jan. 94 (CB. S. 45). 1075

1075a Anweisung für die Ermittelung der zollpflichtigen Menge u. für die Berechnung des Zolles bei der Zollabfertigung v. Mineral-Leuchtöl nach dem Raumgehalt: Bek. v. 16. Juli 94 (CB. S. 327).

p) Zu Nr. 39c Anmerkung (Ochsen):

1076 Wegen Ermächtigung der obersten Landesfinanzbehörden zur Festsetzung der in der Anmerkung erwähnten Kontrolemaßregeln s. Bdsrthsbeschl. v. 2. Juli 85 (CB. S. 381, Ziff. 2).

q) Zu Nr. 41c 2a (hartes Kammgarn):

1077 Anweisung für die Abfertigung harter Kammgarne der Tarifnummern 41c 2a: Bek. v. 27. Okt. 88 (CB. S. 925).

r) Zu Nr. 41d 5 u. Nr. 41d 6 (wollene u. halbwollene Waaren):

1078 Instruktion für die zollamtliche Ermittelung des relativen Gewichts v. Waaren dieser Nummern: CB. 81 S. 248 (Ziff. III) u. 249.

Schlußbemerkung:

1079 Eine Ergänzung des Zolltarifgesetzes bildet noch das Ges., betr. die Vergütung des Kakaozolles bei der Ausfuhr von Kakaowaaren (s. Nr. 1021).

Wegen der Statistik des Waarenverkehrs des deutschen Zollgebietes mit dem Auslande s. Nr. 679.

IV. Ausführungsvorschriften zu den Zoll- u. Handelsverträgen.

Vorbemerkung:

1080 Die einzelnen Zoll- u. Handelsverträge sind bei Nr. 790 ff. aufgeführt. Vgl. insbesondere diejenigen mit Belgien (Nr. 790), Italien (Nr. 808), Oesterreich-Ungarn (Nr. 815), Rumänien (Nr. 820), Rußland (Nr. 822), der Schweiz (Nr. 826) u. Serbien (Nr. 829).

1. Ursprungszeugnisse:

1081 Bestimmungen, betr. die Ursprungszeugnisse für die aus meistbegünstigten Ländern eingehenden Waaren; v. 30. Jan. 92 (CB. S. 71), geändert bezügl. Ziff. 4 Abs. 1 lt. Bek. v. 27. Mai 92 (CB. S. 408), bezügl. Ziff. 7 lt. Bek. v. 19. Apr. 93 (CB. S. 117), bezügl. Ziff. 2 u. 7 lt. Bek. v. 19. März 94 (CB. S. 75).

2. Pferde:

1082 Anleitung zur Unterscheidung der Pferde im Alter bis zu zwei Jahren von älteren Pferden; v. 28. Jan. 92 (CB. S. 37 u. 69).

3. Weine u. Moste:

1083 a) Bestimmungen über die Kontrole des zum niederen Zollsatz auf Cognac zu verarbeitenden Weins; v. 30. Jan. 92 (CB. S. 37 u. 68).

b) Bestimmungen über die Zollbehandlung der Verschnitt-Weine
1084 u. -Moste: Bek. v. 16. Juli 94 (CB. S. 328); nebst einer Anleitung für die zollamtliche Untersuchung von Verschnitt-Wein u. -Most auf den Alkohol- bezw. Fruchtzuckergehalt u. Extraktgehalt.

Alphabetisches Register.

(Die Zahlen bezeichnen die Randnummern.)

A.

Abel'scher Petroleumprober, Beschreibung dess. 431, Beglaubigung 432.

Abfindung kleiner Branntweinbrennereien 964.

Abkürzungen für Maaß- und Gewichtsbezeichnungen 487.

Abschoß und Abfahrtsgeld, Vertr. mit Dänemark wegen Aufhebung dess. 793.

Absperrungsmaßregeln, Behandlung der Kosten ders. gegen die Rinderpest 646.

Abweichungen, zulässige der Maaße 2c. v. der absoluten Richtigkeit 485.

Abzahlungsgeschäfte, Ges. über — 218a.

Adler, der Kaiserliche s. Wappen.

Aerzte, Vorprüfung ders. 421, Prüfung 417, Zulassung ausländischer — in den Grenzgemeinden 426, Ermächtigung ders. im Auslande zur Ausstellung v. Zeugnissen f. Militärpflichtige 852.

Aeußere Verwaltung 751.

Afrika, Verwaltung u. Rechtspflege in den zu den Schutzgebieten nicht gehörigen Interessensphären daselbst 59a.

Aichämter, Verzeichnis ders. 2c. 493.

Aichgebührentaxe 491.

Aichordnung 490.

Aichungswesen 490.

Aktiengesellschaften s. Handelsgesetzbuch, neue gesetzliche Regelung ders. 279, Verträge über deren rechtl. Stellung 283.

Alkoholgehalt, Anleitung zur Ermittelung desselb. im Branntwein 975.

Altersversicherung der Arbeiter 738.

Alters- u. Invaliditätsrenten, Unpfändbarkeit ders. 374.

Amerika, Auslieferungsvertr. 327, Konsularkonvention 756, Meterkonvention 488, Berliner Konferenzakte 787, Antisklaverei-Konferenzakte 788, Vertr. über Postwesen 540, 547, Schutz der Telegraphenkabel 572, Urheberrecht 239, wechsels. Markenschutz 264, Staatsangehörigkeit 194, Schiffsvermessung 589, 590, Verbot der Einfuhr v. Kartoffeln 640, v. Schweinefleisch 2c. 442.

Amortisation s. Aufgebotsverfahren.

Amtliches Waarenverzeichnis zum Zolltarif 1058.

Amtsentsetzung, Gehaltszahlung bei — 155.

Anfechtung v. Rechtshandlungen außerhalb des Konkursverfahrens 213.

Anlagen gewerbliche, die der Genehmigung bedürfen 655a.

Ansteckungsstoffe, Beseitigung ders. bei Viehbeförderungen auf Eisenbahnen 514.

Antwerpener Weltausstellung, zollfreier Wiedereinlaß ausgestellter Güter 1017a.

Anstellung der Reichsbeamten 156.

Anzeigepflicht für Schweineseuche 2c. 647a.

Apotheken 427, zulässige Waagen u. Gewichte das. 492.

Apotheker, deren Prüfung 423.

Arbeiterinnen u. jugendl. Arbeiter, Vorschriften über Beschäftigung ders. in verschied. Fabrikationszweigen 665ff.

Arbeiterstatistik, Kommission für — 661.

Arbeiterversicherung 683.

Arbeits- u. Dienstlohn, dessen Beschlagnahme 367.
Archäologische Ausgrabungen in Olympia 412, archäologisches Institut 415.
Argentinische Republik, intern. Meterkonvention 488, Vertrag über Postwesen 540—543, über Schutz der Telegraphenkabel 572.
Armenrecht, insbes. Verträge wegen Zulassung 396 ff.
Armen- u. Unterstützungswesen 444.
Arsen, Untersuchung v. Farben ꝛc. auf — 436.
Arzneibuch f. d. Deutsche Reich 428.
Arzneimittel, Verkehr mit dens. 427.
Aufgebotsverfahren bezügl. der Schuldurkunden des Nordd. Bundes u. des Reichs 371, bezügl. der Antheilscheine der Reichsbank 372.
Ausdehnung der Unfallversicherung, Ges. über — 701.
Ausfuhrvergütungen für Taback 938, Uebersicht der —, welche v. den einzelnen Bundesstaaten bewilligt werden 985.
Ausland, Beurkundung des Personenstandes u. Eheschließung das. 379.
Auslieferungsverträge 326 ff.
Ausspülen u. Auslaugen entleerter Branntweingebinde 976.
Ausstattungsgegenstände v. Inländern, zollfreier Einlaß ders. 1050.
Austernsetzlinge, deren Zollbehandlung 1066a.
Australien, Postdampfschiffverbindungen mit — 575.
Auswärtiges Amt 117.
Ausweisung v. Ausländern, deren Vollzug auf Grund des Strafgesetzbuchs 350, Vertr. mit Oesterreich-Ungarn wegen Uebernahme 817.

B.

Backwaaren, Ausschluß ders. v. der Zollerleichterung bei Ausfuhr 1056.
Baden, Bündnisvertrag 23.
Bahnordnung für Nebeneisenbahnen 506.
Bahnpolizeireglements 506.
Bankgesetz 467.
Banknoten, Aufrufung u. Einziehung ders. 468, früheres Gesetz über deren Ausgabe 480.
Bau- u. Nutzholz, Regulativ für Privattransitlager v. — ohne Mitverschluß der Zollbehörde 1009, Erleichterung in den Abfertigungsformen für in Flößen eingehendes — 1054, Maßstab für Verzollung des — 1061.
Baumwoll- u. Leinengarn, Instruktion für Zollabfertigung 1059, Behandlung v. Differenzen zw. Deklarations- u. Revisionsbefund 1060.
Bauunfallversicherungsgesetz 720.
Bayern, Bündnisvertrag 24.
Beamte s. Reichsbeamte.
Befähigungsnachweis der Seeschiffer und Seesteuerleute 596, der Maschinisten 601.
Beglaubigung öffentl. Urkunden, Ges. über — 383, Vertrag mit Oesterreich-Ungarn 384.
Beglaubigung technischer Geräthe u. dergl. 498.
Begleitscheinregulativ 996.
Behörden des Reichs 117 ff, Bezeichnung ders. als Kaiserliche 92.
Belgien; Verträge: Rechtl. Stellung d. Aktiengesellschaften 283, Antisklavereikonferenzakte 788, Zulassung z. Armenrecht 397, Auslieferungsvertr. 328, Berliner Konferenzakte 787, Branntweinhandel auf d. Nordsee 409, Maßregeln g. Cholera 442a, internat. Eisenbahnfrachtverkehr 520, techn. Einheit im Eisenbahnwesen 525, zollsichere Eisenbahnwagen 526, Wilhelm-Luxemburg-Eisenbahnen 527, Fischerei in d. Nordsee 651, Bestrafung v. Forst- ꝛc. Freveln 329, Unterdr. der Kuppelei 408, Schutz der Telegraphenkabel 572, Zulassung v. Medizinalpersonen in Grenzgemeinden 426, Meterkonvention 488, Markenschutz 249, Schutz v. Mustern u. Modellen 243, Postwesen 540—545, 548, Reblauskonvention 639, Schiffsvermessung 589, Urheberrecht an Litteratur- u. Kunstwerken 229, 233, Verzicht auf Trauerlaubnisscheine 381, Unterstützung Hülfsbedürftiger 446, Zoll- u. Handelsvertrag 790.

Bergwesen im südwestafrikan. Schutzgebiet 71, in Kamerun u. Togo 79.
Berlin, vorübergehende Paßpflichtigk. das. 204.
Berliner Vertrag v. 13. Juli 78 — 786.
Berliner Konferenz, Generalakte ders. 787.
Berufungsverfahren in Patentsachen 268.
Beschlagnahme des Arbeits- u. Dienstlohnes 367.
Betriebsjahr, Begriff dess. im Sinne des Branntweinsteuergesetzes 980.
Betriebskrankenkasse, Statut einer — 687.
Betriebsordnung für Haupteisenbahnen 505.
Betriebsunfälle s. Unfälle.
Beurkundung des Personenstandes 376 ff, bezügl. der Sterbefälle v. Militärpersonen 377, 378.
Beurlaubtenstand. Militärische Kontrole, Uebungen u. Disciplinarstrafmittel 845.
Bevilacqua la Masa, Prämienanleihe 217.
Bier, Feilbieten dess. im Umherziehen 659.
Bleierzbergwerke im Regierungsbezirk Oppeln, Beschäftigung v. Arbeiterinnen u. jugendl. Arbeitern in dens. 671.
Bleifarben- u. Bleizuckerfabriken, Einrichtung u. Betrieb 663.
Blei- u. zinkhaltige Gegenstände, Ges. über Verkehr mit dens. 434.
Bolivien, Weltpostverein 540.
Bosnien, Ges. über Konsulargerichtsbarkeit das. 757.
Braker Hafenanstalten, Benützung ders., 2c. 618.
Branntweinhandel, dessen Unterdrückung auf der Nordsee 409.
Branntweinsteuer 942, Gesetze über dies. 943, Ausführungsbestimmungen 951, insbes. Branntweinsteuer-Berechtigungsscheine 955, Branntwein-Reinigungsordnung 959, Branntwein-Gebühren-Ordnung 962, steuerfreie Verwendung zu Heil- 2c. Zwecken 963, Ausspülen u. Auslaugen der Branntweingebinde 976, Ermittelung des Extraktgehalts v. Branntwein 1064.
Brasilien, Konsularvertrag 758, Vertr. über Markenschutz 251, Auslieferungsvertr. 330, Meterkonvention 488, Vertr. über Postwesen 540—545, 549, über Schutz der Telegraphenkabel 572.
Brausteuer 927.
Bremen, Zollanschluß v. — 990, Sicherung der Zollgrenze das. 991.
Briefe mit Werthangabe, Austausch derselben im Weltpostverein 541.
Brieftauben, Schutz der — u. Brieftaubenverkehr im Kriege 894 a.
Brown-Inseln s. Marschall-Inseln.
Brüsseler Antisklavereikonferenz, Generalakte ders. 788.
Buch- u. Lagerkontrole in Grenzbezirken 1030.
Buchschulden des Reichs 896.
Bündnisverträge mit Baden u. Hessen 23, Bayern 24, Württemberg 26.
Bürgschaft des Reichs für die Zinsen einer egyptischen Staatsanleihe 897, des Nordd. Bundes für ein Darlehen der Europ. Donaukommission 898.
Bulgarien, Vertr. über wechsels. Markenschutz 250, über techn. Einheit im Eisenbahnwesen 525, über zollsichere Eisenbahnwagen 526, über Postwesen 541—543, 545.
Bundesamt f. d. Heimatwesen, Regulativ f. d. Geschäftsgang dess. 445.
Bundesflagge, Führung ders. durch Kauffahrteischiffe 577.
Butter, Ges. über Verkehr mit Ersatzmitteln v. — 437.

C.

Siehe auch unter K. u. Z.

Centralamt für d. internat. Eisenbahnfrachtverkehr 521.
Centralblatt f. d. deutsche Reich 29.
Centralkassengeschäfte des Reichs, Besorgung ders. durch d. Reichsbank 471.
Charlottenstiftung für Philologie, Statut 414.
Chile, Vertr. über Postwesen 540, 542, 543, 550, Schiffsvermessung 589.
Chemische Meßgeräthe, Aichung ders. 496.
China, Zusatzkonvention zum Freundschafts-Schiffahrts- u. Handelsvertrag 791.
Cholera, internat. Maßregeln gegen die — 442 a.

Christophle, Auslegung des Worts im schweiz. Handelsvertr. 828.
Cichorienfabriken, Beschäftigung v. Arbeiterinnen u. jugendl. Arbeitern das. 669.
Cigarrenfabriken, Einrichtung u. Betrieb ders. 662.
Civilprozeßordnung 362, Einführungsgesetz 365, sonstige civilprozessuale Vorschriften 367.
Civilrecht 209.
Civilversorgung der Militärpersonen 885.
Civilvorsitzende der Ersatzkommissionen, Verzeichnis ders. 851.
Columbien, Auslieferungsvertr. 330a, Freundschafts- Handels- u. Schiffahrtsvertr. 791a, Postwesen 540, 543, 545, Schutz der Telegraphenkabel 572, Schiffsvermessung 589.
Costa Rica, Freundschafts-, Handels- u. Schiffahrtsvertr. 792, Postwesen 540—544, Schutz der Telegraphenkabel 572.

D.

Dänemark; Verträge: Aufhebung des Abschosses u. Abfahrtsgeldes 793, Antisklavereikonferenzakte 788, Berliner Konferenzakte 787, Branntweinhandel auf d. Nordsee 409, Eisenbahn Heide—Ribe 528, Fischerei in d. Nordsee 651, Schutz der Telegraphenkabel 572, Markenschutz 251a, Meterkonvention 488, Postwesen 540—543, 545, 551, Unterstützung v. Seeleuten 603, sonst. Hülfsbedürftiger 446, Schiffsvermessung 589, 590.
Dampfkessel, polizeil. Bestimmungen für deren Anlegung 657.
Darlehenskassenscheine des Nordd. Bundes 465.
Darmstadt, Gleichstellung der techn. Hochschule mit Universitäten bez. des Apothekerstudiums 424.
Deklarationsschein-Regulativ 1014.
Denaturirung des Branntweins 957, zur Herstellung des Denaturirungsmittels ermächtigte Fabriken 958.
Deutsch-Ostafrika, Rechtsverhältnisse im allg. 60 f., Ausübung der Gerichtsbarkeit 62, desgl. konsularischer Befugnisse 63, Schutztruppe 64 f., Führung der Kriegsflagge bei derselben 36 f., Rechtsverhältnisse der Landesbeamten 65a.
Dienstbezüge der Militärpersonen 872.
Diensteid der Beamten 136.
Dienstgegenstände des Reichs, Rechtsverhältnisse an dens. 39.
Dienstkleidung der Post- u. Telegraphenbeamten 145.
Dienstlohn, Beschlagnahme des — 367.
Dienstprämien der Unteroffiziere, Unpfändbarkeit ders. 374.
Dienstreisen, deren Ausführung 168.
Dienstwohnungen der Reichsbeamten, Ges. über Besteuerung ders. 908.
Diözesangrenzen, Feststellung der — zw. Deutschl. u. Frankreich 799.
Disciplinarkammern 151 ff.
Disciplinarstrafmittel gegen Personen des Beurlaubtenstandes 845.
Disciplinarverfahren gegen Beamte 151 ff.
Dispensationen v. der ärztl. Prüfung 418, 420.
Dominikanische Republik, Handels- Schiffahrts- u. Konsularvertr. 794, Vertr. über Postwesen 540, Schutz der Telegraphenkabel 572.
Donauschiffahrt 624.
Doppelbesteuerung, Ges. über Beseitigung der — 907.
Drahtziehereien mit Wasserbetrieb, Beschäft. v. Arbeiterinnen u. jugendl. Arbeitern das. 668.
Dramatische Werke, deren Schutz 220.
Drittschuldner, Militär-Behörden u. Personen als solche 364.

E.

Ecuador, Freundschaftsvertr. 795, Weltpostvertr. 540.
Egypten, Handelsvertr. 796, Weltpostverein 540—545, Konsulargerichtsbarkeit das. 762, Bürgschaft des Reichs für Zinsen einer Anleihe 897.
Eheschließung, Ges. über Personenstandsbeurkundung u. — 376, — im Auslande 379, Aufhebung polizeilicher Beschränkungen 207.

Ehrenzulage an Inhaber des Eisernen Kreuzes 893, Unpfändbarkeit ders. 374.
Eichämter u. s. w. s. Aichämter u. s. w.
Eingeschriebene Hülfskassen 683.
Einjährig-Freiwilligendienst, Verzeichnis der zur Ausstellung v. Zeugnissen für dens. befugten Lehranstalten 853, Anerkennung v. Zeugnissen ausländischer Lehranstalten für dens. 854.
Eisenacher Convention 445.
Eisenbahnbeamte, Bestimmung über Befähigung der Betriebsbeamten 507, Tagegelder u. s. w. der — 166.
Eisenbahnen, Betriebsordnung 505 f., Signalordnung 508, Normen für Bau u. Ausrüstung 509, Reichseisenbahnamt 123, Reichsamt f. Verwaltung der Reichseisenbahnen 124, Generaldirektion der — in Elsaß-Lothringen 125, Viehbeförderung auf — 514 f.
Eisenbahnfahrbetriebsmittel, Unpfändbarkeit der — 368.
Eisenbahnfrachtverkehr, internat. Uebereink. über dens. 520.
Eisenbahnlinien, Bau einzelner deutscher 517, Vertr. über Bau u. Betrieb einzelner — 528 ff.
Eisenbahn-Postgesetz 516.
Eisenbahn-Telegraphen, Benutzung ders. außerhalb des Bahndienstes 571.
Eisenbahnwagen, Vereinbarung über zollsichere Einrichtung ders. 526.
Eisenbahnwesen 504, Bestimmungen über techn. Einheit im — 525.
Eisenbahn-Zollregulativ 997.
Eisernes Kreuz, Ehrenzulage an die Inhaber dess. 893, Unpfändbarkeit dieser Zulagen 374.
Elbzölle, Aufhebung der — 622.
Elektrische Meßgeräthe, Prüfung ders. 501.
Elsaß-Lothringen, Einführung der Reichsverfassung 13 ff., Einverleibung zum Reich 41, Landesgesetzgebung 42 u. 48, Verfassung u. Verwaltung 43, Verhandlungen des Landesausschusses 46, Pension ꝛc. des Statthalters 47, Vorbereitung des Kriegszustandes 49, Geschäftssprache der gerichtl. Behörden 318, Aufsicht des Reichsgerichts über richterl. Beamte 323.
Embleme, Zollfreiheit der — der diplomatischen Vertreter u. Konsuln 1023.
England; Verträge: Rechtl. Stellung der Aktiengesellschaften 283, Auslieferungsvertrag 332, Antisklavereikonferenzakte 788, Berliner Konferenzakte 787, Berliner Vertr. v. 13. Juli 78 786, Branntweinhandel auf See 409, Maßregeln g. Cholera 442a, Donauschiffahrt ꝛc. 624, Fischerei in d. Nordsee 651, Markenschutz 253, Meterkonvention 488, Postwesen 540, 553, Schiffsvermessung 589, Handel u. Schiffahrt im Suluarchipel 785, Schutz der Telegraphenkabel 572, Unterstützung v. Seeleuten 603, Urheberrecht an Litteratur- u. Kunstwerken 229, 235.
Ersatzkommissionen, Verzeichnis der Civilvorsitzenden ders. 851.
Erwerbs- u. Wirthschaftsgenossenschaften, Ges. über — 280.
Etatsjahr für den Reichshaushalt 30.
Europäische Donaukommission 627.
Export-Bonifikationen bei Ausfuhr v. Branntwein 972.
Extraktgehalt v. Branntwein, dessen Ermittelung 1064.

F.

Fabriken, Vorschriften über Einrichtung u. Betrieb aus gesundheitlichen ꝛc. Rücksichten 662 ff.
Fahnenflüchtige, Kontumazialverfahren gegen — 294.
Fahrwasser, einheitl. Bezeichnung der — in deutschen Küstengewässern 608.
Farben, Ges. über Verwendung gesundheitsschädlicher — 435.
Farbenblindheit, Untersuchung auf — 598.
Feingehalt der Gold- u. Silberwaaren 497.
Feriensachen, Behandlung v. Streitigk. aus dem Telegraphenges. als solche 311.
Fernsprecheinrichtung, Beteiligung an solchen in Städten 570.
Fette, Untersuchung der Konsistenz thierischer — für die Verzollung 1071.

Festungen, Beschränkungen des Grundeigenthums bei — 210.
Festungsbaufonds des Reichs 904.
Finanzverwaltung 895.
Firmen, Löschung nicht mehr bestehender — im Handelsregister 282.
Fischerei, polizeil. Regelung der — in der Nordsee 651, Lachsfischerei im Rhein 652.
Flagge s. Bundesflagge u. Reichsflagge.
Flößerei, Abgaben v. der — 620.
Frachtbriefpapier, Beschaffenheit dess. 513.
Frachtverkehr, internat. Eisenbahnfrachtverkehr 520.
Frankreich; Verträge: Antisklavereikonferenzakte 788, Zulassung zum Armenrecht 398, Auslieferung u. Rechtshülfe 331, Berliner Konferenzakte 787, Berliner Vertr. v. 13. Juli 78 786, Branntweinhandel auf See 409, Maßregeln gegen Cholera 442a, Donauschiffahrt rc. 624, internat. Eisenbahnfrachtverkehr 520, zollsichere Eisenbahnwagen 526, techn. Einheit im Eisenbahnwesen 525, Fischerei in der Nordsee 651, Friedensschluß 797 ff., Auslieferung v. Heuerguthaben rc. 604, Markenschutz 252, Meterkonvention 488, Postwesen 540—544, 552, Reblauskonvention 639, Schutz der Telegraphenkabel 572, Schiffsvermessung 589, Unterstützung v. Seeleuten 603, Urheberrecht an Litteratur- u. Kunstwerken 229, 234.
Freipässe für Musterstücke 1015.
Freiwillige Gerichtsbarkeit 375.
Freizügigkeit, Ges. über die — 201.
Fremde Münzen, Verbot des Umlaufs ders. 459.
Friedenspräsenzstärke des deutsch. Heeres, Ges. über die — 848.
Friedens-Transport-Ordnung 865.
Fürsorge für Beamte u. deren Hinterbliebene 171 ff.
Fuhrkosten der Beamten 157 ff.
Fuselgehalt, Bestimmung des zulässigen — im Branntwein bei Steuervergütung 974.

G.

Gaigelspiele, Besteuerung der — 922.
Garantie s. Bürgschaft.
Gartenbaugewächse, Verbot der Einfuhr 635.
Gasmesser, Aichung der — 490, Gebühren für dieselbe 491.
Gebrauchsgegenstände, Verkehr mit — 429.
Gebrauchsmusterschutz, Ges. über — 269, Verträge 270.
Gebühren gemäß § 10 des Vereinszollgesetzes 994.
Gebührenfreie Beförderung v. Telegrammen 569.
Gebührenfreiheit vor dem Reichsgericht 392.
Gehaltszahlung, Zeit der — 135.
Geheimnisse, Verrath militärischer — 299.
Geistiges Eigenthum, Schutz dess. 220 ff.
Geistliche, Ges. über Wehrpflicht ders. 847.
Geldwesen 447.
Gemeindeabgaben, Heranziehung der Militärpersonen zu den — 909.
General-Akte der Berliner Konferenz 787, der Brüsseler Antisklavereikonferenz 788.
General-Auditoriat der Kais. Marine 360.
General-Direktion der Eisenbahnen in Elsaß-Lothringen 125.
Generalstabsstiftung 894.
Genossenschaftsgesetz 280.
Genußmittel, Verkehr mit — 429.
Gerichtskosten, deren Einziehung in andern Bundesstaaten 393.
Gerichtskostengesetz 391.
Gerichtssprache in Elsaß-Lothringen 318.
Gerichtsverfassung 303 ff.
Gerichtsverfassungsgesetz 310, Einführungsgesetz 304.
Gerichtsverhandlungen, Ausschluß der Oeffentlichkeit bei — 300.
Gerichtsvollzieher, Gebührenordnung für — 404.
Gesammtstrafen, Vollstreckung v. —, wenn die Einzelstrafen in verschied. Bundesstaaten festgesetzt wurden, 351.
Gesandtschaftswesen 751, Tagegelder rc. der gesandtschaftl. Beamten 157.
Geschenke fremder Souveräne, Zollfreih. derselben 1024.
Gesellschaften mit beschränkter Haftung 281.

Gesindedienstbücher, wechselſ. Anerkennung der — im Reichsgebiet 677.
Gesundheitswesen 416.
Getreide-Privattransitlager 1007.
Getreideprober, Aichung des — 494.
Gewerbegerichte, Geſ. über die — 315.
Gewerbeordnung 654, Geltungsgebiet 656, Ausführungsbeſtimmungen 657.
Gewerbliche Anlagen, genehmigungspflichtige 655a.
Gewichte ſ. Maaß- u. Gewichtsordnung 482.
Glashütten, Beſchäftigung v. Arbeiterinnen u. jugendl. Arbeitern daſ. 667.
Gnadenquartal der Hinterbliebenen v. Beamten 138.
Goldmünzprägung für Privatperſonen 458.
Gold- u. Silberwaaren, Bezeichnung des Feingehalts der — 497.
Gothaer Vertrag 445.
Gotthardbahn 529.
Grenzbezirke, Zollkontrole in denſ. 1027.
Grenzregulirung bei Konſtanz 40.
Griechenland; Verträge: Zollſichere Eiſenbahnwagen 526, techn. Einheit im Eiſenbahnweſen 525, Handels- u. Schiffahrtsvertrag 803, Konſularvertrag 763, Ausgrabungen in Olympia 412, Poſtweſen 540, 543, Schutz der Telegraphenkabel 572.
Großbritannien ſ. England.
Großjährigkeit, Alter der — 209.
Grundeigenthum, Beſchränkungen deſſ. bei Feſtungen 210.
Grundſätze über Beſetzung v. Stellen mit Militäranwärtern 885.
Guatemala, Freundſchafts-, Handels-, Schiffahrts- u. Konſularvertrag 804, Vertr. über Poſtweſen 540, über Schutz der Telegraphenkabel 572.
Gummiwaarenfabriken, Beſchäft. v. Arbeiterinnen u. jugendl. Arbeitern in — 666.

H.

Hafenregulative, Normativbeſtimmungen für — 999.
Haftpflichtgeſetz 218.
Haiti, Vertr. über Schutz des Urheberrechts an Litteratur- u. Kunſtwerken 229, über Poſtweſen 540.
Hamburg, Zuſtändigkeit des Reichsgerichts für Verfaſſungsſtreitigkeiten daſ. 31, Zollanſchluß v. — 990, Sicherung der Zollgrenze daſ. 991.
Hammerwerke ſ. Walzwerke.
Handel u. Gewerbe 653.
Handelsgeſetzbuch 273, Einführungsgeſ. 272.
Handelsrecht 272.
Handelsverträge 678 ff.
Handfeuerwaffen, Prüfung der Läufe ꝛc. 443.
Haupteiſenbahnen, Betriebsordnung für die — 505.
Hauptzollämter, Bezeichnung der — in Lübeck, Bremen u. Hamburg 93.
Hauſirhandel mit Schweinen, Verbot deſſ. in einzelnen Grenzbezirken 1028, dto. bezügl. baumwollener ꝛc. Waaren 1029.
Hawaii, Freundſchafts-, Handels-, Schiffahrts- u. Konſularvertrag 805, Weltpoſtverein 540.
Hebammen, Zulaſſung ausländiſcher — in Grenzgemeinden 426.
Hechelräume, Beſchäftigung v. Arbeiterinnen u. jugendl. Arbeitern daſ. 674.
Heerweſen ſ. Militärweſen 835 ff.
Hefnerlampe, Prüfung u. Beglaubigung derſ. 502.
Heimatſcheine, Giltigkeitsdauer u. Formular der — 198.
Heimatweſen, Bundesamt für das — 445.
Helgoland, Vereinigung mit dem Reich 50, Zuteilung zu einem Wahlkreiſe 51, Einführung der Reichsverfaſſung daſ. 21, ſonſtiger Reichgeſetze 52 ff.
Herzegowina, Geſ. über Konſulargerichtsbarkeit in der — 757.
Heſſen, Bündnisvertrag 23.
Heuerguthaben, Vereinb. mit Frankreich wegen Auslieferung v. — ꝛc. 604.
Hilfsſenate, Errichtung ſolcher beim Reichsgericht 308.
Hinterlaſſenſchaften, Konvention mit Rußland wegen Regelung der — 821.
Holland ſ. Niederlande.
Honduras, Freundſchafts-, Handels-, Schiffahrts- u. Konſularvertrag 806, Weltpoſtvertr. 540.
Hülfskaſſen, eingeſchriebene 683.

I (i).

Impfärzte, Wundärzte als — 440.
Impfgesetz 439.
Indigenat, Erwerb u. Verlust des — 193.
Inhaberpapiere mit Prämien, Ges. über — 214.
Innere Verwaltung 405.
Innern, Reichsamt des — 118.
Innungsstatut, Entwurf eines — 660.
Innungswesen s. Gewerbeordnung.
Interessensphären, Verwaltung u. Rechtspflege in deutschen —, die nicht zu den Schutzgebieten gehören 59a.
Invalide aus den Kriegen vor 1870, Unterstützung ders. u. ihrer Hinterbliebenen 877.
Invalidenfonds des Reichs 902.
Invaliditäts- u. Altersversicherung 738.
Inventarienstücke, zu den gewöhnlichen Schiffsutensilien zu rechnende, zollfreie — 999.
Italien; Verträge: Rechtl. Stellung der Aktiengesellschaften 283, Antisklavereikonferenzakte 788, Zulassung z. Armenrecht 401, Auslieferungsvertr. 333, Berliner Konferenzakte 787, Berliner Vertr. v. 13. Juli 78 786, Maßregeln gegen die Cholera 442a, Donauschiffahrt ꝛc. 624, internat. Eisenbahnfrachtverkehr 520, zollsichere Eisenbahnwagen 526, techn. Einheit im Eisenbahnwesen 525, Bau der Gotthardbahn 529, Handels-, Zoll- u. Schiffahrtsvertrag 808, Konsularvertrag 767, Meterkonvention 488, Patent-, Muster- u. Markenschutz 270 (246, 254), Postwesen 540—544, 555, Reblauskonvention 639, Schiffsvermessung 589, Schutz der Telegraphenkabel 572, Verzicht auf Trauerlaubnisscheine 380, Unterstützung Hilfsbedürftiger 446, Schutz d. Urheberrechts an Litteratur- u. Kunstwerken 229, 236.

J (j).

Jagd u. Fischerei 650.
Jahresbilanz der Notenbanken 469.
Jahresübersichten, Wegfall der — über die Einnahmen an Zöllen u. gemeinschaftl. Steuern 1036.
Japan, Freundschafts-, Handels- u. Schiffahrtsvertrag 807, Meterkonvention 488, Vertr. über Postwesen 540, 542, über Schutz der Telegraphenkabel 572.
Jesuitengesetz 406.
Jugendl. Arbeiter s. Arbeiterinnen.
Justizwesen 209.

K.

Siehe auch unter C.

Kabel s. Telegraphenkabel.
Kästchen mit Wertangabe, Austausch ders. im Weltpostverein 541.
Kaffeebohnen, Verbot v. Maschinen zur Herstellung künstlicher — 433.
Kaiserliche Standarte, Wappen ꝛc. 92.
Kaiser-Wilhelm-Stiftung für Post- und Telegraphenbeamte 172.
Kakaozoll, Ges. über Vergütung dess. bei Ausfuhr von Kakaowaaren 1021.
Kamerun und Togo, Rechtsverhältnisse im allg. 73, Gerichtsbarkeit 74, Führung der Grundbücher 75, Konsularische Befugnisse daselbst 76, Eheschließung u. Personenstandsbeurkundung 77, Rechtsverhältn. der Landesbeamten 78, Bergwesen 79.
Kammgarne, Anweisung für Abfertigung harter — 1077.
Kanalwesen 629.
Karlsruher Protokoll, Aufrechterhaltung dess. 827.
Kartoffeln, Verbot der Einfuhr aus Amerika 640.
Kauffahrteischiffe, deren Nationalität u. Befugnis zur Führung der Bundesflagge 577, Registrirung u. Bezeichnung 584.
Kautionen der Reichsbeamten 180.
Kilogramme, zollamtliche Anschreibung des Gewichts nach — 1034.
Kirchenwesen 406.
Klasseneintheilung der Militärbeamten 359, der Orte 857.

Kognac, Kontrole des zum niederen Zollsatze auf — zu verarbeitenden Weines 1083.
Kokereien im Regierungsbezirk Oppeln, Beschäftigung v. Arbeiterinnen u. jugendl. Arbeitern das. 671.
Kokosgarn, zollfreier Einlaß v. — 1018.
Kolonialrath 117.
Kolonien s. Schutzgebiete.
Kommunalsteuerpflicht der Militärpersonen 909.
Konfessionen, Gleichstellung der — in bürgerlicher 2c. Beziehung 206.
Kongostaat, Antisklavereikonferenzakte 788, Vertr. über Auslieferungen und sonst. Rechtshilfe in Strafsachen zw. dem — u. den Schutzgebieten 334, Weltpostvertr. 540, Uebereinkommen v. 8. Nov. 84 809.
Konkursordnung 388, Einführungsgesetz 389.
Konsularbeamte, deren Tagegelder 2c. 157.
Konsulargerichtsbarkeit, Ges. über die — 755, — in Bosnien u. der Herzegowina 757, in Egypten 762, in Samoa 779, in Tunis 783.
Konsularverträge 756 ff.
Konsulate, Organisation der — sowie die Amtsrechte u. Pflichten der Konsuln 751, Gebühren u. Kosten bei den — 754, Schiffsmeldungen bei den — 605.
Konten-Regulativ 1013.
Kontingentirung der Branntweinbrennereien 966.
Kontrole der beurlaubten Militärpersonen 845, der Gewerbetreibenden in Grenzbezirken 1028 ff.
Kontumazialverfahren gegen Fahnenflüchtige 294.
Korea, Freundschafts-, Handels- u. Schifffahrtsvertrag 810.
Korrespondenz, portopflichtige — zw. Behörden verschied. Staaten 539.
Kostenwesen in gerichtl. Angelegenheiten 390 ff.
Kränze aus künstl. Blumen bei Leichentransporten, Zollfreiheit ders. 1025.
Krankengelder, Unpfändbarkeit der — 374.
Krankenkassenbeiträge, Vorzugsrecht derselben 388.
Krankenversicherung der Arbeiter 684.
Kriegsdenkmünze für die Feldzüge 1870/71 892.
Kriegsdienst, Ges. über Verpflichtung zum — 836.
Kriegsflagge s. Reichsflagge.
Kriegshäfen s. Reichskriegshäfen.
Kriegsleistungen, Ges. über — 867.
Kriegsschiffe, zollamtl. Behandl. der — in deutsch. Häfen 1032.
Kriegs-Transport-Ordnung 870.
Künste u. Wissenschaften 412.
Küstenfrachtfahrt, Ges. über — 606.
Kunstschlösser der Branntweinbrennereien, Behandlung der — bei Betriebseinstellung 953.
Kuppelei, Uebereink. zur Unterdrückung der — 408.

L.

Lachsfischerei im Rhein, Vertr. mit Schweiz u. Niederlanden 652.
Ladungsfähigkeit, Bezeichnung der — in den Schiffsregistern 2c. noch nicht vermessener deutscher Schiffe 582.
Lagerkontrole in Grenzbezirken 1030.
Landeskultur 631.
Landesmünzen, Außerkurssetzung v. — 454.
Landwehrbezirkseintheilung 850.
Landwirthschaft, Förderung der — 631.
Lehranstalten mit der Befugnis zur Ausstellung v. Zeugnissen für den Einjährig-Freiwilligendienst 853.
Leichenpässe, Verzeichnis der zur Ausstellung befugten Behörden 511, Vereinbarungen wegen Anerkennung der — 512.
Leinengarn s. Baumwollgarn.
Liberia, Vertr. über Urheberr. an Litteratur- u. Kunstwerken 229, über Postwesen 540—545, Freundschafts-, Handels- u. Schiffahrtsvertrag 811.
Liquidation von Reisekosten Beamter 168.
Löschungen von Firmen im Handelsregister 282.
Londoner Vertrag 625.
Lootsen-Signalordnung 611.
Lothringen, Bau v. Eisenbahnen das. 518, s. ferner Elsaß-Lothringen.

Lübeck, Bezeichnung des Hauptzollamts zu — 93.
Lübisches Recht, Aufhebung v. Artikeln dess. 219.
Lütticher Prämienanleihe 215.
Luxemburg; Verträge: Zulassung z. Armenrecht 399, Auslieferungsvertr. 335, Maßregeln g. Cholera 442a, Bau u. Betrieb einzelner Eisenbahnen 530, Eisenbahnfrachtverkehr 520, 523 f., Anerkennung v. Leichenpässen 512, Markenschutz 255, Zulassung v. Medizinalpersonen in Grenzgemeinden 426, Postwesen 540—545, 556, Reblauskonvention 639, Schutz der Telegraphenkabel 572, Urheberrecht an Litteratur- u. Kunstwerken 230, Branntweinverkehr mit — 981.

M.

Maaße, Behandlung vorschriftswidriger — 2c. 484.
Maaß- u. Gewichtsordnung 482.
Maaß- u. Gewichtswesen u. Verwandtes 481.
Madagaskar, Konvention v. 15. Mai 83 812.
Mannschaften, Unterstützung von Familien eingezogener — 883 f.
Marinebeamte, deren Tagegelder 2c. 163 ff.
Marine-Intendantur, Organisationsveränderung bei der — 128.
Marine-Verpflegungsämter, Teilungslager der — 1011.
Mark, Abkürzung f. d. Wort — 450.
Markenschutz, Gesetz u. Verträge 247.
Marokko, Konvention über Ausübung des Schutzrechts das. 813, Handelsvertrag 813a.
Marschall-, Brown- u. Providence-Inseln, allg. Rechtsverhältnisse 80, Ausübung der Gerichtsbarkeit 81, Liegenschaftserwerb u. -Belastung 83, konsul. Befugnisse 2c. 82.
Marschrouten für Kriegsverhältnisse 869, Formular 860a.
Maschinisten, Befähigungsnachweis der — 601.
Massengüter, Verzeichnis der —, auf die § 11 Abs. 2 Ziff. 3 des Ges. v. 20. Juli 79 Anwendung findet 681.
Medizinalpersonen, Zulassung ausländischer — in Grenzgemeinden 426.
Meßbriefe, Gebühren für wiederholte Ausfertigung ders. 588.
Metallegierungen, Beglaubigung der Schmelzpunkte von — für Dampfkesselsicherheitsapparate 498.
Meterkonvention, internationale 488.
Meth, Steuerfreiheit des für Bereitung v. Meth verwendeten Honigs u. Zuckers 929.
Mexiko, Freundschafts-, Handels- u. Schiffahrtsvertr. 814, Meterkonvention 488, Vertr. über Postwesen 540, über Auslieferung desertirter Schiffsmannschaften 336.
Militär-Anwärter, Grundsätze über Besetzung v. Stellen mit — 885.
Militär-Beamte, Tagegelder 2c. ders. 163 ff, Klasseneinteilung 359.
Militär-Behörden, Feststellung des Begriffs 348, 363, — u. Militärpersonen als Drittschuldner gem. § 730 CPO. 364.
Militär-Gesetz des Reichs 839.
Militär-Hinterbliebenen-Gesetz 882.
Militärische Geheimnisse, Ges. über Verrath ders. 299.
Militär-Konvention mit Württemberg 27.
Militär-Pensionsgesetz 878.
Militär-Personen, allg. Rechtsverhältnisse insbes. Dienstbezüge 872 f., Versorgung der — u. ihrer Angehörigen 874, Civilversorgung 885, Heranziehung zu Kommunalauflagen 909, Beurkundung der Sterbefälle 377 f.
Militär-Strafgerichts-Ordnung 358.
Militär-Strafgesetzbuch für d. Deutsche Reich 293, Einführungsges. 292.
Militär-Strafrecht, materielles 292.
Militär-Strafverfahren 357.
Militär-Tarif für Eisenbahnen 866.
Militär-Transport-Ordnungen 865, 870.
Militär-Wesen 835 ff.
Mineralöle, Zollbehandlung der — 1072 ff., Aichung v. Meßwerkzeugen zur Bestimmung der Dichte der — 495.
Minimalbetrag bei Erhebung der Steuergefälle 912.

Mittelberg, Zollanschluß v. — 989.
Mitteleuropäische Einheitszeit, deren Einführung 405.
Modelle, Urheberrecht an Mustern u. — 240.
Montenegro, intern. Maßregeln gegen Cholera 442a, Weltpostverein 540, 543, Vertr. über Urheberrecht an Litteratur- u. Kunstwerken 230.
Mühlen- u. Mälzereifabrikate, Regulativ über Zollerleichterung bei Ausfuhr ders. 1055; zollamtl. Prüfung der Mühlenfabrikate 1055a; Ausschluß der Backwaaren v. der Zollerleichterung 1056.
Münzgesetz 451.
Musikalische Kompositionen, Urheberrecht an — 220.
Muster, Urheberrecht an — u. Modellen 240.
Musterregister, dessen Führung 242.
Musterrolle, deren Einrichtung 593.
Musterstücke, Freipässe für — 1015, Behandlung von — französischer u. niederländischer Handlungsreisender 1017.
Musterungsgebühren für Seeschiffe 594 f.
Mutterlauge, Anschreibung der — und Soole in der Salzabgabestatistik 926.

N.

Nahrungsmittelgesetz 429.
Nationalität der Kauffahrteischiffe 577.
Naturalisation v. im Reichsdienst angestellten Ausländern 194, v. Eingeborenen u. Ausländern in den Schutzgebieten 195.
Naturalleistungen für die bewaffnete Macht 855, — im Frieden 862.
Nebeneisenbahnen, Bahnordnung für — 506.
Neu-Guinea-Kompagnie, allg. Rechtsverhältnisse 84, Gerichtsbarkeit 85, Liegenschaftserwerb u. -belastung 90, vorübergehende Verwaltung durch d. Reich 91, Salomonsinseln 87 f.
Nicaragua, Weltpostvertrag 540.
Nickelmünzen, Ausprägung v. — zu 20 Pfennig — 452.
Niederlagen für unversteuerten inländischen Taback 935.
Niederlage-Regulativ 1004.
Niederlande; Verträge: Antisklavereikonferenzakte 788, Berliner Konferenzakte 787, Branntweinhandel auf d. Nordsee 409, Maßregeln g. Cholera 442a, Bau u. Betrieb einzelner Eisenbahnen 531, Eisenbahnfrachtverkehr 520, 523, techn. Einheit im Eisenbahnwesen 525, Fischerei in d. Nordsee 651, Verbindung des Kanalnetzes 629, Unterdrückung der Kuppelei 408, Lachsfischerei im Rhein 652, Markenschutz 256, Zulassung v. Medizinalpersonen in Grenzgemeinden 426, Postwesen 540—544, 554, 557, Reblauskonvention 639, Schiffsvermessung 589, Schutz der Telegraphenkabel 572.
Niederlassungsvertr. mit d. Schweiz 825.
Nordamerika, Vereinigte Staaten v. — s. Amerika.
Nordostseekanal 630.
Nordsee, Unterdrückung des Branntweinhandels unter den Fischern der — 409, polizeil. Regelung der Fischerei in der — 651.
Normalaichungskommission, Errichtung der — 486.
Normen für Bau u. Ausrüstung der Haupteisenbahnen 509.
Norwegen; Verträge: Antisklavereikonferenzakte 788, Auslieferungsvertr. 338, Berliner Konferenzakte 787, Markenschutz 260, Meterkonvention 488, Postwesen 540—545, 558, Schiffsvermessung 589, Schutz der Telegraphenkabel 572, Unterstützung hülfsbedürft. Seeleute 603.
Notenbanken 467 ff., Jahresbilanz der — 469.
Noth-Signalordnung für Schiffe auf See 611.

O.

Oberpostdirektionen 120.
Oberseeamt, Geschäftsordnung des — 615.
Ochsen, Festsetzung der Kontrolmaßregeln bezügl. derselben nach Nr. 39c Anmerk. des Zolltarifs 1076.

Oesterreich-Ungarn:
1. Verträge:
Antisklavereikonferenzakte 788, Zulassung z. Armenrecht 400, Uebernahme Auszuweisender 817, Berliner Konferenzakte 787, Berliner Vertr. v. 13. Juli 78 786, Maßregeln g. Cholera 442a, Donauschiffahrt rc. 624, Bau u. Betrieb einzelner Eisenbahnen 532, Pfändung v. Eisenbahnfahrbetriebsmitteln 368, Eisenbahnfrachtverkehr 520, 523, zollsichere Eisenbahnwagen 526, techn. Einheit im Eisenbahnwesen 525, Handels- u. Zollvertrag 815, Korrespondenz zw. Behörden 539, Anerkennung v. Leichenpässen 512, Zulassung ausländ. Medizinalpersonen in Grenzgemeinden 426, Meterkonvention 488, Patent-, Muster- u. Markenschutz 271 (245, 257), Postwesen 540—545, 559, Reblauskonvention 639, Rechtshilfe bei Zollkontraventionen 337, Schiffsvermessung 589, 590, Schutz der Telegraphenkabel 572, Unterstützung hülfsbedürft. Seeleute 603, Viehseuchenübereinkommen 649.
2. Oesterreich. Staats-Prämien-Anleihe 216, Außerkurssetzung österreich. Vereinsthaler 461, Verzeichnis der Civil- u. Strafgerichte Oesterreichs 322, Bestrafung v. Uebertretungen österreich.-ungar. Zollgesetze 816.

Oeffentlichkeit, Ausschluß der — bei Gerichtsverhandlungen 300.
Olympia, Vertr. mit Griechenland wegen Ausgrabungen in — 412.
Optionsrecht der Helgoländer 197.
Orientalische Fragen, Regelung der — 786.
Orientalische Sprachen, Errichtung eines Seminars für — 413.
Ortskrankenkasse, Statut einer — 687.
Ortsübliche Tagelöhne, Zusammenstellung derselben 686.
Ostafrika, Postdampfschiffverbindung mit — 576; s. fern. Deutsch-Ostafrika.
Ostafrikanische Blokade, Prisengerichtsbarkeit aus Anlaß derselben 317.
Ostasien, Postdampfschiffverbindung mit — 575.

P.

Packete, Austausch ders. im Weltpostverein 543.
Papiergeld 462 ff., Schutz des zur Anfertigung v. — bestimmten Papiers gegen Nachbildung 296.
Paraguay, Meistbegünstigungsvertrag 818, Weltpostverein 540, 543.
Passagiereffekten, Zollabfertigung durchgehender — 998.
Paßpflichtigkeit, vorübergehende — in Berlin 204, — russischer Reisender 205.
Paßwesen, Ges. über — 203.
Patentwesen, Gesetz 265, Verträge 270.
Pensionen der Wittwen u. Waisen v. Militärpersonen 875 ff.
Pensionirung, doppelte Anrechnung der Dienstzeit bei ders. 148 ff.
Persien, Antisklavereikonferenzakte 788, Freundschafts-, Handels- u. Schiffahrtsvertrag 819, Postwesen 540, 545, Schutz der Telegraphenkabel 572.
Personenstand, Ges. über die Beurkundung des — rc. 376, Beurkundung desselben im Auslande 379.
Peru, Meterkonvention 488, Postverträge 540, 560.
Pest, Schutz gegen die russische — 441.
Petroleum, Verkaufen u. Feilhalten 430, Zollbehandlung 1072 ff.
Pfändung, deren Unzulässigkeit bezügl. v. Eisenbahnfahrbetriebsmitteln 368, bezügl. des Inventars der Posthaltereien 370, bezügl. verschiedener Forderungsrechte 374.
Pferde, Zollerlaß für krepirte — 1022, Anleitung zur Unterscheidung des Alters der — bei der Verzollung 1082.
Photographien, Schutz der — gegen unbefugte Nachbildung 228.
Physikalisch-technische Reichsanstalt, Funktionen der — 498 f.
Portofreiheiten, Ges. über die — 538.

Portopflichtige Correspondenz, Behandlung ders. zw. Behörden verschiedener Staaten 539.
Portugal, Antisklavereikonferenzakte 788, Berliner Konferenzakte 787, Meterkonvention 488, Postwesen 540—545, 561, Reblauskonvention 639, Schutz der Telegraphenkabel 572.
Postanweisungsdienst im Weltpostverein 542.
Postauftragsdienst im Weltpostverein 544.
Postbeamte, deren Rang 141 f., Dienstkleidung 145, Tagegelder ꝛc. 166 f., Kaiser-Wilhelm-Stiftung für — 172.
Postdampfschiffverbindungen mit Ostasien u. Australien 575, mit Ostafrika 576.
Postordnung 536.
Poststrafverfahren 354.
Posttaxwesen, Ges. über das — 537.
Postverträge 540 ff.
Postverwaltung, Verhältnis der — zur Eisenbahnverwaltung 516.
Postwesen 534 ff., Ges. über das — 535.
Postzollregulativ 1002.
Potsdam'sches Militär-Waisenhaus, Aufnahmebedingungen 891.
Prämien, Ges. über Inhaberpapiere mit — 214.
Preßgesetz 410.
Preußische Bank, Abtretung ders. an das Reich 479.
Prisengerichtsbarkeit, Ges. über die — 316, — aus Anlaß der ostafrikanischen Blokade 317.
Privatlager-Regulativ 1005.
Privattransitlager für Getreide, Regulativ für — ohne Mitverschluß der Zollbehörde 1007, dto. für Bau- u. Nutzholz 1009.
Providence-Inseln s. Marschall-Inseln.
Prüfung der Aerzte 417, der Zahnärzte 422, der Apotheker 423, — der Handfeuerwaffen 443, — u. Beglaubigung v. technischen Geräthen u. dergl. 498.
Putztücher, Zolltarifirung der — nach dem belgischen Handelsvertrag 790.

Q.

Quartierleistungen für die bewaffn. Macht im Frieden, Ges. über — 855.

R.

Rang der Beamten 141 ff.
Raumgehalt der Schankgefäße, Bezeichnung des — 489.
Reben, Verbot der Einfuhr v. — wegen Reblausgefahr 635.
Reblaus, Maßregeln gegen die — 632, internat. Reblauskonvention 639.
Rechnungshof d. Deutsch. Reiches 131 f.
Rechtsanwälte, Gebührenordnung für — 403, Wohnsitz der — des Reichsgerichts 320.
Rechtsanwaltsordnung 319.
Rechtshandlungen, Anfechtung v. — außerhalb des Konkursverfahrens 213.
Rechtshilfe, Ges. über — 324, Verträge 326 ff.
Registrirung u. Bezeichnung der Kauffahrteischiffe 584.
Reichsämter 117 ff.
Reichsangehörigkeit, Erwerb u. Verlust der — 193.
Reichsanzeiger, Zusammenstellung der Bekanntmachungen im — 284.
Reichsbank, s. Bankgesetz 467, Anteil der — am steuerfreien, ungedeckten Notenumlauf 470, Besorgung der Reichskassengeschäfte durch die — 471, Revision der — 474a, Verzeichnis der Bankstellen 475, Verpflichtung durch Unterschrift 476, Statut 477.
Reichsbankbeamte, Pensionen u. Kautionen 472 f., Anstellung 474.
Reichsbeamte 133 ff., Bezeichnung der — als Kaiserliche 92, Besteuerung der Dienstwohnungen 908.
Reichsbeamtengesetz 133.
Reichsbevollmächtigte für Zölle u. Steuern 146, deren Tagegelder ꝛc. 161.
Reichsdruckerei 122.
Reichs-Festungsbaufonds 903.

Reichsflagge 32ff, Führung der — durch andere als Kauffahrteischiffe 585, s. ferner Bundesflagge.

Reichsgericht, Aufsichtsbefugnisse ꝛc. des — über richterl. Beamte in Elsaß-Lothringen 323, Gebührenfreiheit vor dem — 392, Einziehung und Verrechnung der Gerichtskosten 394, Geschäftsordnung 313, Errichtung v. Hilfssenaten 308, Rechtsverhältn. der Richter das. 135, Sitz des — 312, Rechtsverhältn. der Zustellungsbeamten 314, Zuständigkeit in bremischen Streitigkeiten über Zulassung des Rechtswegs 39, in hamburgischen Verfassungsstreitigkeiten 31.

Reichsgesetzblatt 28.

Reichsgoldmünzen, Ges. über Ausprägung der — 448, Benennung der — 449.

Reichshauptkasse 900.

Reichs-Invalidenfonds 902.

Reichskanzler, dessen Stellvertretung 116.

Reichskassenscheine, Ges. über Ausgabe ders. 462, Einziehung 462a, Umtausch 463, Beschreibung 464.

Reichskriegshäfen, Ges. über die — 607.

Reichskriegsschatz 901.

Reichsmilitärgesetz 839.

Reichsoberhandelsgericht, dessen ehem. Zuständigkeit 306.

Reichsschuldbuch, Ges. über das — 896.

Reichsschulden-Verwaltung 899.

Reichsstempelgesetz 913.

Reichsstrafgesetzbuch s. Strafgesetzbuch.

Reichstag, Wahlgesetz für den — 97.

Reichstags-Gebäudefonds 905.

Reichsverfassung s. Einführung in Elsaß-Lothr. 13ff, in Helgoland 21.

Reichswährung, Einführung der — 453.

Reisschälmühlen, Zollregulativ für — 1067.

Reisstärkefabriken, Zollregulativ für — 1020.

Reisekosten der Beamten 157ff, — preußischer Militärpersonen 872.

Retourwaaren, Zollbehandlung der — 1015.

Revision, Begründung der — in bürgerlichen Rechtsstreitigkeiten 366.

Rhein, Vertrag über Lachsfischerei im — 652.

Rheinschiffe, zoll- und steueramtlicher Verschluß der — 995.

Richter, Anstellung u. Dienstverhältnisse der — beim Reichsgericht 135.

Rinderpest, Ges. über Maßregeln gegen die — 643.

Robbenfang, Schonzeit für — 650.

Rostocker Stadtrecht, Aufhebung v. Artikeln desselben 219.

Ruhestand, einstweil. Versetzung der Gouverneure ꝛc. der Schutzgebiete in den — 147.

Rumänien; Verträge: Donauschiffahrt 626, zollsichere Eisenbahnwagen 526, techn. Einheit im Eisenbahnwesen 525, Handels-, Zoll- u. Schiffahrtsvertr. 820, Markenschutz 259, Meterkonvention 488, Postwesen 540—545, 562, Reblauskonvention 639, Schutz der Telegraphenkabel 572.

Rußland.

1. Verträge:
   Rechtl. Stellung der Aktiengesellschaften ꝛc. 283, Antisklavereikonferenzakte 788, Berliner Konferenzakte 787, Berliner Vertr. v. 13. Juli 78 786, Maßregeln g. Cholera 442a, Donauschiffahrt ꝛc. 624, Bau u. Betrieb verschied. Eisenbahnen 533, Eisenbahnfrachtverkehr 520, Handels- u. Schiffahrtsvertrag 822, Regelung v. Hinterlassenschaften 821, Konsularvertrag 777, Markenschutz 259, Meterkonvention 488, Postwesen 540, 541, 563, Schiffsvermessung 589, 590, Schutz der Telegraphenkabel 572, Uebernahme früherer Staatsangehöriger 822a.
2. Paßpflichtigkeit Reisender aus — 205, Gerichtsverfassung u. Civilprozeß in — 321, Beschränkung der Einfuhr u. Bedingungen der Zulassung v. Reisenden aus — 441.

S.

Sachverständige, Gebührenordnung für — 402.

Sachverständigen-Vereine 222, 225.

Salomons-Inseln, allg. Rechtsverhält. 87, Eheschließung u. Personenstandsbeurkundung 89; s. ferner Neu-Guinea-Kompagnie.

Salvador, Freundschafts-, Handels-, u. Schiffahrtsvertrag 823, Weltpostverein 540—544, Schutz der Telegraphenkabel 572.

Salzabgabe-Vergütung für Proviant deutscher Kriegsschiffe 926.

Salzsteuer 924.

Samoa, Freundschaftsvertrag 824, Konsulargerichtsbarkeit das. 779.

Schadensersatz in Haftpflichtfällen 218.

Schankgefäße, Bezeichnung des Raumgehalts 489.

Scheidemünzen, Umwechselung ders. 456. Verbot des Umlaufs fremder — 460.

Schiffahrt auf der See 573 ff., auf Flüssen u. Kanälen 620 ff.

Schiffahrtsabgaben in den Bundes-Seestaaten 616, in den fiskalischen Häfen Preußens 617, auf der Unterweser 623, an der Sulinamündung 628.

Schiffahrtsverträge 619.

Schiffe, zoll- u. steueramtl. Verschluß der — auf dem Rhein rc. 995, Zollbehandlung von im Inlande bleibenden Bestandteilen der — 1062; s. ferner Seeschiffe.

Schiffsbau-Regulativ 1051.

Schiffs-Meldungen bei den Konsulaten 605.

Schiffspersonal, Rechtsverhältn. im allg. 591, Befähigungsnachweis 596, Fürsorge für das — 602.

Schiffsregister-Behörden, Verzeichnis der — 580.

Schiffsutensilien, zu den gewöhnlichen — zu rechnende, zollfreie Inventarienstücke 999.

Schiffsvermessung 586 ff., Schiffsvermessungsordnung 586, — für d. Fahrt durch d. Suezkanal 587.

Schiffs-Zertifikate, Formular für — 581.

Schleswig-Holsteinische Armee, Pensionen u. Unterstützungen der Angehörigen der — 875 f.

Schonzeit für Robbenfang 650.

Schrauben, Prüfung u. Beglaubigung von — 503.

Schuldenverwaltung des Reichs 899.

Schuldhaft, Ges. über Aufhebung der — 373.

Schutzgebiete des Reichs, allg. Rechtsverhältnisse 56, Etatsgesetz für die — 58, Rechtsverhältn. der Landesbeamten 59, Führung der Dienstflagge in den — 34, Verzollung der Erzeugnisse der — u. Kolonien 1044.

Schutzrecht, Ausübung desselben in Marokko 813.

Schutztruppe s. Deutsch-Ostafrika.

Schwarzes Meer, Schiffahrt das. 624.

Schweden; Verträge: Antisklavereikonferenzakte 788, Auslieferungsvertrag 338, Berliner Konferenzakte 787, Markenschutz 260, Meterkonvention 488, Postwesen 540 bis 543, 545, 564, Schiffsvermessung 589, Schutz der Telegraphenkabel 572, Unterstützung v. Seeleuten 603.

Schweine, Verbot der Einfuhr lebender — 648, Verbot des Hausirhandels mit — in Grenzbezirken 1028.

Schweinefleisch, Einfuhr v. — aus Amerika 442.

Schweineseuche rc., Anzeigepflicht 647a.

Schweiz; Verträge: Auslieferungsvertrag 339, Maßregeln gegen die Cholera 442a, Eisenbahnfrachtverkehr 520, 523, zollsichere Eisenbahnwagen 526, techn. Einheit im Eisenbahnwesen 525, unmittelb. Geschäftsverkehr der Gerichtsbehörden 340, Bau der Gotthardbahn 529, Grenzregulirung bei Konstanz 40, Handels- u. Zollvertrag 826, Lachsfischerei im Rhein 652, Anerkennung v. Leichenpässen 512, Zulassung v. Medizinalpersonen in Grenzgemeinden 426, Meterkonvention 488, Niederlassungsvertrag 825, Patent-, Muster- u. Markenschutz 271a, Portopflicht. Korrespondenz der Behörden 539, Postwesen 540—545, 565, Reblauskonvention 639, Ver-

zicht auf Trauerlaubnisscheine 382, Urheberrecht an Litteratur- u. Kunstwerken 229, 237 f.
Seeamtsbezirke 614.
Seefischerei, zollfreie Einfuhr v. Produkten der deutschen — 1065.
Seeleute, Verpflichtung der Kauffahrteischiffe zur Mitnahme hülfsbedürftiger — 602, Uebereink. wegen Unterstützung hülfsbedürftiger — 603.
Seemannsämter, Verzeichnis 592, Tarif der Musterungsverhandlungen vor dens. 594.
Seemannsordnung 591.
Seeschiffahrt 573 ff.
Seeschiffe, deren Flagge, Bezeichnung u. Registrirung 577, Vermessung 586, Verhütung des Zusammenstoßens 609; s. ferner bei Schiffe.
Seeschiffer, Befähigungsnachweis ders. 596.
Seesteuerleute, Befähigungsnachweis ders. 596.
Seeunfälle, Ges. über Untersuchung der — 612.
Seeunfallversicherungsgesetz 729.
Seeuntüchtige Schiffe, Verhütung des Mißbrauchs der deutschen Flagge durch — 583.
Seewarte, deutsche 574.
Segel-Lustfahrzeuge, Führung v. — 600.
Seminar f. orientalische Sprachen 413.
Serbien; Verträge: Auslieferungsvertrag 341, zollsichere Eisenbahnwagen 526, techn. Einheit im Eisenbahnwesen 525, Handels- u. Zollvertrag 829, Konsularvertrag 780, Meterkonvention 488, Muster- u. Markenschutz 244 (262), Postwesen 540, 541, 543, Reblauskonvention 639, Schutz der Telegraphenkabel 572.
Servistarif 856, 861.
Siam, Weltpostverein 540, 542, 543.
Sicherheitspolizei 443.
Sigmaringen, Aufhebung der Binnenkontrole das. 1031.
Signalordnung für d. Eisenbahnen 508.
Silberwaaren, Bezeichnung des Feingehalts der — 497.
Sittlichkeit, Förderung der — 407.
Sonntagsruhe im Handelsgewerbe 655.
Soole u. Mutterlauge, Anschreibung ders. in der Salzabgabestatistik 926.
Spanien.
1. Verträge: Antisklavereikonferenzakte 788, Auslieferungsvertrag 342, Berliner Konferenzakte 787, Konsularkonvention 781, Meterkonvention 488, Postwesen 540, 541, 543, 566, Reblauskonvention 639, Schiffsvermessung 589, Handel u. Schiffahrt im Sulu-Archipel 785, Schutz der Telegraphenkabel 572, Urheberrecht an Litteratur- u. Kunstwerken 229.
2. Erhebung eines Zollzuschlags für aus — kommende Waaren 1052a.
Spanische Weine, Zollbehandlung derselben in Teilungslagern 1006a.
Spielbanken, Schließung u. Beschränkung der — 407.
Spielkarten, Besteuerung loser — bei Einfuhr 923, Begriff der — im Sinne des Spielkartenstempelgesetzes 923.
Spielkartenstempel 921.
Spinnereien, Beschäftigung von Arbeiterinnen u. jugendl. Arbeitern das. 675.
Sprengstoffgesetz 295.
Staatsangehörigkeit, Erwerb u. Verlust der — 193, Formulare zu Ausweisen über die — 199.
Staatsrecht 1 ff.
Standarte des Kaisers 92.
Stationskontroleure, Tagegelder 2c. der — 161.
Statistik, Kommission für Arbeiterstatistik 661, — der Branntweinbrennereien 2c. 978, — des Waarenverkehrs mit d. Auslande 679, — des Verkehrs auf deutschen Wasserstraßen 682, — der Zuckerbesteuerung 941.
Statistisches Waarenverzeichnis 680.
Steinkohlenbergwerke, Beschäftigung von Arbeiterinnen u. jugendl. Arbeitern das. 670 f.
Stellvertretung der Beamten 139 f.

Stempelabgabe für Werthpapiere, Kaufgeschäfte ꝛc. u. Lotterieloose 913.
Steuerfreiheit, Ges. über — des Branntweins zu gewerbl. Zwecken 948.
Steuergefälle, Minimalbetrag der — bei der Erhebung 912.
Steuerkredite, Termine für Einzahlung 910, Behandlung bei Kriegsgefahr 911.
Steuern, die einzelnen Arten v. — 913.
Steuerstrafrecht 302.
Steuerstrafverfahren 353.
Steuervergütungsscheine für Branntwein 955.
Steuerwesen 906.
Stimmgabeln, Prüfung u. Beglaubigung v. — 500.
Stimmzettel keine Drucksachen 411.
Straffälle, Nachweisung der — bezügl. der Zölle u. Steuern 1035.
Strafgesetzbuch für das Deutsche Reich 289, Einführungsges. 288.
Strafprozeßordnung für das Deutsche Reich 346, Einführungsges. 347.
Strafrecht, materielles 287.
Strafregister, deren Einrichtung ꝛc. 349.
Strafverfahren, 345 ff.
Strandungsordnung 612.
Südafrikanische Republik, Auslieferungsvertrag 343, Freundschafts- u. Handelsvertrag 831, Weltpostvertrag 540.
Südwestafrikanisches Schutzgebiet, allgemeine Rechtsverhältnisse 67 f., Gerichtsbarkeit 69, Aufgebot von Landansprüchen 70, Bergwesen 71, Eheschließung u. Personenstandsbeurkundung 72.
Suezkanal, Schiffsvermessung für die Fahrt durch den — 587.
Sukkumbenzgelder, deren Hinterlegung in rheinpreuß. Kassationssachen 395.
Sulina-Mündung, Schiffahrtsabgabe daselbst 628, Bürgschaft des Nordd. Bundes für ein Darlehen der Europäischen Donaukommission zur Herstellung der Fahrbarkeit der — 898.
Sulu-Archipel, Regelung des Handels- u. Schiffahrtsverkehrs daselbst 785.
Surrogate, Verwendung v. — bei der Tabackfabrikation 937.

T.

Tabackprobenverkehr, Bestimmungen über den — aus öffentl. u. Privatlagern 1012.
Tabacksteuer 931.
Tagegelder der Beamten 157 ff., der preuß. Militärpersonen 872.
Talg, Zollbehandlung v. — zu gewerblichen Zwecken 1070, zolltechnische Unterscheidung u. Denaturirung des —, Untersuchung der Konsistenz thierischer Fette 1071.
Tara, Bestimmungen über die — 1045, Tarasätze 1046.
Taschenuhren, Zollabfertigung v. — auf Musterpässe 1016.
Technische Einheit im Eisenbahnwesen, internationale Vereinbarung über die — 525.
Theilungslager der Marine-Verpflegungsämter 1011.
Telegramme, gebührenfreie Beförderung v. — 569.
Telegraphenbeamte, Rang u. Titel ders. 143 f., Dienstkleidung 145, Tagegelder ꝛc. 167, Kaiser-Wilhelm-Stiftung für — 172.
Telegraphen-Freimarken, Ges. über Einführung der — 568.
Telegraphenkabel, internat. Vertrag zum Schutz der — 572.
Telegraphenordnung 571.
Telegraphenwesen 567 ff., Ges. über das — 570.
Terminpreise, Notirung der — für Waaren an inländ. Börsen 914.
Thermometer, Prüfung u. Beglaubigung der — 499.
Thierärzte, Prüfung der — 642, Vereinbarungen über Zulassung der — in den Grenzgemeinden 426.
Thiere, Verladung u. Beförderung lebender — auf Eisenbahnen 515.
Titel der Beamten 141 ff.
Togo s. Kamerun.
Tonga, Freundschaftsvertrag 832.
Transport-Kontrole in Grenzbezirken 1027.
Transport-Ordnung für den Frieden 865, für den Krieg 870.
Trauerlaubnisscheine, Uebereink. über Verzicht auf — 380.

Trichinen, Schutz gegen — 442.
Türkei; Verträge: Antisklavereikonferenzakte 788, Berliner Vertrag v. 13. Juli 78 786, Donauschiffahrt ꝛc. 624, Freundschafts-, Handels- u. Schiffahrtsvertrag 833, Meterkonvention 488, Weltpostverein 540—545, Schutz der Telegraphenkabel 572.
Tunis; Verträge: Berliner Konferenzakte 787, Weltpostverein 540—544, Schutz der Telegraphenkabel 572, Urheberrecht an Litteratur- u. Kunstwerken 229, Ges. über Konsulargerichtsbarkeit in — 783.

U.

Uebergangsabgaben, Uebersicht der —, welche v. den einzelnen Bundesstaaten erhoben werden 985.
Umherziehen, Feilbieten v. Bier im — 659.
Umschließungen, Zollbehandlung der im Veredelungs- u. Schiffsbauverkehr eingehenden 1019.
Umzugskosten, der Beamten 157ff., der Hinterbliebenen v. Zollvereinsbeamten 179, der preuß. Militärpersonen 873.
Unbrauchbare Münzen, Behandlung derselben 457.
Unfälle, Fürsorge für Beamte u. Personen des Soldatenstandes bei Betriebsunfällen 171.
Unfallrenten, Unpfändbarkeit der — 374.
Unfallversicherung, Gesetz v. 6. Juli 84 690, Ausdehnungsgesetz v. 28. Mai 85 701, — der land- u. forstwirthschaftl. Arbeiter 711, Bauunfallversicherung 720, — der Seeleute u. s. w. 729.
Ungarn s. Oesterreich-Ungarn.
Unterelbe, Zollregulativ für die — 1000.
Unteroffiziere, Unpfändbarkeit der Dienstprämien der — 374.
Unterstützung, Verträge über — Hilfsbedürftiger 446, — v. Reichsangehörigen durch die Konsulate 753, — v. Familien eingezogener Mannschaften 883f.; s. ferner Seeleute.
Unterstützungsgelder für Familien einberufener Mannschaften, Unpfändbarkeit der — 374.
Unterstützungswohnsitzgesetz 444.
Unterweser, Schiffahrtsabgabe daselbst 623, Zollregulativ für die — 1001.
Untiefen, einheitliche Bezeichnung der — in deutschen Küstengewässern 608.
Urheberrecht an Schriftwerken, Abbildungen ꝛc. 220, an Werken der bild. Künste 224, an Photographien 228, an Mustern u. Modellen 240.
Urkunden, Beglaubigung öffentlicher — 383ff.
Urlaub der Beamten 139f.
Ursprungszeugnisse für aus meistbegünstigten Ländern eingehende Waaren 1081.
Uruguay, Auslieferungsvertrag 344, Handels- u. Schiffahrtsvertrag 833a, Weltpostverein 540, 542, 543, 545, Schutz der Telegraphenkabel 572.

V.

Venezuela, Markenschutz 263, Meterkonvention 488, Weltpostverein 540, 543.
Veredelungsverkehr 1018, Zollbehandlung der im — eingehenden Umschließungen 1019.
Verehelichungszeugnisse in Bayern 208.
Vereinigte Staaten v. Nordamerika, siehe Amerika.
Vereinszollgesetz 992, Ausführungsbestimmungen 993ff.
Verfassungsmäßige Rechte der Staatsbürger 201.
Verfassungsrecht 1ff.
Verfassungsurkunde f. d. Deutsche Reich s. Reichsverfassung.
Vergoldungen, Prüfung der Echtheit v. — bei der Verzollung 1063.
Verkehrsordnung für die Eisenbahnen 510.
Vermessung der Schiffe s. Schiffsvermessung.
Vermögen des Reichs 900.
Verrath, Ges. über — militär. Geheimnisse 299.
Verschnittweine u. -moste, Zollbehandlung der — 1084.
Versilberungen, Prüfung der Echtheit v. — bei der Verzollung 1063.

Versorgung der Militärpersonen u. ihrer Angehörigen 874.
Verstümmelungszulagen, Unpfändbarkeit der — 374.
Verträge vermischten Inhalts 785 ff.
Verwaltung, innere 405.
Veterinärwesen 642.
Viehbeförderung auf Eisenbahnen, Beseitigung v. Ansteckungsstoffen bei — 514, Vorschriften über Verladung u. Beförderung 515.
Vieh-Einfuhrverbote, Ges. über Bestrafung der Zuwiderhandlungen gegen die — 644.
Viehseuchen, Ges. über Abwehr u. Unterdrückung der — 647, Uebereink. mit Oesterreich-Ungarn 649.
Viehzucht 642.
Vögel, Schutz der — 298.
Vollstreckung von Gesammtstrafen, wenn die Einzelstrafen in verschiedenen Bundesstaaten erkannt wurden 351.

W.

Waagen s. Maaß- u. Gewichtsordnung 482.
Waarenbezeichnungen, Schutz der — 247.
Waarenverkehr, Statistik des — des Zollgebiets mit dem Auslande 679.
Waarenverzeichnis, statistisches — 680, amtliches — zum Zolltarif 1058.
Wahlen für den Reichstag, Gesetz 97 ff., Wahlreglement 106 ff.
Wahlrecht der in den Schutzgebieten Naturalisirten 100.
Waisenpensionen der Beamten 173.
Walz- u. Hammerwerke, Beschäftigung v. Arbeiterinnen u. jugendl. Arbeitern in — 673.
Wappen, das Kaiserliche — 92, Gebrauch dess. auf Waaren u. Etiketten 94, Bestrafung unbefugter Abbildung 95.
Wasserstraßen, Statistik des Verkehrs auf deutschen — 682.
Wechselordnung 286, Einführungsges. 285.
Wechselstempelsteuer 915.
Wehrordnung, deutsche 849.
Wehrpflicht 836, Ges. über Aenderungen der — 846, Ges. über — der Geistlichen 847.
Wein, Ges. über den Verkehr mit — rc. 438, Zollbehandlung spanischer Weine in Theilungslagern 1006 a, Kontrole des zum niederen Zollsatze auf Kognac zu verarbeitenden Weines 1083, Zollbehandlung der Verschnittweine 1084.
Weinbaubezirke des Reichs 633.
Weinlagerregulativ 1006.
Weltpostvertrag 540, Nebenübereinkommen zum — 541 ff.
Werthbriefe, Austausch v. — im Weltpostverein 541.
Widderkarten, Berechnung des Stempels v. — 923.
Wissenschaften, Förderung der — 412.
Wittwenpensionen der Beamten 173.
Wohnungsgeldzuschüsse der Beamten, Offiziere u. Aerzte des Heeres u. der Marine 169.
Wollene u. halbwollene Waaren, zollamtl. Ermittelung des relativen Gewichts ders. 1078.
Wucher, Ges. über den — 212.
Württemberg, Bündnisvertrag 26, Militärkonvention mit d. Nordd. Bunde 27.
Wundärzte als Impfärzte 440.

Y.

Yachtklub zu Kiel, Verleihung eines Abzeichens in der Nationalflagge an den — 38.

Z.

Zahnärzte, Prüfung der — 422.
Zanzibar, Antisklavereikonferenzakte 788, Freundschafts-, Handels- u. Schiffahrtsvertrag 834.
Zeitbestimmung, Einführung einer einheitlichen — 405.
Zeitungen, Postbezug der — im Weltpostverein 545.
Zeugen, Gebührenordnung für — 402.
Zeugnisse, Ermächtigung v. Aerzten im Auslande zur Ausstellung v. — für Militärpflichtige 852, — über Befähigung zum einjährig-freiwilligen Dienst 853 f.

Ziegeleien, Beschäftigung v. Arbeiterinnen u. jugendl. Arbeitern das. 676.
Zinn, Untersuchung v. Farben zc. auf — 436.
Zinkerzbergwerke im Regierungsbezirk Oppeln, Beschäft. v. Arbeiterinnen u. jugendl. Arbeitern das. 671.
Zinkhaltige Gegenstände, Ges. über den Verkehr mit — 434.
Zinsen, Ges. über vertragsmäßige — 211.
Zollbeamte, Vergütungen an — für außergewöhnl. Dienstleistungen 994.
Zollerlaß aus Billigkeitsgründen 1022.
Zollgrenze, Aenderungen der — 988, Sicherung der — bei Hamburg u. Bremen 991.
Zollkredite, Behandlung der — bei Kriegsgefahr 1033.
Zollkrieg mit Spanien 1052a.
Zollnachlässe, Wegfall der Uebersichten der gewährten — 1037.
Zollregulativ für die Unterelbe 1000, für die Unterweser 1001.
Zollsichere Einrichtung der Eisenbahnwagen, intern. Vereinbarung über — 526.
Zollstrafrecht 301.
Zollstrafverfahren 352.
Zolltarifgesetz 1038, Ausführungsbestimmungen 1044 ff.
Zollvereinigungsvertrag 983.
Zollverträge 790 ff., Ausführungsvorschriften zu dens. 1080 ff.
Zollwesen 982.
Zuckerraffinerien u. Rohzuckerfabriken, Beschäft. v. Arbeiterinnen u. jugendl. Arbeitern in — 672.
Zuckerstatistik 941.
Zuckersteuer 939.
Zündhölzer, Anfertigung der — u. Einrichtung zc. der Zündholzfabriken 664.
Zurückbeförderung der Hinterbliebenen v. Beamten u. Militärpersonen in die Heimat 178 f.
Zusammenstoßen der Schiffe, Verhütung desf. 609, Verhalten nach einem Zusammenstoß 610.

Druck der Norddeutschen Buchdruckerei, Berlin SW., Wilhelmstr. 32.

FSC
www.fsc.org
MIX
Papier | Fördert
gute Waldnutzung
FSC® C083411

Kolibri 360 GmbH
Ferdinand-Jühlke-Straße 7
99095 Erfurt, Deutschland
produktsicherheit@kolibri360.de